한국어로 내려온
New Bible

새로운
성 경

제66권

5부 | 총10부

하얀마음

하나님 말씀 중에서

1. 사랑의 하나님

- 세상을 창조하신 하나님은 모두를 사랑하신다. 인간만 특별히 더 사랑하지 않고, 우주 만물을 다 똑같이 사랑하신다. 그러니 하나님이 창조하신 천지 만물과 화친하고, 미물까지도 소중히 대하라.

- 하나님은 특정 종파나 민족만을 더 사랑하지 않으신다. 자기 자신만 구원받겠다는 욕심을 버리고, 자기 종파만 구원받는다는 편협한 교리에서 벗어나야 한다. 종파를 초월해서, 모두를 사랑하라.

- 원수까지 사랑하라 했으니, 이 세상에 사랑하지 못할 자가 누가 있겠는가? 종파가 다르다고 해서 부모 형제와 원수처럼 지내는 자는 인간의 근본을 모르는 자다. 가장 가까운 가족부터 사랑할 때 남도 진심으로 사랑할 수 있다.

- 한 사람을 원수같이 생각하던 마음에서 사랑하는 마음으로 돌리면, 자기 자신의 마음이 가장 기쁘고 행복하다. 하나님께서는 인간의 마음속에 무거움이 없이 기쁘고 행복한 삶을 살기를 바라신다.

- 이웃을 "내 몸처럼" 사랑하라 했으니, 마지막 한 장 남은 천국의 티켓도 이웃에게 양보하라. 자기 중심적인 신앙에서 벗어나서 남을 위해 살아야 한다.

- 독초도, 약초도, 이단도 사탄도 천사도 다 필요하기에 존재한다. 독초일지라도 극소량을 사용해서 생명을 살릴 수 있고, 약초라 하더라도 남용하면 생명을 잃을 수 있다.

- 세상 모든 것을 명약으로 활용하는 것은 인간의 지혜에 달렸다. 어떤 것이든 어떤 사람이든 적재적소에 꼭 필요한 명약으로 승화시키라.

- 사탄도 이단도 천사도 모두 하나님의 주관하에 존재한다. 진정한 하나님의 백성은 사탄과 마귀까지도 감화시켜서 천사로 거듭나게 한다.

2. 기도

- 하나님은 인간의 생각까지 모두를 다 알고 계신다. 우리의 소원도 이미 알고 계시기에, 소원의 기도를 할 필요가 없다. 우리가 받을 자격이 되면 내려 주신다.

- 죄를 짓고 아무리 회개를 해도 용서받지 못한다. 도둑질한 자는 용서해 달라고 기도하고, 도둑맞은 자는 도둑을 잡게 해 달라고 기도하면, 공의의 하나님은 누구의 편에 서시겠는가?

- 자기가 잘못한 것은 그 사람에게 직접 갚고 용서를 구하라. 그가 용서하면 하나님도 용서하신다. 땅에서 매면 하늘에서도 매이고, 땅에서 풀리면 하늘에서도 풀리는 이치다.

- "회당에서 기도하지 말고 골방에서 기도하라" 했다. 눈에 보이는 골방이 아니라, 골방과 같이 고요한 마음이다. 잡념을 버리고 하나님을 향해 마음을 집중하며, 사랑하고 용서하는 아름다운 생각만 나오도록 하라.

- "두드리면 열릴 것이다." 하는 것은 육의 소원을 위해 두드리라는 것이 아니라, 진리의 깨달음을 얻기 위해 두드리라는 것이다.

- 기도하는 방법: 생활 속에서 수시로 기도하는 삶을 살아야 한다.

- "저의 죄를 용서하여 주옵소서." 하는 회개의 기도를 하라.
- 범사에 "하나님! 감사합니다." 하라. 현재 가진 것에 감사하며, 과욕하지 말라. 자기 노력 이상의 것을 더 갖고자 기도하는 것은 도둑놈심보다. 공의의 하나님은 각자 노력한 만큼 주신다.
- "하나님 뜻대로 살아가겠나이다." 하며 마음의 각오를 다지라.

- 기도는 하나님의 말씀을 받아서 "행하는 것"이다. 하나님이 계심을 굳건히 믿고, 하늘을 향하여 한 점 부끄럼 없이 사는 삶 자체가 가장 위대한 기도이며, 삶이 곧 예배다.

3. 지도자

- 똑같이 사랑한다는 말을 해도, 순수하게 하는 말은 천사의 말이지만, 사기 쳐서 재산을 가로채려고 하는 말은 사탄의 말이다.

- 종교 지도자가 아무리 훌륭한 설교를 해도, 신도의 재물을 거둬서 더 큰 교회를 짓고 자기의 부귀영화를 바라며 설교하면 사탄의 가르침이 된다.

▪ "저희 교회는 만원사례요, 믿음은 다 같으니 이웃의 개척 교회에 가서 예배를 드리시오." 하며, 이웃 교회의 부흥을 먼저 생각하여 제 신도를 보내는 종교 지도자가 있다면 그를 따르라. 그가 하나님의 사랑을 실천하는 자다.

▪ "부자가 천국에 들어가는 것은 낙타가 바늘구멍을 통과하는 것보다 더 힘들다" 하였거늘, 지금의 교회에서는 부자가 되기만을 기도하고 소원하니, 이는 곧 천국을 포기하고 지옥 행 열차의 티켓을 사는 것과 같다.

▪ 예수는 빈손이었다. 종교 지도자가 예수보다 더 호화롭고 편안하게 살아간다면 잘못된 것이다. 부귀영화와 명예를 바라는 자는 절대로 갈 수 없는 좁고 협착한 길이 종교 지도자의 길이다.

▪ 종교 지도자는 유리로 비춰 봐 한 점의 부끄러움이 없이 살아야 한다. 의식주도 직접 일해서 해결하고, 예수의 가르침과 행함을 그대로 따라야 한다.

▪ 종말은 없다. 지금의 잘못 가는 종교 집단에게만 종말이 있다. 보이지 않는 하나님은 보이는 육의 종말은 관여하지 않으신다. 환경 파괴로 인간이 스스로 멸망을 자초하는 것이다. 종파끼리 싸우기 전에, 무너진 인성을 바로잡고 지구의 몸살을 해결하는 데 뜻을 모으는 게 급선무다.

4. 성전이란

▪ 이 세상 자체가 하나님께서 만드신 성전이다. 자연보다 더 아름다운 성전이 있는가? 보이는 건물이 성전이 아니라, 성스러운 마음가짐이 성전이다.

▪ 반석 위에 교회를 지으라 했다. 지상의 단단한 돌은 인간이 쪼갤 수 있으나, 마음속의 굳은 결의는 세상 무엇으로도 쪼갤 수 없다. 바르고 굳건한 믿음으로 성경의 가르침을 실천하는 것이 마음의 반석 위에 교회를 짓는 것이다.

▪ 손으로 지은 건물의 교회에 모여서 복음을 전하는 것이 아니라, 교회를 개인과 가정에 심어 주어야 한다. 무너지고 부서지는 건물을 짓지 말고, 마음속에 영원히 불변하는 참진리의 교회를 지으라.

5. 십계명

- 십계명은 인간이 죽어서 반드시 통과해야만 하는 열 개의 관문이다.

- 부모를 공경하지 아니한 자는 "네 부모를 공경하라." 하는 제5계명의 관문이 열리지 않으니 구원받을 수 없다.
- 살인, 간음, 거짓, 우상 등의 나머지 계명도 마찬가지다.

- 십계명은 하나님의 친필이다. 모기소리만 한 하나님의 음성이라도 들어 보겠다고 여기저기 찾아 헤매지 말고, 십계명부터 암송하고 지키라.

- 십계명은 영혼을 구원하는 양식이며, 십계명을 지키는 것이 구원을 받는 길이다. 인간이기에 지키고자 노력하고 또 노력한다면 지킬 수 있다.

- 십계명을 지키고 천사처럼 아름답게 살아가는 그 마음 하나면 세상에 이루어지지 않는 것이 없다.

6. 보물

- 하나님은 재물이 아니라 우리의 마음을 받으신다. 사랑을 실천하며 천사처럼 변하는 마음이 하나님께 바치는 보물이다.

- 보이지 않는 하나님께 재물을 바치려 하지 말고, 너희를 길러 준 부모에게 용돈 드리고, 찾아뵙고, 효성을 다하라. 그것이 하나님께 효도하는 것이다.

- 하늘에는 선과 악의 창고가 있다. 자기 창고에 선이 많으면 천국으로 구원을 받고, 악이 많으면 심판받아 지옥으로 간다. 그것이 바로 "선한 일을 행한 자는 생명의 부활로, 악한 일을 행한 자는 심판의 부활로" 나오는 것이다.

- "선악과를 따먹지 말라"는 것은 양심을 지키라는 것이다. 선과 악을 구분할 수 있는 양심을 최초에 인간에게 주셨다. 선한 열매는 취하고, 악한 열매는 버리며, 양심에 비추어 부끄럼 없는 삶을 살아가라.

- 가장 작은 거짓말을 하지 않고, 가장 작은 죄를 짓지 않으며, 가장 작은 선행을 하고, 가장 작은 악행을 멀리하는 것이 율법의 일점 일획도 빠뜨리지 말고 다 지키는 삶을 사는 것이다.

7. 우상

- 박물관에 있는 불상은 하나의 예술품이다. 그 조각품에 대고 제 소원을 빌 때 우상숭배가 된다. 십자가라 하여도 그 앞에서 소원을 빈다면 우상숭배하는 것이며, 하나님께 소원을 빈다면 하나님을 우상으로 전락시키는 것이다.

- 지금 기복신앙에 젖어 있는 모든 사람이 우상 앞에 절을 하고 있다. 조각품을 우상이라며 파괴하지 말고, 네 마음속에 있는 욕심의 우상을 무너트리라.

- 생수를 약초가 먹으면 약을 만들고 독사가 먹으면 독을 만든다. 같은 성경을 봐도 선한 지도자는 신도를 천사로 만드는 데 활용한다. 그러나 욕심이 가득한 지도자는 재물을 거두어들여 제가 부귀영화를 누리는 데 악용한다. 그가 바로 성경을 우상숭배의 도구로 전락시키는 거짓 선지자다.

- 성경을 한 획도 빼거나 더하지 말라는 것은, 그 가르침을 빠트리지 말고 온전히 지키라는 것이다. 성경 속에서 자기에게 유리한 구절만 보는 것은, 자기에게 불리한 구절들을 빼 버리는 것이다. 믿음이 제일이요, 행함은 구원과는 관계없다는 것은 자신에게 유리한 쪽으로 성경을 악용하는 것이다.

- 진정한 종교 지도자는 종파에 관계없이 어떤 종파든 어떤 책이든 접하고 보고 깨우쳐 견문을 넓히도록 인도한다. 참진리를 모르고 자신이 없는 자가 남을 이단이라며 배척하고, 신도들의 눈과 귀를 가린다.

8. 예수

- 예수의 재림은 없다. 예수가 다시 온다 해도, 과연 누가 그를 예수라고 믿겠는가? 예수와 같은 삶의 행함이 곧 예수의 재림이다. 각자 모두가 "재림 예수"가 되는, 차원 높은 믿음으로 가야 한다.

- 예수는 "주여 주여 하지 말고, 아버지의 뜻대로 행하라"고 했다. 예수가 전한 하나님의 뜻이 곧 "길이요, 진리요, 생명"이며, 그 가르침이 예수의 보혈처럼 소중한 것이다. 예수를 믿는 것은, 예수의 가르침을 믿고 따르는 것이다.

- 예수는 낮은 자로서 만백성을 섬기고자 했다. 만나는 모든 사람을 다 하나님이라 생각하라. 돈을 벌수록 겸손하고, 높은 지위를 얻을수록 낮아지라.

▪ 예수는 종파를 만들지 않았다. 인간이 만든 종교와 인간의 교리를 따르지 말고, 예수를 통해 전한 하나님의 참진리를 연구하고 따르라.

▪ 예수가 2천 년 전에 만백성을 위해 죽었으니, 지금 이 땅에는 예수의 가르침대로 사는 천사만 존재해야 한다. 예수가 죽어 가면서 바란 것은 만백성이 천사가 되어 예수의 자리를 채워 주는 것이지, 지금과 같이 재물을 바치면서 중언부언 제 소원만을 비는 백성들을 바란 것이 아니다.

9. 구원

▪ 천사가 사는 천국에는 천사만 갈 수 있으니, 천사 같은 마음을 길러야 한다.

- "천국 열쇠를 네게 주리니 땅에서 무엇이든지 매면 하늘에서도 매일 것이라" 했다. 땅에서 천사같이 사는 자가 하늘에서도 천사가 되어 천국에 들어간다. 모든 사람에게 천사같다는 말을 듣는 삶을 살아야 한다.

▪ 천사의 곱고 아름다운 마음은 부모를 공경하고 어른을 어른으로 대접하는 데에서 출발한다. 효도하는 자는 형제와 화목하게 지내기에 가정이 화목해지고, 이웃과 화목해지고, 국가가 화목해지고, 온 인류가 화목해진다.

- 그러므로 지상의 아름다운 소왕국은 가정에서부터 이루어야 한다.

▪ 선택된 14만 명만 구원받는 것이 아니라, 천사처럼 변하고자 하는 14만 명을 기초로 온 인류가 천사처럼 거듭나는 영적인 개혁이 시작되는 것이다.

▪ 천 년에 걸쳐서 하늘에서 이루어진 것같이 이 세상을 낙원으로 만들어, 만백성이 지상의 천국에서 살다가 죽어서 그대로 하늘의 천국으로 들어가는, 영원한 지상 낙원을 건설하는 것이 하나님의 계획이다.

- **이것이 구약과 신약에 이어 "새로운 성경"으로 역사하시는 하나님의 창조의 완성이다.**

▪ 지금의 믿음으로 구원받을 수 있다면 그 길을 가라. 그러나 자신이 없다면 하나님께서 직접 내리신 160권의 "새로운 성경"을 읽고 구원의 길을 보라!

하나님 머리말씀

이 새로운 성경을 읽는 너희 모두는
이 율법에 따라 행하면 영원히 구원받을 것이니라.

너희 인간이 수년, 수십 년, 평생
성서를 공부하고 기도하는 것은
하늘나라 나의 곁으로 오고 싶은 소망일진대,

몇천 년 전의 너희 인성과 생각이
지금의 너희와는 판이하게 다르니,

꺾여 가고 병들어 가는 너희를 고칠 수 있는 길은,
오늘 내가 선지자에게 내리는 새로운 성경과 같이
너희가 변화되는 것뿐이니라.

나의 예수가 태어난 것처럼
내가 아들 선지자를 선택하여
나의 새로운 성경을 온 세계에 전하고자 하니,

묵은 것은 버리고 새로운 것은 취하여,
너희 모두는
'여호와 하나님! 저의 죄를 용서하여 주옵소서.'
하는 기도문으로 기도하고, 죄를 뉘우치라.

이 새로운 성경은
수천 년간 내려온 성서를 요약한 것이니,
너희는 이 책을 정독하여 쉽게 깨달음을 얻고,
이대로 실천하여 하늘에 오르라.

대역자 머리말

■ 하나님의 율법을 지키는 선지자로 선택을 받도다.

저는 남들처럼 그저 열심히 살아온 평범한 사람이었습니다. 그러나 50대 중반에 사업에 실패하여 많은 부채에 시달렸으며, 건강도 악화되어 눈이 잘 안 보이고, 걷기도 어렵고, 두통이 심해서 잠을 이룰 수 없는 고통의 나날을 보냈습니다. 그때 제가 선택할 수 있는 것은 육의 삶을 끝내는 길뿐이었습니다.

죽기 직전에 그동안에 죄를 지은 이들에게 용서를 빌고 인생을 끝내기로 작정하였습니다. 어려서부터 지은 죄를 빌고 빌다 보니 끝이 없었고, 죽음으로도 그 많은 죄를 용서받을 길이 없다는 생각에 하염없이 눈물이 흘렀습니다. 그 순간 '재래식 화장실의 구더기는 죄를 짓지 않는데, 나는 인간으로서 구더기만도 못한 삶을 살았구나.' 하는 생각이 들면서 괴로움에 몸부림칠 때, 갑자기 하나님의 음성이 들렸습니다.

"나는 여호와 하나님이니라. 너는 십계명을 암송하고 내가 내려 주는 메시지를 받아 책으로 만들어 만백성을 구하라." 하시며, 제 눈을 손으로 문지르게 하시고, 아픈 머리와 다리를 손으로 두드리게 하셨습니다. 그러고 나니 눈도 잘 보이고 걸을 수 있었으며 머리의 통증도 말끔히 낫게 되었습니다. 그때부터 십계명을 암송하고 나면 들려주시는 말씀을 기록하였고, 1999년 8월부터 2004년 7월까지 권당 288쪽, 총 160권을 받아서 "새로운 성경"이라는 책으로 펴내게 되었습니다.

그러한 저에게 죽기보다도 힘든 길이 시작되었습니다. 모든 교인들이 저에게 사탄이요, 이단이요, 악마요, 마지막 시대에 온 거짓 선지자라 하면서 공격하였고, 저를 짐승을 보듯이 대하는가 하면, 편협한 종교 지도자들의 선동으로 신도들이 이 책을 직접 읽어 보고 평가할 기회마저 막아 버렸습니다. 그래서 하나님의 말씀을 세상에 내는 데 많은 어려움을 겪으며, 피를 토하는 심정으로 책을 전하고 있습니다.

그러나 아무리 인간의 힘으로 막으려 해도, 하나님의 뜻이 세상에 전해지는 위대한 역사는 계속될 것입니다. 책으로 전해지는 "하나님의 말씀"은 세상 끝날까지 항상 우리와 함께하실 것입니다. 사람은 죽어도, 책에 기록된 말씀은 영원히 남으니까요.

■ 따뜻한 실천

하나님께서는 어려운 사람들에게 삶의 터전을 마련해 주고, 미래를 열어 주는 것을 기뻐하십니다. 어려운 이웃이 스스로 자립할 수 있도록 이끌어 주는 것이 진정으로 이웃을 돕는 것이라고 말씀하셨습니다. 그래서 일자리가 없는 제자들에게 작은 사업장을 만들어 주는 "달란트 사업"을 하고 있습니다. 식당, 반찬 가게 등을 차려 주고, 기존의 어려운 사업장이 자립할 수 있도록 돕고 있습니다(커피숍, 미용실, 의상실 등).

하나님께서는 교회에 나와서 모든 시간과 재물을 쏟기를 원하지 않으시고, 그 시간과 재물을 교육에 투자하여 스스로 미래를 열어 가기를 원하십니다. 그래서 제때 공부하지 못한 제자들에게 학업을 이어 가도록 하였습니다. 중화요리 주방장을 하며 초등학교 검정고시부터 공부하여 2012년에 방통대를 졸업한 36세 남성, 만학도들의 2년제 중학교에 입학해서 2007년에 명지대학을 졸업한 38세 여성, 중학교 검정고시를 시작으로 숭의여자대학을 졸업한 47세 여성 등이 있습니다. 그밖에도 많은 제자들에게 나이를 초월하여 배우고 깨우쳐서 사회 속의 당당한 일원이 되도록 인도하고 있습니다.

학자금 대출로 힘겨워하는 젊은이들을 위해 "따뜻한 바람 장학회"를 발족하여(2016년 12월) 대출받은 학자금 전액을 매월 갚아 주고 있습니다. 또한, 다문화 가정을 위해 "다문화 가족 랜드"를 조성하여, 각종 시설을 무료로 활용하도록 하고 있습니다.

이러한 따뜻한 실천이 아직은 미약합니다. 그러나 책의 수입이 늘고, 저와 뜻을 같이하는 분들이 늘어나면 계속 확대할 것입니다. 지도자로서 신도의 재물을 헌금으로 거둬들여 착복하는 것이 아니라, 하나님께서 기뻐하시는 일에 사용하도록 중매 역할만 하며 살아가고자 합니다. 이런 제가 과연 사탄이고 이단인가요? 하나님께서 기뻐하시는 일이라면, 저에게 사탄이라 하든 거짓 선지자라 하든 굽히지 않고 실천해 나갈 것입니다.

끝으로, 일상의 삶 속에서 "지금 내가 하는 행동이 과연 하나님께서 기뻐하실까, 슬퍼하실까?" 생각하고, 매사에 하나님께서 기뻐하시는 길을 택하기 바랍니다. 교회에 모여서 집단적으로 예배 드리는 것이 아니라, 개인이나 가정 단위로 새로운 성경을 읽어 스스로 깨우치고 그대로 행하면 충분합니다. 그것이 마음속에 성전을 짓고, 신령과 진정으로 예배 드리는 길입니다. 그러면 천국의 문에 들어서게 됩니다.

2017.2.1.

하나님 말씀 대역자 김용철

차 례

십 계 명

이 책은 십계명을 암송하고 나면 내려 주시는 "하나님의 음성"을 듣고 그대로 받아쓴 기록입니다. 하나님께서 십계명을 모세에게 내려 주셨지만, 그것은 만백성에게 내려 주신 것입니다. 마찬가지로 이 책의 모든 말씀도 저에게 내려 주셨지만, 만백성 각자에게 들려주시는 말씀입니다. 여러분도 이 책을 접할 때마다 십계명을 암송하고 나서 정독해 주시기 바랍니다.

제일은, 너는 나 외에는 다른 신들을 네게 있게 말지니라.
제이는, 너를 위하여 새긴 우상을 만들지 말고, 또 위로 하늘에 있는 것이나, 아래로 땅에 있는 것이나, 땅 아래 물 속에 있는 것의 아무 형상이든지 만들지 말며, 그것들에게 절하지 말며, 그것들을 섬기지 말라.
제삼은, 너는 너의 하나님 여호와의 이름을 망령되이 일컫지 말라.
제사는, 안식일을 기억하여 거룩히 지키라.
제오는, 네 부모를 공경하라.
제육은, 살인하지 말지니라.
제칠은, 간음하지 말지니라.
제팔은, 도적질하지 말지니라.
제구는, 네 이웃에 대하여 거짓 증거하지 말지니라.
제십은, 네 이웃의 집을 탐내지 말지니라.

나 여호와가 존재함을 믿는 그 자체가 구원의 길에 들어서는 기본이요, 근본이며, 나의 새로운 성경을 가슴에 안고 정독하는 자, 반석 위에 서서 하늘에 오르는 찬란한 빛을 보게 되는 영광을 얻게 됨이니라. 진정 나를 따르고 믿는 자는 감히 사탄이나 마귀도 근접하지 못하느니라.

〈하나님 말씀〉

2003년 2월

4,853 번째 하나님 말씀

2003년 2월 5일 23시 46분

1 사랑하는 나의 아들아!
2 "네, 아버님! 말씀하옵소서."
3 이 세상에 살아가는 나의 피조물 만백
성이 어떠한 종파에 몸을 담고 가든,
천국이요, 천당이요, 하늘에 오르는
길에 구원을 받았으며 올라올 수 있다
생각하는 너희들이 얼마나 어리석고
불쌍한 백성인지 알겠는가?
4 그와 같은 방법으로 나의 피조물 만백
성을 이끌며 유혹하는 종교 집단, 그
리고 그 앞에서 너희들에게 수다 떠는
종교 지도자, 그들이 얼마나 어리석은
자인지 알겠는가?
5 하늘에 오르는 길은 나 여호와의 고유
의 권한이며, 하늘에 천국의 문을 열
수 있는 것은 나 여호와뿐이니,
6 그 누구도 이를 열 수도 없으며 거기
를 나의 허락 없이 아무도 통과할 수
없는 것이니라.
7 그러하거늘 너희들이 구원을 받았으
며 천국에 갈 수 있으며 천당에 갈 수
있다 그리 부르짖는 모든 종파의 백성
들이 어떠한 형국이라 하는가?
8 너희들 세상사에 전하는 말이 있느니
라.
9 '떡 줄 사람은 생각지도 아니하는데,
김칫국부터 먼저 마신다'는 그와 같은
말이 있지 않은가?
10 떡 줄 나 여호와는 생각도 아니 하고
있거늘, 너희들은 김칫국을 먼저 그저
독째 마시는 그와 같은 선수로서 전락
되어 있음이니라.
11 떡을 줄 수 있는 나 여호와는 생각지
도 아니하며 준비도 하지 아니하였거
늘, 너희들은 그저 김칫국을 독째로
마시는 데 숙달되어 있으며,
12 거기에 대한 선수로서 손색이 없이 가
는 것이 지금 너희들이 아니던가?
13 너희들은 전문가이니라.
14 김칫국부터 마시는 데 전문가며,
15 그 김칫국을 마심으로써 떡은 자연히
오게 되어 있으며 너희들 앞에 올 것
이라 그리 가르치는 것이 지금 너희들
종교 집단임을 알아야 할 것이니라.
16 그와 같이 너희들이 어리석은 짓을 하
고 있음이니라.
17 나 여호와는 정녕 떡을 만들 준비도
지금 하지 아니하고 있으며, 내가 떡
을 주고자 하는 생각을 하지도 아니하
고 있으며, 내가 떡을 만들고자 하는
생각도 아니 하고 있거늘,
18 그리 김칫국부터 먼저 마시는 그와 같
은 행위를 하고 있는 것이 지금의 종
교 집단들이 가고 있는 행위임을 너희
들은 알아야 할 것이니라.
19 그와 같은 자들의 말을 듣지 말라.
20 떡을 만드는 것은 나 여호와이며, 그
떡을 나눠 주는 것은 또한 나 여호와
이거늘,
21 어찌하여 너희들은 나는 그와 같은 생
각도 없는데, 김칫국을 먼저 마시는

그 선수들 앞에 가 그 선수들이 수다
떠는 것을 보고 너희들이 김칫국부터
먼저 마시는가?
22 김칫국만 마신 자.
23 결국은 헛물을 켜게 되어 있음이니,
24 지금 너희들이 가고자 하는 그 믿음은
헛물을 마시고 달려가고, 그 헛물을
또 마시고 달려가는 그와 같은 믿음의
형국으로 가고 있는 어리석은 백성임
을 잊지 말라.
25 너희들은 이제 떡을 만들어 전하는 자
의 뜻을 알라, 그리고 준비하는 자의
그 뜻을 알라.
26 떡을 만들 권한을 가진 자요, 줄 수 있
는 권한을 가진 자요, 나눠 줄 수 있는
권한을 가진 자는 생각지도 하지 아니
하는데,
27 주역도 아닌 자들이 주역처럼 설치며
저희들이 주역인 양 너희들을 이끌어
가는 그들의 말에 현혹되어 너희들의
구원의 그 소중한 생명이요, 영원히
사는 그 축복의 나라에 오를 수 있는
그 기회를 버리지 말며 놓치지 말라.
28 너희들이 한번 버려지면 다시 그는 돌
아올 수 없으며, 너희들이 한 번 지옥
불로 가면 나에게 오를 수 없음이니,
29 너희들의 소중한 그 생명이요, 영원히
사는 그 영혼을 너희들이 버리지 말며
구원의 길을 달리도록 그리하라, 사랑
하는 나의 백성들아!

4,854 번째 하나님 말씀

2003년 2월 5일 23시 53분

1 사랑하는 나의 아들아!
2 "네, 아버님, 말씀하옵소서."
3 지금의 모든 종교 집단들이 하고 있는
그 행위는 과연 무엇이던가?
4 네가 선택된 이 작은 동양의 나라 그
한복판에서 너희들은 그리 외치고 다
니느니라,
5 '심판의 날은 머지않았다, 너희들이
구원을 받으라.'.
6 그리하려면 너희들이 손으로 만든 성
전이요, 너희들이 이끌고 가는 종교
집단에 이름을 걸치는 것이 구원의 길
이라 그리 부르짖고 있음이니라.
7 정녕 너희들이 심판의 날은 머지않았
음을 알고 있으며 그 심판은 시작되었
음이니라.
8 그러나 너희들이 지금 끌고 가는 종교
집단이요, 죄의 온상인 그곳에 가 구
원을 받는다 그리 부르짖는 것은 나의
피조물 만백성을 지옥으로 이끌어 가
는 그와 같은 행위를 하고 있음임을
알라.
9 너희들은 그리 말하고 소리 지르고 있
음이니라.
10 '예수를 믿어라, 예수를 믿으면 천당
을 갈 것이며, 예수를 믿지 않는 자 지
옥으로 갈 것이니라.'
11 그리하여 '예수를 믿는 자 천당이요,
믿지 않는 자 지옥이요, 불바다라' 너
희들이 그리 가르치며, 지옥 간다 소
리 지르고 있음이니라.
12 그러니 그 소리가 과연 어떠한 의미인
지 알고 있는가?
13 너희들은 예수를 믿기만 하면, 예수를
부르면 구원받으며 천당을 가며, 예수
를 믿고 부르지 않으면 다 지옥 간다

그리 소리 지르고 다니나니,
14 너희들은 그와 같이 가르침이 아니니
라.
15 나의 아들 예수가 행한 것이며 이루고
자 한 뜻이 무엇인가 그를 깨우쳐 만
백성에게 가르치는 데 너희들이 역점
을 둬야 함을 알아야 할 것이니라.
16 나의 아들이 세상에 나와 역사하고 전
하고자 했던 것이 정녕 무엇인가를 깨
우쳐, 나의 뜻을 전하며 내가 이루고
자 했던 그 뜻을 너희들이 행함이 중
요함이니라.
17 너희들은 행함보다도 그저 믿기만 하
면 구원을 받으며, 너희 손으로 지은
성전에 감으로 하여 너희들이 재물을
바침으로써 구원을 받을 수 있다 그리
말하고 강조함이니,
18 이것은 너희들이 나의 피조물 만백성
을 지옥으로 이끌어 가는 것임을 알라.
19 믿기만 하면 구원받는다고 소리 지르
니, 그것이 구원의 길이더냐?
20 너희들은 예수가 살아왔던 그 삶을 그
대로 따라가는 것이 구원의 길이요,
하늘에 오르는 길임을 먼저 알아야 할
것이며,
21 나의 피조물 만백성에게 그리 깨우쳐
야 할 것이니라.
22 그리하니 너희들이 예수가 살았던 그
행적이요, 그가 이루었던 역사요, 그
것을 너희들이 더 깊이 연구하며 그
위대한 뜻을 알아,
23 나의 피조물 만백성에게 예수가 산 그
모든 길을 갈 수 있도록 그를 상세히
가르쳐 주고 전하는 것이 소중함을 알
아야 할 것이니라.
24 과연 지금의 종교 집단은 예수의 삶을
얼마나 알고 있으며, 예수가 역사하고
자 했던 그 뜻을 얼마나 알고 있으며,
너희들이 그를 글로 만들어 전하는 것
은 어디 있는가?
25 너희들은 그것을 먼저 연구하고 깨우
쳐야 할 것이니라.
26 믿기만 하면 구원을 받는다는 그와 같
은 형국으로는 아니 됨이니라.
27 제가 어떠한 형태든 구원을 받아야겠
다는 생각을 하는 자들이 믿기만 하면
구원을 받는다 그리 생각하고 있음을
너희들은 알아야 할 것이니라.
28 그와 같이 너희들이 저만은 구원을 받
으며 저는 구원받기 위해 믿기만 하면
구원을 받는다 그리 합리화시켜서 가
는 자들이 아직도 마음을 비우지 못한
자라는 것이며,
29 너희들은 마음을 비우지 못한 자이니,
30 나에게 오르는 길의 의미도 모르며 그
뜻도 모르는 것이 바로 너희들이니라.
31 이는 곧 너희가 모든 구원의 역사를
행하면 너희들은 조건부 역사이기 때
문에 아니 됨이니라.
32 너희들은 어떠한 방법으로든 구원을
받으며 너희들만큼은 구원을 받겠다
는,
33 저 자신만은 구원을 받겠다는 그 욕심
을 가슴에 안고 만백성을 깨우쳐 전하
는 행위를 하고 있음이니라.
34 너희들이 '예수를 믿는 것이 천국이
요, 믿지 않으면 지옥으로 간다.' 나의
동양의 작은 나라 한복판에서 소리 지
르고 떠드는 것도 나의 피조물 만백성
을 구원하고자 하는 마음이 먼저 있는

가?
35 스스로 그와 같은 길을 감으로 너희들
이 먼저 구원을 받으며 너희들은 꼭
구원을 받겠다는 생각을 가지고 그와
같은 역사의 길을 가는 것은 아니던가?
36 너희들은 한번 돌이켜 봐야 할 것이니
라.
37 너희들이 먼저 구원을 받으며, 너희는
꼭 구원을 받겠다는 생각으로써 그 모
든 역사를 하며 행하고 있다 하면 너
희들은 조건부의 역사이니라.
38 그는 나와 아무런 관계가 없는 것이
니, 너희들은 헛말이요, 헛소리를 지
껄이고 다니는 것임을 알라.
39 진정한 참진리를 보지 못함이요, 너희
들이 진짜 보석을 보지 못한 자들이
가짜 보석을 가지고 진짜라 착각하고
소리 지르는 것이 지금 너희들이 가고
있는 믿음의 길이니라.
40 이제 너희들이 깨우쳐야 할 것이니,
헛된 길을 가지 말라.
41 헛된 길에 너희 모두를 다 바쳐 달려
가는 어리석은 삶을 살지 말라.
42 진정한 하늘에 오르는 길인 참길을 위
하여 너희들이 달려와야 할 것임을 잊
지 말라.
43 너희들은 알아야 할 것이니라.
44 내가 전하지 아니하였던가?
45 나는 떡을 만들려는 생각을 하지도 아
니하였거늘, 너희들이 김칫국을 그릇
째 마신다는 그와 같은 내가 웃지 못
할 형국으로써 너희들의 지금의 종교
집단을 가르쳐 주었음이니, 그것은 엄
연한 사실이니라.
46 그와 같은 헛된 길을 가며, 너희들이
참진리요, 바른길을 선택하지 아니한
다면, 너희들은 그 가는 것이 헛된 길
을 가듯이 지옥으로 달려가는 길임을
알라.

4,855 번째 하나님 말씀

2003년 2월 6일 0시 06분

1 사랑하는 나의 아들아!
2 "네, 아버님! 말씀하옵소서."
3 너희들이 믿음의 길을 가는 근본이요,
그 뜻이 무엇이라 생각하는가?
4 너희들이 믿음의 길을 가는 근본은 창
조주 나 여호와의 뜻을 순종하며 따르
는 것과 불순종하는 것으로 구분되어
있는 것이 너희들의 믿음의 갈래이니
라.
5 너희들이 믿음이라는 길을 간다 하여
도 창조주 나 여호와의 뜻에 순종하며
따르는 그 믿음은 내 뜻에 따라 너희
들이 역사하는 것이며, 불순종하는 것
은 너희들이 나를 거역함이니,
6 곧 믿음은 순종과 불순종으로 구분되
어 있다는 것을 너희들은 알아야 할
것이니,
7 너희들이 스스로 어떠한 길을 선택하
느냐에 따라서 나에게 오르는 길이요,
역행하는 길이니라.
8 그러나 순종과 불순종을 구분하지 못
하는 나의 백성이 있으니,
9 그들을 깨우쳐 내가 너희들에게 길을
열어 주고자 하여 나의 사랑하는 아들
을 통하여 160권의 법전이요, 책으로
써 새로운 성경을 세상에 내려보냄이
니라.

10 그리하여 너희들이 그 믿음의 근본을
깨닫게 하고자 글을 아는 자, 문자를
아는 자, 누구든지 읽고 쉽게 깨우칠
수 있는 그와 같은 방법으로써 내가
상세히 다 풀어 답과 문제를 같이 주
며,
11 문제를 주고 또 답을 실어 풀어서 너
희들에게 전하는 이와 같은 역사를 이
루고 있음을 알아야 할 것이니라.
12 이제 너희들은 이를 깨우쳐 실천하고
자 함이 아니라, 입으로만 전지전능한
하나님이라 그리 찾고 있는 것이 아니
던가?
13 너희들이 순종인가 불순종인가 하는
것을, 너희들이 어떠한 길을 가야 하
는가를 찾아 이를 실천하고 깨우치면
될 것을,
14 너희들은 그저 입으로써 모두를 다 창
조한 나 여호와 하나님이요, 그리고
이 세상을 관장하는 하나님이요, 그리
고 전지전능한 하나님이요, 그리고 모
두를 역사하는 하나님이요,
15 이 세상의 모두는 하나님의 뜻에 이루
어지지 아니하는 것이 없으며, 오로지
하나님의 뜻에 따라 하나님의 주관에
의하여 모두가 다 이루어지며,
16 이 세상에 존재하는 것은 다 여호와
하나님의 뜻에 의해 존재한다 그리 말
하며,
17 종교 지도자가 '여러분은 믿습니까?'
하고 묻느니라.
18 그럴 때 너희들은 '믿습니다!' 하고 있
는 힘을 다하여 목청을 돋우어 대답하
고 있으나,
19 너희들이 과연 그와 같은 형국으로 살
아가는가?
20 너희들은 말로써 그리 말하며 말로는
모두를 다 지키며 행하는 것처럼 말하
나 육의 행함은 그리 행하지 못함이니,
21 그 또한 너희들이 나를 기만함이요,
나를 거역하며 나를 모욕함임을 알아
야 할 것이니라.
22 그 무서운 것을 모르고 그 뜻을 모르
고 지금 가고 있는 것이 너희들이니라.
23 너희들은 말로써 입으로써만 모두를
다 전지전능한 나 여호와의 뜻이라 그
리 부르짖으며, 내가 존재하기에 너희
에게 내린 것이라 그리 말하지 말라.
24 그리 묻는 종교 지도자에게 그저 너희
들은 '믿습니다!' 소리 지르는 그와 같
은 죽은 믿음으로 가지 말라.
25 묻는 대로 대답하며 부르짖는 대로 대
답하는 것은 너희들이 산 믿음이 아니
요, 죽은 믿음을 가고 있는 것임을 알
아야 할 것이니라.
26 이러한 말로 떠들어 대기만 하면 구원
을 받는다 그리 생각하는 그 자세를,
너희들은 이제 그것으로는 아니 됨을
알아야 할 것이니라.
27 너희들은 겸손한 마음과 겸허한 마음
으로써, 그리고 나 여호와가 존재함이
얼마나 두렵고 위대한 것이며,
28 너희들이 나에게 거역했을 때, 너희들
이 얼마나 고통과 시련의 길을 가는
것이며, 너희들이 나에게 순종하고 따
랐을 때, 얼마나 축복과 영광이 있는
것인가를,
29 그를 겸허한 자세로써 연구하며 깨달
아야 할 것이며,
30 그 길을 선택하여 옳은 길을 조용히

따라 행하는 그와 같은 길을 가는 자
만이 내가 생각하며 내가 계획하는 백
성임을 너희들은 알아야 할 것이니라.
31 마음속에 간직하고 믿음의 길을 가는
자, 말뿐인 자, 그와 같은 자들을 구분
하여 내가 버릴 자, 버리지 않을 자를
지금 선별하고 있음을 너희들은 알아
야 할 것이니라.
32 나에게 오르고자 하는 자는 나 여호와
가 존재함을 마음속에 깊이 간직하며,
나의 법전이요, 내가 내린 계명대로
믿고 지키며 살아가는 그와 같은 길을
가면 되는 것이거늘,
33 너희들이 만들어 내어 인간은 인간이
기 때문에 그리 갈 수 없으며 그리 행
할 수 없다 그리 말하며 그와 같이 가
르치고 있기에,
34 너희들은 개인의 삶이 아름다운 쪽으
로, 나 여호와에게 오르는 쪽으로 변
하지도 못하며, 스스로 그와 같이 변
하는 삶을 살지도 못함이니,
35 인간 세속에 살아가는 그 모든 삶이
요, 큰 틀의 생활도 너희들이 다 그와
같이 변화와 깨달음을 갖지 못하고,
36 암흑의 세계에서 사탄이요, 사악한 자
들의 세 치의 혓바닥에 현혹되어 너희
들 자신을 분별하지 못하는 그와 같은
삶을 지금 살아가고 있는 것이 너희들
임을 알아야 할 것이니라.

4,856 번째 하나님 말씀

2003년 2월 6일 0시 11분

1 사랑하는 나의 아들아!
2 "네, 아버님! 말씀하옵소서."
3 네가 이제 나의 성령을 받아 새로운
성경이요, 나의 법전을 글로 기록하여
책으로 나올 날이 머지아니하였음을
알라.
4 나의 법전 60여 권을 지금 네가 책으
로 만들어 세상에 전하며, 마지막 160
권의 그 역사를 이루는 길은 어렵고도
험난한 길이니라.
5 그러나 너는 큰 뜻을 가지며 큰 계획
을 세우며 그리 착수하도록 해야 할
것이니라.
6 네가 작은 것을 보며 작은 계획으로써
이 역사를 이루고자 하면 나 여호와가
너에게 그 문을 열지 아니할 것이며
열어 주지 아니할 것이니,
7 너는 모든 계획과 모든 뜻을 크게 세
울 것이며, 큰 계획하에 모두를 행하
며 그와 같이 크게 시작하는 방향으로
써 모든 것을 수정하여 고치도록 하라.
8 네가 지금 가고자 하며 역사하고자 하
는 것은 작은 뜻으로 시작하여 네가
큰 것을 얻고자 하나,
9 그와 같은 방법으로써 네가 가고자 할
때 내가 너에게 그 문을 열어 주지 아
니할 것이니,
10 큰 뜻과 큰 계획을 가지고 그리 행하
도록 하라.
11 그리고 너의 제자들에게 전하여 주도
록 그리하라.
12 너희들이 나의 법전을 가지고 함부로
시시비비하지 말며,
13 나의 아들이 가고자 하는 그 모두를
들여다보며 그를 가지고 너희들이 평
가하는 역사를 하지 말라 그리 이르라.
14 나의 법전이 나가는 것이요, 나의 법

전을 전하는 것은 나와 나의 아들이
역사하여 그 모두를 이루는 것이니,
15 너희들이 이를 가지고 시시비비하고
자 하면 나의 법전이 세상에 나가는
데 걸림돌이 될 것이며,
16 이를 역사하는 데 너희들이 도움이 되
는 것이 아니요, 이를 방해하며 그와
같이 그릇되게 할 수 있음을 알라.
17 그리하여 너희들이 나의 아들이 법전
을 만들어 세상에 전하는 그 역사에
함부로 평가하지 말며, 시시비비를 하
지 말며, 너희들이 그 비밀을 알려 하
지 말며,
18 그 외에 이루어지는 그 역사의 모두를
알려 하지 말라.
19 오로지 이는 나의 피조물 만백성에게
전하는 역사를 이루며,
20 이 지상에 아름다운 낙원을 만들어 하
늘의 낙원의 일부를 모델로써 이 세상
에 만들어 놓는 것이 너희들의 임무니,
21 그를 보고 그와 같은 것을 만드는 백
성이 많이 생길 것이며,
22 그 속에서 살아가는 백성이 하늘에 오
르는 길을 위하여 그들이 천사와 같이
변하고자 몸부림치는 그와 같은 성전
을 내가 너희들에게 역사하여 내릴 것
이니,
23 너희들이 큰 뜻을 세우며 큰 계획하에
행동할 것이며,
24 나의 아들에게 내가 내리는 그 모든
뜻을 인간 너희들의 머리로써 계산하
며 생각해서 그를 함부로 갑론을박하
지 말도록 그리하라.
25 그리하지 않으면 너희들이 내가 이루
고자 하는 그 역사를 막는 결과가 됨
을 잊지 말라.

4,857 번째 하나님 말씀

2003년 2월 6일 0시 18분

1 사랑하는 나의 아들아!
2 "네, 아버님! 말씀하옵소서."
3 지금의 종교 집단이요, 모든 종파요,
그에 속해 있는 신도라는 나의 사랑하
는 백성 너희는 사랑과 용서하는 그와
같은 믿음으로 살아가는 것이 하늘에
오르는 길이며, 내가 원하는 길이며,
나에게 오는 길이라 하였음이니라.
4 모두를 사랑하며 모두를 용서하는 그
와 같이 행하는 마음으로 가라 하였거
늘, 너희들은 어찌하여 모두를 다 내
가 원하는 것을 역행하는 그와 같은
믿음으로 살아가고 있는가?
5 과연 지금의 모든 종교 집단이요, 만
백성 너희들이 살아가는 모습이 저 자
신보다 이웃을 사랑하며 용서하는 마
음으로 가는 것이 아니요, 그 길을 위
한 믿음의 길을 가는 것이 아니요,
6 믿음의 길을 가고 있는 자들이 그 믿
음 자체를 거기에 모두를 맞춰 변하는
삶을 살아가지 아니하는 것이 지금 너
희들의 생각이니, 이를 어찌해야 하겠
는가?
7 너희들은 나의 성경이요, 내가 내린
모든 계명이요, 그 모두를 보고 깨우
쳐 하늘에 오르는 역사를 이루며 만백
성을 구원하고자 하는 것이 아니니라.
8 내가 너희들을 내려다보는 그 마음이
얼마나 아프고 내 가슴이 저려 오는가
를 너희들은 알 것이니라.

9 너희들이 많은 백성을 구하는 것이 아
니요,
10 너희들은 나의 성경이요, 나의 모든
윤리요, 나의 계명을 개인의 생각과
개인의 삶이요, 너희들의 입장에 맞춰
모두를 너희들의 입맛에 맞추어 그리
깨우치며 가고 있는 것이니라.
11 개인의 생각이요, 개인의 입맛에 맞춘
믿음으로 변질되어 가고 있으며, 너희
들이 그와 같이 끌고 가고 믿고 가도
그를 바로잡으며 그를 깨우치는 자가
없는 것이 지금의 믿음의 길을 가고
있는 것이니라.
12 그러면서 너희들의 입맛에 맞춰 나 여
호와를 찾으며 너희들의 생각에 맞추
고 뜻에 맞춰 나 여호와를 찾는 그와
같은 믿음으로 가고 있는 것이 너희들
이니,
13 이것이 얼마나 어리석고 잘못된 것인
가를 아는가?
14 너희들이 믿음의 길을 가고 있으며 또
한 너희들 종교 집단이 그 백성을 이
끌어 가는 것은,
15 너희들의 집단에 맞고 너희들의 기호
에 맞도록 나 여호와를 찾으며 나를
부르며,
16 우리 부자의 이름을 이용하며 그를 활
용하여 그를 팔아 너희들의 집단의 이
익을 추구하는 것이며, 거기에 맞도록
이끌어 가는 것이 너희들이니라.
17 집단에 속해 있는 지도자, 그들은 또
과연 어떠하던가?
18 나 여호와의 참진리를 나의 백성에게
직접 심어 주고 그들을 깨우쳐 이끌어
가야 하는 지도자들이 그와 같은 행위
로써 믿음의 길을 가는 것이 아니요,
19 제 입장을 대변하며 제 뜻에 의해 또
한 우리 부자의 이름을 팔아먹고 세상
사의 삶을 너희들이 그리 살아감이니,
20 너희들은 집단이면 집단이요, 개인이
면 개인이 그와 같이 너희들의 입맛에
맞춰 모두 나 여호와를 부르며 찾고
나를 이용하고 나를 그리 쓰는 것이니
라.
21 그러면서 너희들이 세상사 생활 속에
서 살아가는 거기에 맞춰 나 여호와의
이름을 부르며 나를 찾으며 그리 가고
있음이니,
22 진정한 참진리요, 믿음을 향하여 너희
들이 가는 것이 아니고, 개인이면 개
인, 집단이면 집단이 세상사 사는 삶
이요, 그때그때 거기에 따라 너희들의
생각과 너희들의 입맛에 맞춰 모두를
다 두드려 맞춰 그리 끌고 가는 것이
지금의 너희들의 믿음이니,
23 그것이 얼마나 나의 뜻을 거역하며 사
악한 것이던가?
24 너희들은 그리하여 뿌리가 없는 믿음
으로 가며 근거가 없는 믿음으로 가고
있으며,
25 진리를 찾는 믿음이 아니요, 진리를
저버리고 역행하는 그와 같은 믿음으
로 가고 있음이니라.
26 그리하여 개인은 개인대로 제 입맛에
맞추며, 집단은 집단대로 제 입맛에
맞추며,
27 사회생활 할 때는 사회생활에 따라서
너희들의 입맛에 맞춰 나를 찾으며 나
를 부르는 그와 같은 믿음을 내가 바
로잡고, 그를 폐하고자 지금 바로 법

전이요, 새로운 성경을 세상에 내려보
내 이를 바로잡지 아니하면 아니 되기
에,
28 내가 나의 아들을 통하여 이와 같이
너희들에게 160권의 대장서의 법전을
내림을 너희들은 알아야 할 것이니라.
29 너희들이 지금까지 너희들 방식으로
써 믿어 왔으며 너희들 방식으로써 나
의 피조물 만백성을 구원한다 하여 그
사악한 죄의 온상인 성전을 지었으며,
30 웅대하며 호화찬란한 궁전보다도 더
위대한 방식이요, 너무나도 편안하고
안락한 생활 속에 살아왔으니,
31 지금까지는 너희들이 인간의 생각이
요, 너희들의 방식으로 살아왔으나,
32 이제는 나 여호와가 너희들의 방식으
로 살아가는 것을 용서하지 아니하며,
33 나 여호와의 방식으로써 행하며 나 여
호와의 방식으로써 너희들을 다스리
고자 함이니,
34 이것이 지금 새로 변화되는 역사이며,
새 역사가 창조되는 기초이며 기틀임
을 알라.
35 너희들의 방식으로써는 도저히 내가
한 사람도 구할 수 없으며, 나의 사랑
하는 백성이 나에게 올 수 있는 자가
한 명도 없기에,
36 내가 나의 방식으로 너희들을 다스리
고 깨우치며,
37 너희들을 벌할 자 벌하며 구원할 자
구원하는 그와 같은 역사 속에서 내가
너희들을 구원하고자 하니,
38 나 여호와의 뜻을 너희들이 알아 깨우
쳐, 내 뒤에 따라오며 너희 스스로 나
에게 순종하며 내가 이루고자 하는 그
대열에 너희들이 같이 감이 구원의 길
임을 잊지 말라.

4,858 번째 하나님 말씀

2003년 2월 6일 06시 17분

1 사랑하는 나의 아들아!
2 "네, 아버님! 말씀하옵소서."
3 인간 너희들이 세속에 살면서 '가는
마음이 있어야 오는 마음이 있으며,
또한 가는 정이 있어야 오는 정이 있
다.' 그러한 말이 있지 아니하는가?
4 너희들은 세상사에 살아가면서 너희
가 남보다 먼저 대우를 받기를 원하며,
5 너희들이 남들로부터 어떠한 것을 얻
고 취하고자 하며,
6 그리고 남들로부터 너희들이 자신의
위치를 지키고자 하는 그와 같은 마음
을 갖고 산다 하면,
7 스스로 너희들이 먼저 그와 같이 행하
는 마음을 갖고 살아야 함을 잊지 말
라.
8 먼저 네가 베풀며 네가 먼저 전하며
네가 먼저 행하는 그와 같은 마음으로
사는 것이 인간의 사는 도리이며,
9 또한 너희들이 남들로부터 너희 자신
을 확보하고 사는 그와 같은 기본이
요, 기초임을 알아야 할 것이니라.
10 그러나 나의 피조물 만백성 너희들은
너희가 먼저 희생하며 너희가 먼저 베
풀며 너희가 먼저 봉사하고 너희가 낮
은 자가 되는 그와 같은 삶의 자세를
살아가지 못함이니라.
11 그 때문에 너희들은 서로 감정이 격화
되며 마음이 하나가 되지 못하는 그와

같은 세상에서 살아가게 되는 것이니
라.
12 너희들이 살아가면서 나이 어린 자가
나이 많은 자에게 항상 먼저 인사를
하며 예의를 갖추고 사는 것이 기본이
요, 근본이며, 그 틀은 깰 수 없다 그
와 같은 생각을 하고 살아가는 너희들
이 아니던가?
13 그러나 나이 어린 사람에게 나이 든
자가 먼저 예의를 갖추며 너희들이 먼
저 그들에게 그 마음을 전해 줄 때, 그
들은 과연 어떠한 자가 되겠는가?
14 처음에는 스스로 저희 자신이 위대한
자요, 더 나은 자요, 그리고 먼저 인사
의 격려를 들음으로 인하여 저희들이
남들보다 더 훌륭하고 똑똑한 자라 그
리 착각하고 생각하고 살 것이니라.
15 그러나 그는 세월이 지나감에 따라서
스스로 나이 어린 자가 나이 많은 자
에게 예의를 갖추며 모든 것에 솔선해
야 한다는 것을 스스로 알게 됨이니,
16 그것이 바로 너희들의 산 교육이며,
잘못된 백성의 마음을 잡는 그와 같은
결과가 되는 것이 아니던가?
17 그와 같은 마음으로 세상을 살아간다
하면 너희들은 하나가 될 수 있는 것
이며,
18 바로 나 여호와의 뜻에 따라 살아가는
마음의 싹이 그곳에서 트게 되는 것이
니라.
19 근본이요, 기본이요, 인간의 본성이
요, 도리를 지키고 사는 것이 나 여호
와의 뜻이니라.
20 그리하여 너희들은 그와 같은 틀 속에
서 그와 같은 형국이 아니면, 내가 바
보가 되며, 내가 모자라는 것이 되며,
너희들이 말하는 소위 자존심이 상한
다는 그와 같은 생각으로 살고 있음이
니,
21 그러한 마음의 틀을 너희들이 먼저 버
려야 할 것이니라.
22 먼저 예의를 갖추는 것은 자존심이 아
니요,
23 그것을 너희들이 못난 사람의 대우를
받는 것이며 남으로부터 대우를 받지
못한다는 그와 같은 잔 생각을 하지
말며,
24 너희들이 먼저 몸소 실천하고 몸소 행
하는 그와 같은 삶을 살아가는 백성으
로서 변화되고 살아간다면, 그때 이
세상의 모두는 다 하나가 될 것이니라.
25 작은 것에서, 너희들이 고개 숙이고
목례를 하는 것도 나이 어린 사람이
먼저 해야 하며, 저보다 낮은 자가 먼
저 해야 한다는 그와 같은 틀이요,
26 그리하지 아니할 때 그는 잘못된 사람
이요,
27 너희들이 말하는 인간 사회요, 조직
사회에서도 그와 같은 자는 설 자리가
없는 자라는 그와 같은 비판의 대상이
되는 삶을 살며 그 틀에서 벗어나지
못하는 것이 너희들이 지금 가고 있는
형국이니,
28 나를 따르며, 나의 백성이며, 만백성
을 하나의 마음으로 만들어 하늘에 오
르는 길을 인도하는 백성이라면 그 모
두를 탈피해야 하는 것이니라.
29 그것은 먼저 너희들이 고개를 숙여 목
례하는 것으로써, 너희들의 자존심을
상하는 것이 아니라 먼저 솔선수범하

는 나이 먹은 자의 행동에 의하여 젊
은이들이 바로 설 수 있으며, 아랫사
람이 그를 보고 깨우쳐 감이니,
30 그는 말로써 백 마디 천 마디 너희들
이 예의를 갖추고 살며 어른과 아이를
보고 사는 그와 같은 사람이 되라 말
하는 것보다도 더 훌륭한 가르침이며,
31 그와 같이 가르치고 다스릴 때 모두는
유한 백성으로 스스로 그들이 다시 태
어나는 그와 같은 삶을 살 것이며,
32 스스로 먼저 예의를 갖추는 그와 같은
사람이 될 것이니라.
33 먼저 고개를 숙이고 목례하는, 나이
먹은 자가 행하는 모습을 보고 스스로
그를 존경하는 마음이 생길 것이며,
그를 어려워하며, 그를 제 스스로 따
르고자 하는 그와 같은 마음이 생길
것이니라.
34 그것이 천 마디 만 마디 말로써 가르
친다며 목청 높여 소리 지르는 것보다
더 훌륭한 가르침임을 알아야 할 것이
니라.
35 나의 법전이요, 새로운 성경을 보고
깨우치는 백성 너희들은 그와 같이 먼
저 실천하는 자가 되도록 하라.
36 너희들이 낮은 자가 됨으로써 모든 자
는 너희들을 높은 자로 놓을 것이며,
37 너희들이 높고자 하는 자 낮은 자가
되며 남들로부터 버림을 받는 그와 같
은 사람이 됨을 잊지 말라.

4,859 번째 하나님 말씀

2003년 2월 6일 06시 26분

1 사랑하는 나의 아들아!
2 "네, 아버님! 말씀하옵소서."
3 내가 나의 뜻을 전하는 성경이요, 나
의 법전이요, 이 모두는 다 너희들이
알 수 없으리만큼 그 의미가 깊고 넓
다 하였음이니라.
4 너희들이 어떠한 형태로써 인간이 기
록하여 만든 모든 책은 그들이 그 의
미를 지니고 있는 단순한 한 길을 연
구하며 그리 전하여지나,
5 내가 내리는 성경이요, 나의 법전은
그 지니고 있는 의미가 단순히 너희들
이 하나의 목적을 위해서 있음이 아니
요, 하나의 뜻을 위하여 있는 것이 아
니라,
6 과거의 삶과 과거를 비춰 주며, 현재
의 존재하는 삶 속에 또 있으며 현재
의 존재하는 그 삶에서 얻어지는 그와
같은 깨달음이 있는가 하면, 모든 미
래의 역사함을 담고 있다 내가 하였느
니라.
7 그리하여 성경이요, 나의 새로운 법전
은 너희들의 과거와 미래와 현재를 모
두 담고 있으니,
8 그리하여 나의 진리의 뜻이라 내가 그
리 말하였으니,
9 이를 다 볼 수 있는 자가 나로부터 선
택된 자며, 바로 만백성을 지도하는
지도자로서 설 수 있다 내가 너희들에
게 말하였음이니라.
10 그를 깨닫지 못하는 자는 그중에 하나
를 가지고 가르치며 하나를 가지고 그
리 해명하며 하나를 가지고 설교를 함
이니,
11 그 3분의 1도 모르는 것이 너희들이
지금 잘못 가르치는 형국이 되어 있는

원인이라 내가 말하였음이니라.
12 나의 진리는 어느 한 곳에 머무는 것
이 아니요, 국한된 곳에 머무는 것이
아니니라.
13 이 세상 어떠한 집단이나 어떠한 종파
든 세상 어느 구석에까지도 나의 진리
가 전해지지 아니하는 곳이 없으며,
나의 진리가 존재하지 아니하는 곳이
없음을 너희들은 알아야 할 것이니라.
14 너희들이 생명을 가지고 세상사 살아
가는 그 속에서 너희들이 부닥치고 역
사하는 곳마다 나의 진리는 그곳에 있
음을 너희들은 알아야 할 것이며,
15 그리하여 누구나 나의 진리 속에서 살
아가며 그를 깨우치는 자가 바로 나에
게 올 수 있는 백성으로 변화됨을 너
희들은 알아야 할 것이니라.
16 너희들 생활 속에 나의 진리가 있으며,
17 너희들이 세상의 모든 것을 다 이룰
것처럼 변화의 역사를 이룬 과학이요,
18 또한 너희들이 살아가면서 지키고 지
키지 않아야 할 너희들이 갑론을박하
는 그와 같은 윤리와 도덕적인 삶 속
에도 다 나의 진리가 포함되어 있으며,
19 나의 진리가 없는 곳이 없음을 알라.
20 너희들이 성인이라 하여 만백성을 깨
우치고자 기록한 그들의 책이요, 그들
이 남긴 말씀이요, 그들이 너희들에게
가르친 그 모든 속에도 나의 모든 진
리는 거기에 있음을 너희들은 알아야
할 것이니라.
21 나의 진리를 근본으로 하여 모든 것이
시작하고 이루어지며 역사함을 너희
들은 알아야 할 것이니,
22 진리라는 것이 어느 한 집단에만 속하
는 것이라 생각하며 소유물이라 그리
생각하면 아니 됨을 너희들은 알아야
할 것이니라.
23 모든 종교의 집단 속에도 나의 진리가
있음을 알아야 할 것이니라.
24 너희들이 말하는 교회라는 곳이요, 또
한 너희들이 말로 이끌어 가는 성전이
요, 어떠한 종파든 그 속에서도 나의
진리가 모든 근본이요, 기초를 이루어
모두가 역사한다는 것을 너희들은 알
아야 할 것이니라.
25 특정한 종교 집단이요, 특정한 집단에
의하여 그와 같이 나의 진리가 거기에
존재한다는 그와 같은 생각을 해서는
아니 되는 것이며,
26 너희들 안에만 그 진리가 있으며 너희
들만이 진리를 깨우치며 너희들만이
진리를 소유한다 생각하면 아니 될 것
이니라.
27 이 진리는 모든 너희들의 생활 속에
주변 속에, 거기에 있지 아니한 곳이
없음을 너희들은 알아야 할 것이니라.
28 너희들은 지금 개인의 소유화되어 있
으며 너희들만이 누릴 수 있으며 너희
들만이 좌우할 수 있는 것이 나의 진
리라 그리 생각하지 말라.
29 나의 진리요, 하늘에 오르는 가르침이
요, 그 뜻은 산소와 같이 있음을 너희
들은 알아야 할 것이니라.
30 산소요, 바람은 스치고 거치지 않는
곳이 없듯이, 그리 존재하지 아니하면
살아갈 수 없는 것처럼,
31 나의 진리는 산소와 같이 세상의 어느
곳이든 구석구석에 너희들이 손 하나
움직이며 말 한마디 전하는 그 속에도

모든 진리의 행함이 있음을 알아야 할
것이니라.
32 다만, 바르고 곧은 그 진리의 뜻을 너
희들이 찾지 못하며 보지 못하기 때문
이니라.
33 그리하여 나 여호와의 모든 진리는 그
속에 있음을 너희들은 잊지 말라.
34 그것이 너희들의 한 개인의 특권이요,
한 집단의 특권에 의하여 너희들만이
소유하고 너희들만이 가둬 둘 수 있는
것이라 그리 생각하고 사는 어리석은
백성이 되지 말라.
35 그와 같은 이치의 뜻을 안다면, 너희
들만이 하늘에 오를 수 있으며 나에게
오를 수 있으며 나로부터 선택된 사람
이요, 너희들이 가는 길만이 나에게
오르는 길이라는 그와 같은 아집과 고
집을 버려야 할 때가 되었음을 알라.
36 그를 버리지 못하는 자가 공짜로 얻은
진리요, 하늘에 오르는 그 역사의 길
은 다 저희들 것이라는 착각 속에 제
손에 있는 것처럼 생각하는 어리석음
을 가지고 있는 자들이니라.
37 그리하여 그들은 깨우치지를 못하며
세상사의 이치를 모르며,
38 모든 세상사에 진리가 얼마나 넓게 펴
져 있으며.
39 그 진리가 기초요, 근본이 되어 너희
들이 살아가는 생활에 모든 것이 움직
이게 되고 돌아가고 있다는 것을 그들
은 알아야 할 것이니라.

4,860 번째 하나님 말씀

2003년 2월 6일 06시 37분

1 사랑하는 나의 아들아!
2 이 세상에 모든 피조물 만백성이 존재
하고 살아가며, 그 역사의 흐름은 강
한 힘을 가지고 있는 자, 그리고 권력
있는 자, 능력이 있는 자가 저희들만
이 존재하여 이 세상이 이루어지며,
모두는 다 이루어져 견디어 가고 있다
착각하고 있느니라.
3 그리고 저희들의 지도 능력과 저희들
이 행하는 그 힘에 의하여 이 세상의
인간 세상이 존재한다 그리 생각하니
그들은 어리석은 자가 아니던가?
4 권력 있는 자, 힘 있는 자, 강한 자들
이 그 지도 능력에 의해 이 세상이 존
재하는 것이 아니요,
5 가장 평범한 나의 백성이요, 아무 가
진 것 없고 내 놓을 수 없는 그 백성이
모여 있는 그 힘이 있기에, 그 위에서
모두가 다 이루어진다는 것을 너희들
은 반대로 볼 수 있는 그와 같은 마음
의 자세를 갖고 살아야 되는 것이거늘,
6 강한 자, 힘 있는 자, 그리고 권력 있
는 자, 그들의 지도 능력에 의해 세상
이 존재하며 흘러가는 것이라 착각하
고 사는 것이 그들이 아니던가?
7 지금 믿음의 종교 집단이 가고 있는
생각이 정녕 그러한 생각에서 벗어나
지 못하고 있음을 너희들은 알아야 할
것이니라.
8 권력 있고 힘 있는 자의 지도 능력에
의해 세상이 존재하는 것으로 착각하
며,

9 백성이 있기에 존재하며 백성으로 하
여금 그 힘의 바탕 위에 모두가 이루
어지고 역사한다는 것을 볼 수 없어
그들은 착각하고 있듯이,
10 모든 종교 집단이 지금 특수층에 있는
것이 너희들의 종교 집단에 속한 백성
이요,
11 너희들만이 특수한 인간이요, 특수한
나로부터 혜택을 받으며 나로부터 기
억되는 그와 같은 백성이라는 생각을
하고 사는 것이 지금의 믿음의 길을
가고 있는 종교 집단 너희들이 아니던
가?
12 그와 같이 오만하며 나의 백성 위에
군림하여 있다 생각을 하고 사는 것이
너희들이니,
13 너희들은 그러하지 아니하다 말할 것
이나, 너희들은 나의 백성에게 면죄부
를 주었으며,
14 너희들이 재물과 은화를 받고 그들의
죄지은 것을 용서해 주는 그와 같은
너희들의 전례에 따라서 흘러온 그 믿
음 속에서 그 뿌리가 그리 시작하여
오지 아니하였던가?
15 그와 같은 것을 너희들이 돌이켜 볼
때, 너희들이 지금 면죄부를 주는 행
사를 하는 그 자체가 너희들이 나 여
호와의 위치에 있으며,
16 오로지 나 여호와가 할 수 있는 일을
너희들이 금화와 은화를 거둬들이면
서 그와 같은 행위를 하고 왔음이니,
17 그 뿌리의 후손이 지금 믿음의 길을
가고 있는 자들이니라.
18 그러하기에 너희들이 종교 집단의 지
도자라는 특수한 백성으로서 선택되
었으며, 너희들만이 특권을 가지고 있
는 그와 같은 의식 속에서 지금 나의
피조물 만백성과 더불어 가고 그들을
깨우쳐 인도하고 있는 것이 너희들이
니,
19 너희들이 착각을 해도 얼마나 무서운
착각 속에서 살고 있는가?
20 그와 같은 착각 속에서 살기에, 지금
너희들은 서로 계층이 있으며 부리는
자가 있으며 따르는 자가 있다는 이와
같은 생각을 하며, 인간이 살아가는
형태에 따라서 너희들은 분류하고 살
아가는 그와 같은 자세로 전락하게 되
었음을 알아야 할 것이니라.
21 나의 아들 예수가 성경에 기록하여 너
희들에게 뭐라 전하였는가?
22 그가 전하는 그 뜻을 따라 같이 행하
고 그리 변하는 자는 모두가 다 친구
라 하였거늘,
23 나의 아들 예수도 모든 백성이 한 형
제요, 친구라 말하였거늘,
24 종교 지도자요, 그 집단에 속해 있는
자들이 저희들은 특수한 자요, 저희들
로 하여금 이 세상의 모든 백성이 구
원을 받고 못 받는 그와 같은 권위요,
능력을 가지고 있으며 저희들이 그와
같이 누릴 수 있는 특수한 지도자라
그리 생각하고 있는 것이니라.
25 그리하여 나의 피조물 만백성을 저희
들이 구원해 주며 구제해 줄 수 있는
자이며,
26 저희들이 기도하고 말로써 전하는 것
이 그들에게 면죄부를 내려 줄 수 있
다는 그와 같은 생각을 하고 살고 있
음이니, 그것은 무엇이던가?

27 오로지 너희들의 죄를 용서하며 죄를 사해 주며 너희들을 구원하고 못 하는 것은 나 여호와의 고유의 권한이요, 나만이 할 수 있는 것이거늘,

28 너희들이 금화와 은화를 받아들이며 말로써 수다를 떠는 것으로써 그 면죄부를 받았으며, 그 죄의 용서를 받은 착각 속에 살아가는 것이 너희들이니라.

29 너희들의 믿음의 뿌리는 모든 백성으로부터 재물을 거둬들여 그 재물의 양에 따라서 그들이 죄지은 것을 용서해 주고 면죄부의 역할을 하는 그와 같은 행위를 했으며,

30 지금에 와서 죄를 짓고 잘못하며 추하고 더러운 행위를 해도,

31 너희 손으로 지은 성전에 와서 너희들이 말로써 용서를 빌며, 금화와 은화를 바치고 기도하며 눈물로써 나 여호와를 찾으면 그 죄를 면죄받았다 그리 말하니,

32 어찌하여 너희들은 재물을 받아들이고 면죄부를 내려 주었던 그들의 뿌리가 아니라 말하는가?

33 그 행위는 똑같음이니라.

34 너희들이 손으로 지은 성전에 와 너희들이 죄를 짓고 용서를 빌면 그를 다 용서해 주며 너희들이 그 죄에서 사함을 받는다 그리 말하니,

35 너희들이 말로써 행하는 그와 같은 행위는 면죄부를 내렸던 그 시대에 너희들의 믿음의 조상의 뿌리가 그대로 전해지며 그대로 이끌어온 것임을 알아야 할 것이니라.

36 다만, 너희들이 방법과 행위가 달라지는 것뿐이니,

37 그 조상의 뿌리는 그대로 존재함을 알라.

38 너희들은 면죄부를 내릴 수 없으며, 죄를 용서할 수가 없으며,

39 너희 손으로 지은 성전에 가서 아무리 울고불고해도 너희들이 지은 죄는 용서받지 못하니,

40 그를 용서해 줄 수 있는 특수한 지도자나 종교 집단이라는 것으로 너희들은 착각하지 말라.

41 그러한 종교 집단이요, 그러한 지도자는 세상에 없음이니라.

42 다만, 너희들이 죄를 짓고 잘못된 것을 용서받을 수 있는 것은 너희들이 선한 일을 행하며, 선함을 몇 배 더 행함으로 너희들이 나에게 와 그 무게를 달아 선함이 무거워질 때,

43 너희들이 그 죄의 사함을 얻을 수 있는 것이며 구원에 들어올 수 있는 것이니 그리 알라.

44 특수한 백성에 특별히 선택된 백성이라 그리 착각하고 사는 믿음으로 가고 있는 백성 너희들 자신이 그 착각 속에서 깨어나야만 너희들이 하늘에 오르는 진정한 길을 볼 수 있음이니라.

45 모든 나의 백성을 너희들이 그리 현혹하여 끌고 가고 있음이니라.

46 그리하여 그 세 치 혓바닥의 간사한 말에 나의 피조물 만백성 너희들이 또한 현혹되어 그리 따라가고 있음이니,

47 어리석은 나의 백성을 지옥으로 이끄는 그와 같은 행위를 하지 말라.

48 특권 의식이 있는 자, 특권 의식이 있다 하여 그리 가르치는 자, 그 특권 의

식을 누리고자 하여 현혹되어 가는 것
이 나의 백성 너희들이니,
49 그는 다 너희들의 헛된 꿈이요, 허망
한 짓을 하고 있음을 너희들은 잊지
말라.
50 이제 꿈에서 깨어날 때가 되었음을 알
라.
51 바로 너희들이 행하며 실천하고 아름
답게 사는 것, 그리고 선을 행하는 것
만이 너희들이 스스로 구원을 받을 수
있는 길이요, 역사함임을 잊지 말라.

4,861 번째 하나님 말씀

2003년 2월 6일 06시 43분

1 사랑하는 나의 아들아!
2 "네, 아버님! 말씀하옵소서."
3 너희들이 세상사 인생에 나로부터 받
아 나간 그 생명의 삶은 너희들이 당
연히 살아야 되며, 그 길은 너희들이
거쳐야 함이니라.
4 그러나 나의 백성, 사랑하는 너희들이
살아가는 삶 속에서 악을 선택하며 사
는 것이 아니요, 선의 길을 선택하여
그 길을 살아온다면 나로부터 구원을
받아 너희들이 그리도 갈구하는 내 옆
에 올 수 있는 것이며,
5 영원히 사는 너희들의 영혼을 구원하
는 그와 같은 역사를 이루는 것이 아
니던가?
6 그러나 너희들은 선을 행함이 아니요,
7 악을 행하며 살며 ,그 악을 행하는 속
에서 쾌락이요, 즐거움을 얻으며 사는
것이 너희들이 아니던가?
8 너희들이 악은 악에서 저질러지며 악
을 행함으로 얻어지는 그 즐거움은 악
의 행위가 크고 강할수록 너희들은 더
즐거움이요, 기쁨을 얻는 것이니,
9 그리하여 너희들이 악한 행위를 버리
지 못하며 계속 빠져들어 가는 것이
아니던가?
10 너희들에게 선하게 살고 나에게 오라
내가 전하였으나, 내가 내린 그 선함
을 선택하지 아니하고 악을 저지르며
악의 성공의 쾌락에 너희들이 그 속에
서 벗어나지 못하여 계속 악의 행위를
저질러 가고 있는 그와 같은 삶을 살
고 있음이니,
11 너희들이 한평생 살면서 짓는 죄가 너
무나도 많으며, 너희들이 그 많은 죄
를 용서받을 수 없는 그 무서운 형국
에 지금 도달하였으니,
12 그를 막고자 하는 것이 나 여호와의
뜻이니라.
13 너희들이 죽어 나에게 와 심판을 받을
때는 너희들이 육의 삶에서 행했던 그
많은 죄는 용서받을 길이 없음이니,
14 육의 그 짧은 삶을 너희들이 잘못 살
아 욕심에 허덕여 살다가 죽어 와 지
옥 불로 떨어지는 그와 같은 것을 내
가 볼 때,
15 너희들의 영혼이 너무나도 불쌍하고
가련하여 그를 구원하고자 하는 것이
나 여호와의 뜻이니라.
16 그리하여 너희들의 육이 존재하는 동
안에 나 여호와를 찾을 수 있으며 너
희들의 육이 존재하는 그 속에서만 너
희들이 지은 죄를 사면받으며 면죄 받
을 수 있는 선을 많이 행하는 그것밖
에 없기에,

17 너희들이 이 소중한 육의 삶을 허송세
월하며, 그 소중한 시간을 선을 행함
이 아니요, 악을 행하며 사는 것이 너
무나도 불쌍하고 가련하여,
18 나 여호와가 너희들을 구원하고자 하
여 내가 너희들이 살아 있는 동안에
내가 새로운 성경이요, 나의 법전을
보고 깨우치라 그리함이니, 내가 나의
법전에 깨우쳐 전하는 것이 너희들에
게 뭐라 전하는가?
19 내가 성경에 기록하여 불로 써 내린
나의 계명을 지키라 하며, 성경에 기
록되어 있는 그 내용을 너희들이 그대
로 착실히 깨우쳐 지키고 오라 함이니
라.
20 너희들이 그를 너희 마음대로 해석하
며 너희들이 유리한 쪽으로 해석하여
너희의 생활에다 그를 이용하며 너희
의 집단에 이용하며,
21 세상에 움직이는 그 모든 역사 속의
흐름을 너희들은 다 나의 성경이요,
나의 뜻을 응용하며 이용하는 것을 너
희들의 편의주의요, 너희들의 마음에
맞도록 이용할 수 있는 것으로써 그리
이용함이니,
22 거기에 진리를 위해 찾아가고 연구함
이 아니요, 하늘에 오르는 길이 아니
요, 너희들 임의로 이용하여 쓰고 있
음이니,
23 너희들이 얼마나 많은 무서운 죄를 짓
고 있는지 알겠는가?
24 너희들이 지금의 살아가는 형국이 너
무나 내가 바라보기에 무서운 죄를 짓
고 용서받을 수 없는 그와 같은 삶을
살기에,
25 너희들의 육이 존재하는 이 세상에서
바로 서지 아니하면 구원을 받을 수
없기에,
26 내가 나의 아들을 통하여 이리 너희들
을 구원하고자 나의 성령의 모두를 태
워 세상에 내려보내, 새로운 성경이
요, 나의 법전이라 하여 이렇게 전함
이니,
27 너희들이 이를 읽어 보고 들여다보도
록 그리하라.
28 여기에 십계명을 지키지 말라는 것이
있으며, 나의 아들 예수를 부정하라는
것이 있으며, 나 여호와를 부정하는
것이 있는가?
29 그 모두를 다 너희들이 바로 세우고
바로 깨우쳐 바로 보라는 것이 나의
법전이요, 나의 새로운 성경이며,
30 그리고 너희들이 바로 볼 수 있는 지
혜와 바로 이해하고 해석할 수 있는
그 내용을 여기에 기록하여 너희들을
구원하고자 전하는 나의 애절한 뜻을
너희들은 이제는 정말 들여다볼 때가
되었음을 잊지 말라.
31 그것만이 심판의 기준이요, 구원을 받
을 수 있는 길이라 함을 너희들은 잊
지 말아야 할 것이니라.

4,862 번째 하나님 말씀

2003년 2월 6일 06시 57분

1 사랑하는 나의 아들아!
2 "네, 아버님! 말씀하옵소서."
3 나로부터 선택된 백성 너희들이 세상
에 가장 행복한 자이며, 너희들보다
더 위대한 백성이 없다 말하였음이니

라.
4 그러니 나로부터 선택된 백성 너희들
이 살아가는 마음의 자세가 과연 어떠
해야 되겠는가?
5 너희들이 일반 백성과 작은 일에 시시
비비하며 거기에 감정이 격화되며,
6 그를 용서하며 사랑으로써 다스릴 수
있는 그와 같은 마음의 형국으로 변하
지 아니하였다면 너희들은 아무것도
변한 것이 없음을 알아야 할 것이니라.
7 나의 법전을 읽고 접하며 나의 아들로
부터 강론을 듣는 선택된 백성 너희들
은 큰 사랑으로써 모두를 다 보고 다
스려야 할 것이며,
8 너희들이 큰 사랑으로써 고통을 견디
고 이기고 나가는 길을 가야 할 것이
니라.
9 이 세상의 그 누구도 얻을 수 없으며
그 누구도 소유할 수 없으며 그 누구
도 가질 수 없는 나의 사랑을 받는 너
희들은 만백성을 구하는 곳에 모두를
다 바쳐야 할 것이며,
10 만백성을 구하기 위하여 너희들이 살
아가는 그 삶에서 어떠한 고통과 시련
이 온다 하여도 너희들은 그를 즐거움
으로 받을 수 있는 그와 같은 큰 사랑
이요, 큰 사랑의 마음으로 살아가는
것이 너희들이 가야만 하는 길임을 알
아야 할 것이니라.
11 세상사 너희들이 살아가면서 한 사람
의 생명을 구하는 것도 얼마나 위대한
일이던가?
12 그러하거늘 너희들은 수천수만의 나
의 백성을 구하는 그와 같은 책무를
받은 자들이며,
13 그 역사를 이루는 너희들은 큰 사랑으
로써 모두를 다 덮어야 할 것이니라.
14 눈이 내려 세상을 하얗게 덮듯이 너희
들이 그와 같이 큰 사랑으로써 모두를
사랑할 때, 너희들이 원하는 것은 모
두가 다 이루어질 것이니라.
15 아직은 너희들이 내가 모두를 주었을
때 관리할 수 없으며 그를 역사할 수
없으며, 그와 같이 너희들이 흔들리는
지금의 마음으론 갈 수 없음이니라.
16 그리하여 너희들은 완벽히 설 수 없음
을 알아야 할 것이니라.
17 등이 따뜻하며 권력이 있으며 재물이
있고 부귀영화를 누린다는 육의 향락
된 삶을 사는 자들이 나 여호와를 찾
으며 나의 깨달음을 얻고자 어렵고 힘
든 그 길을 가는가?
18 그들은 그저 흘러가는 대로 살다 인생
을 마치는 것보다 더 부귀와 영광이
없다 그리 생각하니,
19 너희들이 가는 그 어렵고 힘든 길을
그들은 갈 수 없음이니라.
20 그러나 권력이 있는 자, 부귀와 영화
를 누리고 사는 그들보다 너희들이 더
큰 사랑으로써 그들까지도 다 감싸 주
며 그들의 고통을 대신 안고 가는 그
와 같은 삶으로 살아가는 것이 너희들
의 삶임을 알아야 할 것이니라.
21 지금의 모든 종파는 저 자신이 구원을
받고자, 저는 꼭 구원을 받는다는 그
와 같은 마음을 가지고 살며,
22 오늘의 육의 삶에 저희들이 향락을 누
리고 사는 자, 그것이 최고의 행복이
요, 그를 더 지속하며 그를 죽을 때까
지 저희들이 지키며 저희 후손도 그리

누리고 살아가기를 바라는 것이나,
23 나의 법전을 읽으며 내가 내리는 새로
운 성경을 읽으며, 내가 심판하는 이
시대에 나로부터 심판하는 자격을 받
은 너희들은 아름답게 살고 선하게 살
아,
24 너희들이 악의 삶과 선의 삶의 무게를
달아서 너희들이 선함의 삶이 많을 때
그 선함이 나로부터 받는 상이며,
25 그 상을 지옥에 가 허덕이는 백성들에
게 내려 주어 지옥에 들어가 너희들이
그들을 구원할 수 있는 그와 같은 희
생하는 마음과 너희들 자신을 태우는
마음으로 살아가는 것이 나로부터 선
택된 백성이요,
26 지금 나의 아들의 강론을 들으며 나의
법전을 접하는 백성 너희들이 가야 할
길이니,
27 너희들이 큰 사랑으로써 모두를 감싸
는 그와 같은 삶을 살라.
28 너희들이 작은 일에 나의 피조물 만백
성과 같이 시시비비하며 감정을 표출
하며 사랑이 없는 메마른 그와 같은
삶을 산다 하면, 이 세상은 영원히 지
상의 낙원이 될 수 없음을 너희들은
알라.
29 사랑하는, 선택한 나의 백성 너희들은
큰 사랑으로 모두를 다 다스리며 용서
하라.
30 권력 있는 자, 부귀영화를 누린 자, 어
렵고 힘들게 살아가는 자, 그리고 믿
음에 잘못 가는 자, 그리고 사탄이요,
너희들이 말하는 이단이라는 그와 같
은 길에 빠져서 허덕이는 모든 백성을
큰 사랑으로 덮으라.
31 너희들이 그와 같은 삶을 사는 것이
가장 소중함이니라.
32 너희들이 인간의 짧은 삶을 위하여 모
두를 다 헛되이 버리며 모두를 저버리
는 그와 같은 삶을 살아서는 아니 될
것이니라.
33 지금의 너희들이 살아 있는 이 시간이
요, 너희들이 쓸 수 있는 시간을 헛되
이 낭비하지 말라.
34 큰 사랑으로 세상을 다 덮어 나가라.
35 그리하는 것만이 너희들에게 소중한
것이며, 너희들이 가질 수 있는 것이
며, 너희들이 행해야 할 길이며, 그게
나를 볼 수 있는 길인이니라.
36 모든 백성에게 전하라.
37 너희들이 짧은 육의 세상의 시간이 얼
마나 소중한가?
38 그 시간을 낭비하지 말며, 하늘에 오
르는 진정한 길을 볼 수 있도록 그들
이 큰 사랑으로 역사하도록 그리 이르
라.
39 그러면 너희들은 전해야 할 것이니라.
40 지금 나의 심판의 심사가 시작되었으
며 심판의 역사가 지금 시작되었음을
그들에게 알려 주라.
41 그들은 모르는 것이니라.
42 나의 아들 예수가 천사들의 나팔 소리
와 군병같이 하늘의 구름을 타고 내려
와 찬란하게 저희들을 구원하며 역사
하는 것만을 그들은 바라고 있으며,
43 나의 예수가 재림하여 저희들을 구할
것이며 저희들이 들림을 받는 그 생각
에 젖어 있으며, 그 꿈에서 깨어나지
못하는 그 백성,
44 그를 바라거든, 그들이 그 역사를 볼

수 있는 것은 큰 사랑으로써 만백성을
사랑하며 다스리는 마음만이 그와 같
은 역사를 얻을 수 있으며,
45 나의 아들은 그와 같이 요란한 방법으
로써 재림하지 아니함이니,
46 재림한다 말하는 것은 나의 아들 예수
의 뜻을 거역하며 나의 뜻을 거역하는
것이니,
47 그와 같은 꿈속에서 깨어나 만백성을
큰 마음으로 사랑하는 너희들로 변하
라 그리 전하라.
48 나 여호와가 지금 파멸하는 너희들을
결코 원하지 아니하며, 너희들의 영혼
이 죽어 지옥으로 가 고통받는 것을
원하지 아니하며, 너희들이 고통받는
그와 같은 것을 원하지 아니함이니라.
49 여기서 너희들은 알고 가야 할 것이
있음을 알라.
50 너희들이 유죄판결을 받는 것을 나 여
호와가 원하지 아니한다 하였지 아니
하였던가?
51 너희들의 심판의 기준은 너희들 스스
로 심판함을 알라.
52 너희들이 유죄판결을 받을 수 있는 길
을 가는 것은 너희들이 그와 같이 선
택하여 심판하는 것이며,
53 무죄판결이요, 나로부터 사랑을 받는
것은 너희들이 무죄판결을 받을 수 있
도록 사랑을 받을 수 있는 삶을 사는
것이니,
54 심판관도, 너희들의 죄에 따라서 그
죄의 대가를 치르는 것도 또한 너희들
이니, 이것이 하늘의 법도임을 잊지
말라.
55 너희들이 너희를 심판함이니,
56 너희들 스스로 너희를 심판할 때, 너
희가 네 목을 치는, 너희 자신의 영혼
을 지옥으로 보내는 그와 같은 너희들
이 아픔이 있음을,
57 그 아픔을 겪지 않도록 하고자 하는
것이 나 여호와의 뜻임을 잊지 말라.

4,863 번째 하나님 말씀

2003년 2월 6일 07시 05분

1 사랑하는 나의 아들아!
2 "네, 아버님! 말씀하옵소서."
3 과연 너희들이 나 여호와의 사랑을 실
천하고자 한다 하면,
4 너희가 구원을 받아야 하며, 구원을
받았다는 생각을 하며, 어떠한 방법과
수단을 가리지 아니하고 너희들 자신
만은 구원을 받아야겠다는 그와 같은
생각을 하고 살아가는 것은 아니 됨이
니라.
5 그와 같은 것은 사랑이 아니요, 너희
들이 욕심 속에 젖어 있음이니라.
6 내가 너희들의 마음을 비우는 것이며
너희들의 마음의 모두를 다 던질 수
있는 그와 같은 마음,
7 너희들이 죽음의 세상에 죽은 자와 같
은 삶을 사는 것이 너희들이 구원의
길에 오른다 하였음이니,
8 너희들이 너희 자신만은 구원을 받고
자 하는 욕심, 너희는 구원을 받아야
되겠다는 그 애절한 마음을 갖고 믿음
의 길을 가며 지금의 너희들이 사랑을
베풀며 봉사하며 나누며 사는 것은 너
희들이 정녕 마음을 비운 자가 아니
요, 구원의 길이 아님을 알라.

9 너희들은 그것이 사랑이 아님을 알아야 할 것이니라.
10 너희들이 정녕 나 여호와에게 오고자 하며 나를 사랑하며 만백성을 사랑한다 하는 것은,
11 너희들은 먼저 구원을 받았다, 받아야 된다는 그 생각이 아니요,
12 남을 먼저 구원해 주며 너희들이 마지막으로 구원을 받는다는 그와 같은 생각으로 살아가는 것이 사랑이요, 나로부터 선택된 백성이 가야 할 길이니,
13 너희들이 얼마나 아름답고 힘들게 가는 길이 나에게 오는 길인가를 알아야 너희들이 할 수 있음을 알라.
14 그러기에 너희들이 가는 길이 힘든 길이라, 아무나 올 수 없는 길이라 내가 그리 말하지 아니하였는가?
15 누구도 할 수 없는 일을 행할 때, 그것도 너희들이 계산이 없이 그저 행할 때, 참사랑이라 내가 그리 말하였느니라.
16 너희들이 남에게 작은 하나의 아름다운 말을 전할 때, 작은 마음의 선물을 하나 전할 때, 어려운 자에게 한 끼의 음식을 대접할 때, 그 모두의 행함이 소중하며, 그것 또한 계산이 있어서는 아니 되니,
17 계산이 있으면 그것은 사랑이 아니며 나와는 관계없다 하였음이니라.
18 사랑하는 나의 백성 너희들은 들으라.
19 너희들이 행하는 것을 어떤 조건이나 계산이 없이 행하면 그것이 나에게 오는 길이요, 내가 원하는 참사랑이요,
20 그와 같이 사랑하는 백성을 내가 바라고 눈물겨운 마음으로 너희들을 아끼고 사랑하거늘,
21 어찌하여 모든 계산된 마음을 버리지 못하고 선행을 하고 살지 못하는 것이 너희들인가?
22 아무런 조건 없이 아무런 계산 없이 사랑할 수 있는 것이 진정한 사랑이요, 나에게 오를 수 있는 길임을 너희들은 잊지 말아야 할 것이니라.
23 너희가 먼저 구원을 받고자 하는 그 생각은 다 욕심이니, 그와 같은 마음으로 가서는 아니 됨이니라.
24 너희들은 구원을 받고자 하며 구원을 받는 것이 아니요,
25 남이 먼저 구원반도록 기도하며 남을 위하여 기도하는 것이 너희들이 말하는 사랑이요, 참사랑을 실천하는 나의 백성이니라.
26 그리도 갈구하고 그리도 소원하는 너희들이 구원받는 그것마저도 남에게 양보하며, 남을 먼저 구원해 주며,
27 너희들이 뒤로 물러나 마지막에 너희들이 구원을 받는 그와 같은 것이 너희들이 가야 할 길임을 알아야 할 것이니라.
28 어렵고 고통스럽다 하여도 그 길이 너희들이 나에게 오르는 길이니라.
29 나 여호와를 모르고 사는 백성, 그들에게 너희가 천국에 올 수 있는 길을 양보하며 그들을 깨우쳐 인도하는 그것이 너희들이 갈 길이니라.
30 당연히 그들이 먼저 구원을 받도록 기도하며,
31 그들이 나로부터 먼저 구원을 받아 그들이 다 하늘에 오르는 길을 차지하여 너희들이 올라올 수 없다 하여도,

32 그 자리를 양보하는 그와 같은 마음을
갖고 기도하고 경배하며 살아가는 것
이 진정한 나를 따르는 백성이며, 나
로부터 선택된 백성이 가야 할 길이
며, 하늘에 오르는 길이요,
33 지금의 믿음의 길을 가고 있는 백성이
저는 꼭 구원을 받아야 한다는 생각이
아니요.
34 저는 가지 못하더라도 남들은 갈 수
있도록 하는 그와 같은 너희들의 가르
침이 나에게 오를 수 있는 길이니라.
35 남부터 구원해 주고 마지막에 오르고
자 하는 마음, 마지막에 오를 수 없다
면 너희들이 지옥으로 간다 하여도 나
의 백성을 천국에 올 수 있도록 하는
그 마음 자세부터 너희들이 바꾸고 살
아야 할 것이며,
36 그와 같은 마음의 문을 열며 그와 같
이 행동하는 자세로 살아가라.
37 이것이 너의 제자들이 할 일이며, 너
의 제자들이 생각할 문제이니라.
38 그 이상 너희들이 먼저 가고자 먼저
이루고자 하며, 자신은 구원을 받아야
된다는 그와 같은 생각을 하고 가는
자, 그는 계산된 사람이니 사랑이 아
니요, 그는 베풂이 아니니라.
39 너희들은 남을 먼저 보내고, 너희들이
오지 못한다 하여도 기꺼이 그 길을
갈 수 있는 마음으로 무섭도록 너희
마음이 변하며, 무섭도록 그리 생각할
수 있는 마음이요, 그 무서움을 실천
할 수 있는 것이 너의 제자들이 가야
할 길이고 행하여야 할 길임을 알라
전하라, 사랑하는 나의 아들아!

4,864 번째 하나님 말씀

2003년 2월 6일 09시 14분

1 사랑하는 나의 아들아!
2 "네, 아버님! 말씀하옵소서."
3 이 지상에 수십억의 인구가 살아가는
데 너희가 정녕 한 사람을 믿으며 존
경하며 그와 같은 사람의 삶을 살아가
고자 하는 선망의 대상이 있다 하면,
그는 정녕 행복한 사람이며 행복한 삶
을 살아가는 자라 말할 수 있음이니라.
4 그리하여 너희들이 그와 같은 선배요,
친구요, 또 이웃에 스승이 있다 하는
것은 너희들이 그만큼 행복한 사람이
며 대단한 축복이라 나 여호와가 말할
수 있음이니라.
5 그러나 너희들은 그보다 더한 영광의
축복이 따로 있음이니라.
6 너희들은 그와 같은 사람을 발견할 수
있으며, 그와 같은 사람을 볼 수 있으
며, 그와 같은 사람을 너희 마음속에
간직할 수 있는 눈을 뜨며 그를 볼 수
있는 것이 더 위대한 너희들의 깨달음
이며, 너희들의 위대함임을 알아야 할
것이니라.
7 너희들이 아무리 위대한 보석이라 해
도 그 보석을 볼 줄 모르며 그 보석이
보석인 줄 모른다면 그게 무엇이던가?
8 아무런 가치가 없음이니라.
9 그러나 보석을 관리하며 그를 볼 줄
알며 그를 소중히 다룰 수 있는 그와
같은 사람이 위대한 것이 아니던가?
10 너희들 마음으로 지표로 삼고 살아갈
수 있는 사람을 볼 수 있으며 너희들
이 그와 같은 사람을 마음속에 간직한

다는 것은 너희 스스로 행복하며,
11 너희 스스로 스승이요, 너희들이 바로
잡아 가며 바로 살아갈 수 있는 길잡
이의 그 역할을 하기 때문에 그는 영
원한 너희 스승이며,
12 만 가지에 대한 스승인 것이니라.
13 그러니 만 가지의 스승을 볼 수 있으
며 그 스승을 찾을 수 있는 그와 같은
너희들의 마음 자세가 더 소중하고 위
대한 것임을 알아야 할 것이니라.
14 너희들은 그러한 자가 행복한 자임이
니라.
15 그를 보지 못하는 자, 그는 바로 무엇
이던가?
16 저 자신이 가장 위대한 자며, 저만이
훌륭하며 저만이 최고라 생각하는 자
들이 그를 볼 수가 없음이니라.
17 남들의 장점을 볼 수 있는 그 아름다
운 마음이 아니면, 너희들이 마음으로
정하고 평생을 그의 삶을 따라 살아가
고 그와 같은 삶을 살 수 있는, 그리
마음에 간직할 수 있는 스승을 볼 수
없음이니라.
18 그와 같은 스승을 발견하며 훌륭한 점
을 볼 수 있는 것은 남을 사랑하는 마
음이 있으며, 남의 소중한 것을 소중
한 대로 볼 수 있으며, 그리고 남을 볼
수 있는 안목이 있기 때문이니라.
19 남의 장점을 보지 못하며, 남의 악한
것을 보며 남의 단점만을 보며 그를
시시비비하고 살아가는 것이 너희들
의 인간의 즐거움이요,
20 그와 같이 남을 평가하고 남을 욕하는
것이 너희들의 즐거움으로 얻고 사는
그 세속에서 남의 장점을 보며 남의
아름다움을 보며 그것을 네 것으로 만
들며 그와 같이 따라 살아가고자 하는
생각을 갖는다면,
21 그는 바로 흙에 묻혀 있는 보석을 찾
아내며 그를 닦고 관리할 수 있는 진
정한 보석을 볼 수 있는 사람보다 더
위대한 자임을 너희들이 알아야 할 것
이니라.
22 그는 바로 너희들의 축복이요, 영광이
요, 너희들의 행복이 거기에 있을 것
이니, 그와 같은 마음으로 볼 수 있는
자로 살아가도록 하라.
23 그래서 많은 사람의 장점을 보며 그
장점 앞에 너희들의 단점이 부끄러움
을 알며, 그 장점을 보고자 하며 그와
같이 아름답게 사는 사람의 삶을 너희
들이 살아야 할 것이며,
24 이 험악한 세상에 살아가는 그 속에
너희들이 마음으로 존경할 수 있는 그
와 같은 사람이 있음을 소중히 생각하
며,
25 그 사람에게 결례되지 아니하며, 그
사람에게 상처를 주지 아니하며, 그
사람에게 누가 되지 않는 그와 같은
마음으로 너희들이 바르게 살고자 한
다면,
26 그를 발견한 것이 위대한 것이며, 그
를 그대로 실천하며 살아가고자 하는
너희들의 마음의 굳힘이 더 위대하고
빛이 됨이니,
27 그와 같은 마음 자세로 살아가는 너희
들이 되도록 하라, 사랑하는 나의 아
들딸들아!
28 너희들이 지금까지 믿어 오며 그 성서
에 구원의 길이요, 오로지 그것만이

유일한 것이라 생각하는 백성 너희들
이,
29 내가 새로 내리는 성경이요, 나의 법
전을 읽고 깨우쳐 그와 같은 변화요,
그 위대함을 발견할 수 있는 깨달음을
얻는 것이 너희들이 진주요, 보석을
볼 수 있는 안목을 가진 백성이 됨이
니 그리 알라.

4,865 번째 하나님 말씀

2003년 2월 6일 09시 22분

1 사랑하는 나의 아들아!
2 "네, 아버님! 말씀하옵소서."
3 모든 사랑하는 나의 백성 너희들은 알
고 들어야 할 것이니라.
4 너희들이 정녕 나에게 오려면, 구원의
길을 가고자 하며 정녕 너희들이 그와
같은 영광을 얻고자 한다면,
5 그것이 너희들이 가장 갈구하는 것이
며 너희들이 꼭 지켜 이루어야 할 길
이라 생각한다면,
6 너희들 스스로 너희 자신을 버리는 그
와 같은 삶을 살아야 됨이니라.
7 네가 존재하며, 네가 우선이며, 네가
있음을 생각하고 너희들이 간다 하면,
그 마음속에선 정녕 하늘에 오르는 길
을 볼 수 없는 것이 너희들임을 알아
야 할 것이니라.
8 내가 나의 법전에 구원의 길이요, 영
광의 길이요, 하늘에 오르는 빛이라
많이 너희들에게 전하니, 너희들은 이
를 듣고도 실감이 나지 아니하며, 과
연 그러한 것이 있는 것인가 없는 것
인가 스스로 그를 의혹할 것이니라.
9 그러나 너희들이 그와 같은 의혹하는
마음을 갖기 전에,
10 너희들 스스로 마음을 비우는 자, 그
는 곧 욕심을 비우고 사는 마음이 아
니던가?
11 그와 같이 마음을 비우고 사는 삶을
살다 보면, 너희들이 스스로 나에게
오르는 그 영광이 있음을 알게 될 것
이니라.
12 너 자신의 마음을 비워야 되느니라.
13 그리하여 내가 너희들에게 가르치기
를, 죽은 자가 되라 하였으며, 돌이 되
라 하였으며, 세상사 비바람이 몰아치
고 찬 것과 뜨거운 것을 접해도 그에
반응이 없는 그와 같은 무게 있는 삶
을 살아야 된다 내가 그리 말하지 아
니하였던가?
14 너희 자신의 모두를 다 던지고 비우는
마음으로 살지 아니하면 너희들은 구
원의 빛을 볼 수 없음이니라.
15 자기가 구원을 받고자 하며, 자기가
무엇을 얻고자 하며, 너희들이 자신을
먼저 내세우는 그와 같은 길을 가는
것은 진정한 구원의 길을 갈 수 없으
며 구원의 길이 아님을 알아야 할 것
이니라.
16 자신을 먼저 생각하지 아니하며, 남을
먼저 생각하며, 이웃을 먼저 생각하는
마음을 가져야 할 것이니라.
17 그리하여 성경에 기록하여 너희들에
게 전하기를 '이웃을 네 몸과 같이 사
랑하라'는 뜻이 여기에 있음이니, 이
뜻을 너희들은 다시 한 번 음미하고
넘어가며 너희들의 생활에 그리 실천
하는 것이 너희들이 나를 볼 수 있는

길임을 알라.
18 정녕 힘들고 어려운 길이기에 아무나
갈 수 없는 것이 믿음의 길이니라.
19 너희들이 믿음이라는 길을 가는 그 형
국이 나 여호와가 존재함이 두려워 너
희들이 믿는 믿음의 길을 가지 말라.
20 나 여호와가 존재하기 때문에 나에게
죄를 짓는 것이 너희들이 무섭고 두려
워서 믿음의 길을 가는 그런 길을 가
지 말라.
21 너희들이 살다가 지은 죄에 대한 그를
벗어날 수가 없으며,
22 그 죄에 대한 심판을 받으니 심판을
받음으로 인하여 너희들이 대가를 치
르는 그와 같은 것에 대하여 무서워
나를 믿는 그와 같은 믿음으로 가서는
아니 될 것이니라.
23 너희들이 천국을 가고자 하며, 영광된
영원히 사는 나의 나라요, 천국의 문
에 들어서고자 하는 그와 같은 생각을
가지고 믿음의 길을 가고 있다면 그
믿음을 가지 말라.
24 그 믿음 또한 잘못됨을 알라.
25 너희들이 벌을 받아 지옥에 가 영원히
고통스러운 그 악의 구덩이에서 지옥
불에 사는 것이 무섭고 두려운 그것
때문에 너희들이 그를 모면하고자 하
는 생각으로써 믿음을 간다면 또한 그
러한 믿음을 가지 말라.
26 그는 나와는 아무런 관계도 없는 믿음
임을 너희들은 알아야 할 것이니라.
27 네가 구원받음이 아니요, 남을 구원하
고자 하는 그와 같은 남을 위한 믿음
의 길을 가라.
28 그와 같은 믿음의 길을 가는 자만이
너희들이 나를 볼 수 있음이니, 하늘
에 오르는 길을 볼 수 있음이니라.
29 너희들이 하늘에 오르는 길을 보며 그
뜻을 알아야 천국의 문에 들어올 수
있는 것이 아니던가?
30 너희들이 구원의 길이요, 구원을 받는
그 기본이요, 기초도 모르고 하늘에
와 축복받으며 영광을 받은 백성이라
그리 말함이니,
31 이것이 얼마나 너희들이 망각과 착각
속에서 살아가는 것인가를 알아야 할
것이니라.
32 너희들은 나 여호와의 계명이며 나의
뜻에 순종하며 거역지 않는 그 길을
위하여 꾸준한 믿음의 길을 달려가라.
33 그리하면 너희들이 구원을 받을 수 있
는 것이니라.
34 계명대로 지키며, 내가 새로 내리는
성경이요, 나의 법전을 지키고 사는
그와 같은 마음으로써 너희들이 꾸준
히 노력하고 달려가기만 하면,
35 너희들 스스로 나를 볼 수 있으며 나
에게 오르는 길을 볼 수 있어 구원을
받을 수 있음이니라.
36 구원을 받으며 지옥을 면하고자 하는
그러한 믿음의 길을 가지 말라.
37 그것은 너희들이 진정한 참진리요, 믿
음의 길을 볼 수 없음이니라.
38 내가 지금 나의 아들을 통하여 너희들
에게 기록하여 전했으니, 이와 같은
생각을 가지고 너희들이 지금까지 믿
음에 매진하여 갔다면,
39 오늘서부터 너희들의 생각을 다 바꿔
야 할 것이며, 너희들의 믿음의 방향
을 돌려야 함을 잊지 말라.

40 그것이 너희들이 진정한 믿음이요, 구
원을 받을 수 있는 길임을 알라.

4,866 번째 하나님 말씀

2003년 2월 6일 10시 06분

1 사랑하는 나의 아들아!
2 "네, 아버님! 말씀하옵소서."
3 수천 년 동안 믿음의 길을 흘러온 그
뿌리들이 지금의 믿음에 역사하는 것
은 과연 무엇이던가?
4 그들은 정녕 나 여호와의 뜻에 따라
만백성을 구원하는 길을 가고 있는가?
5 말로써 저희들은 그리 말하며 그와 같
이 역사한다 말하느니라.
6 그리하여 너희들의 신도라는 자요, 나
의 사랑하는 백성이 종교 지도자요,
그 집단을 평할 수 없으며 평가할 수
없으며 단죄할 수 없는 불가침의 성역
을 만들어 놓은 것이 너희들이 아니던
가?
7 그러면서 너희들이 그 안에서 이루어
지고 행하는 그 믿음은 과연 무엇인가?
8 너희들의 종교 집단에 나의 순진하고
착한 백성이 모르고 들어갔을 때, 너
희들은 '아멘!'이요, '할렐루야!'요, 찬
송 몇 구절을 눈물을 흘리며 부르도록
그리하느니라.
9 그리고 절대로 너희들이 가르치는 그
것에 질문할 수 없으며 반박할 수 없
으며 그저 따르고 가는 것뿐이라 그리
가르치느니라.
10 그리하여 그들에게 너희들은 무엇이
라 멍에를 지워 주는가?
11 너희들은 지금서부터 나가 구원을 받
은 것처럼 많은 백성을 이끌어 와 신
도를 늘리는 사업에 그 모두를 다하도
록 그리 독려하고 그들을 몰고 감이니
라.
12 그리하여 그가 능력이 없으며 한계가
있어 그 신도라는 것을 늘리지 못하는
자, 그와 같은 자에게 너희들은 무어
라 또 임무를 주는가?
13 그들에겐 따로 임무를 줌이니라.
14 너희들이 신도를 늘리고 가르치는 것
은 만백성을 깨우쳐 하늘에 오르는 그
참진리의 길을 위하여 구원을 받도록
하는 것이 아니요,
15 너희들이 많은 재물과 헌금을 거둬들
일 수 있는 그 머리 숫자를 늘리며, 계
산이 거기에 있어 신도를 늘리라 그리
강요함이니라.
16 그와 같이 신도를 늘려 재물을 늘릴
능력이 없는 백성이요, 신도에게는 너
희들이 뭐라 하는가?
17 너희들이 헌금을 받아들일 수 있고 그
돈으로 계산할 수 있는 사람을 늘릴
수 없으며 끌어올 수 없으면, 너희들
이 가진 재물을 다 바치라 그리 말하
느니라.
18 신도를 이끌어 올 수 없으면 너희들이
가진 모든 재산을 다 바쳐 더 아름답
고 큰 성전을 짓는 데 너희들이 일익
을 담당하도록 그리하라, 그리하면 너
희들이 축복이요, 구원을 받을 것이며,
19 성전에 쌓아 놓은 것만큼 하늘나라 나
여호와의 창고에 쌓임이니,
20 너희들은 그 양에 따라서 평가받으며
구원받을 것이라 그리하니,
21 신도를 이끌어 오지 못하는 자, 돈으

로 계산하여 그 돈을 가지고 올 사람
을 끌어들이지 못할 때, 너희들은 가
지고 있는 재물을 바쳐 성전을 더 크
고 웅장하고 아름답게 짓는 데 모두를
다 바치라 하느니라.
22 그리하여 그 웅장하고 큰 성전의 형태
를 보고 거기에 와서 깨달음이요, 구
원의 길을 오는 백성을 너희들이 끌어
들이고자 하는 것이며,
23 그리하여 너희들의 마음속의 욕심이
요, 재물에 대한 것을 채우고자 하는
그와 같은 생각으로써 지금 가르치고
이끌고 가는 것이 너희들이 아니던가?
24 너희들은 나의 피조물 만백성이 구원
을 받고자 그 귀하고 귀한 시간을 내
어 너희들의 성전이라는 곳에 가니,
너희들은 찬송을 부르며 나 여호와의
성경의 몇 구절의 뜻을 가르치고 결과
로써 맺는 것은 무엇이던가?
25 신도를 늘리도록 하라는 그는 무엇이
냐?
26 재물을 거둬들일 자를 끌어들이라 하
며,
27 없으면 너희들이 바치라 하는 그와 같
은 것으로써 그날의 설교요, 가르침의
그 모두를 다 끝맺음이니,
28 더 큰 궁전이요, 더 아름다운 성전이
라는 것을 지어 놓고 너희들이 많은
백성이요, 나의 사랑하는 백성 앞에
군림하여 위압감을 갖게 하며,
29 그리하여 그 위압감에 눌려 너희들의
성전에 오지 않으면 구원을 받지 못한
다는 그와 같은 분위기를 조성하는 것
에 연연하고 있으며, 거기에 모두를
다 바치고 있는 것이지,
30 너희들이 정녕 나의 뜻이요, 나의 가
르침을 가르치기 위하여 그리 가는 것
이 아님을 나는 알고 있음이니라.
31 너희들이 아무리 아니라 하여도 너희
들의 그 속성을 내가 다 알고 있음이
니,
32 그와 같은 속성을 버리지 못한다면 너
희들은 정녕 나로부터 버린 자식이며,
내가 기억하지 아니하는 자식임을 알
아야 할 것이니라.
33 이와 같이 잘못 가르치는 자, 신도를
끌어들이라, 그리고 신도를 늘리라 하
는 그는 돈으로 계산하기 때문이니라.
34 너희들이 아니라 말할 수 있는가?
35 너희 손으로 지은 그 성전을 사고팔
때 너희들은 무엇으로써 계산하는가?
36 그 신도의 머릿수로써 너희들은 그 금
액의 높고 낮음으로 거래하고 사고파
는 장삿속으로 하고 있지 않다 누가
장담할 수 있는가?
37 그러니 너희들이 신도를 늘리라는 것
은 그 헌금을 위하여 재물을 모으기
위한 그것을 계산함이니,
38 너희들이 인간으로 생각하고 나의 백
성을 이끌어 가는 자들이 과연 얼마나
있는가?
39 그러니 그곳이 죄의 온상이요, 그곳에
서 모든 죄의 싹이 틈이니라.
40 2천 년 전에 너희 손으로 지은 그 성
전을 나의 아들 예수에게 보여 주며
너희들이 그를 자랑하고자 할 때, 나
의 아들이 뭐라 말하였는가?
41 이것을 다 무너트릴 것이며, 벽돌 하
나도 이 장소에 남지 않도록 할 것이
라 그리했으니,

42 그가 얼마나 광분하였으며, 그가 얼마
나 노했으며, 너희들이 얼마나 터무니
없는 짓을 하는 것을 봤으면 그가 그
리했겠는가?
43 지금의 너희들이 이끄는 성전이 그때
보다도 더 사악하며 더 모질며 더 형
용할 수 없는 그와 같은 짓을 하고 있
으니, 그 성전 속이 죄의 온상이라 내
가 말함이니라.
44 그리하여 그를 닫고자 하며 그를 버리
고자 함이니라.
45 너희들은 그를 운영하고 유지하기 위
해서 어떻게 번 돈이든, 사악한 돈이
든, 도둑질한 돈이든, 강도질한 돈이
든, 간음하여 번 돈이든, 몸을 팔아 번
돈이든 그저 많이 바치게 해서 거둬들
여야 하니,
46 그 옳고 그름을 구분할 능력이 없으며
자제력도 없는 것이 지금의 종교 지도
자 너희들이 흘러가고 있는 형태이니
라.
47 가면 갈수록 너희들은 더 무너질 것이
며, 너희들이 지은 성전을 유지, 관리
하기 위해서 더 사악한 방법으로써 나
의 피조물 만백성을 괴롭히고 거둬들
이는 데만 연연할 것이니,
48 그것은 하늘의 뜻이 아니요, 참진리가
아님이니라.
49 그리하여 그 사악한 죄의 온상에 거미
줄을 치도록 하며 그 문을 닫게 하고
자 함이니,
50 그것은 바로 나의 백성이 그곳에 잘못
가는 자, 세 치 혓바닥의 그 말에 현혹
되어 죽음의 길로 끌려가는 그 백성이
깨우쳐 돌아서며 그곳을 뛰쳐나오는
길밖에 없으니,
51 그들을 하나하나 잡고서 내가 그들을
깨우칠 수도 없으며, 나로부터 선택된
나의 아들의 제자요, 그 선택된 백성
이 그를 잡고 하나하나 설명할 수도
없으니,
52 곧 지도자요, 선생으로서 내가 법전을
책으로 만들어, 한 권의 책이 한 사람
의 선생이요, 한 사람의 인도자가 되
어 160권을 만들어 세상을 덮으니,
53 세상을 덮었을 때 너희들이 이를 보고
깨우쳤을 때 그 성전에 거미줄을 치게
되며, 그 성전의 문을 닫게 되며,
54 너희들이 얼마나 허황된 것으로써 2
천 년 동안 나의 피조물 만백성을 우
롱하며 지옥 불로 인도했는가 그 원성
을 너희들은 듣게 되며 그를 보게 될
것이니라.
55 사랑하는 나의 백성 너희들은 들어야
할 것이니라.
56 모든 신도를 끌어들이려는 것이 너희
들이 깨우치며 가르치기 위한 것이 아
니요,
57 재물을 거둬들이며 재물로 계산하여
그리 몰아붙이며,
58 그렇지 아니한 신도라면 너희들이 사
람을 인도하지 못하고 신도를 끌고 오
지 못할 때,
59 재물을 바쳐 더 큰 성전을 짓는 데 일
익을 담당하며 네 이름을 거기다 기록
하여 전하라, 그리하면 나 여호와가
기억할 것이라 하여 재물을 받고 이름
을 기록하는 것은 바로 무엇이던가?
60 법당이라는 것을 짓기 위하여 기왓장
하나를 받아들이며 너희 이름을 써서

그리 쌓아 그걸 짓는다는 것과,
61 너희들이 지금 그와 같이 너희가 짓는
성전의 기둥에 나의 피조물 만백성의
이름을 영원히 보관하고 기록하여 놓
으며 재물을 많이 내라 하는 것과 그
것이 무엇이 다르며,
62 종이에 빨간 글씨로 부적이라 하여 몇
자 끼적거리고 귀신 장난하는 그림을
그려 주고, 그것이 재앙을 막으며 너
희 생명을 보호한다 하여 팔아먹는 것
과 무엇이 다른가?
63 그것이 다른 것이 있으면 한번 말해
보라.
64 똑같은 자들이요, 미신을 믿는 자요,
이방인이요, 사악한 행위를 하고 있는
것이 너희이니,
65 그저 팔아먹을 것만 있으면 팔아먹어
챙기고자 하는 것이 똑같으니라.
66 돼지 머리를 놓고 고사 지내고 기도하
며, 거기에 지전과 금화와 은화를 묻
으면 그 조상이 그를 가져간다 하여
많이 바치라 하며 그저 뒷발 들고 껑
충껑충 춤을 추는 것과,
67 너희들이 광란의 찬송을 부르면서 울
고불고 뛰며 광란의 짓 하며, 그리하
여 많이 바치는 것이 구원을 받는 것
이며,
68 성전을 지을 때 많이 바치는 자 그 벽
돌 하나에 이름을 기록하여 영원히 보
존하니, 이는 하늘에 가서 너희들이
받는 상이며 나 여호와가 기억한다 하
여 재물을 거둬들이는 것이, 이 사악
한 행위는 나의 이름을 파는 너희들이
더 모질고 더 사악하며, 가장 간악하
며 가장 사악한 사탄의 우두머리가 너
희들임을 잊지 말라.
69 그리고 사탄의 우두머리에게 재물을
바치며 그들에게 용기를 주며 희망을
주며 그들 사탄이 존재할 수 있도록
하는 너희 신도라는 백성, 너희들이
나의 재물을 함부로 쓰며,
70 너희들이 내가 내려 준 그 소중한 시
간을 진리요, 깨달음이요, 아름다움을
향하여 쓰지 않는 그 죄가 얼마나 무
섭고 무서운 대가를 치르는 것인가를
너희들은 알 날이 머지않았음을 알라.

4,867 번째 하나님 말씀

2003년 2월 6일 10시 15분

1 사랑하는 나의 아들아!
2 "네, 아버님! 말씀하옵소서."
3 너희들 자신을 착하다 그저 칭찬하는
자는 너희 도적이요, 너희에게 도움이
되지 않는 사람이라 그리 말하였으며,
4 너희들을 악하다 하는 자는 너희들의
스승이요, 너희들의 살아가는 삶에 도
움이 된다는 그와 같은 뜻이 있는 말
을 듣고 살았을 것이니라.
5 쓴 것은 먹기가 어려우나 그는 너희들
의 몸에 좋은 약이 되며, 단 것은 먹기
는 쉬우나 너희들에게 약이 되지 아니
한다 하였음이니라.
6 그러니 지금의 모든 종교 집단이요,
그들이 가고 있는 것은 과연 어떠한
형태로 가는가?
7 종교 지도자라 하는 것은 쓴 것을 맞
이할 줄 알며, 쓴 것을 즐겨 할 줄 알
아야 할 것이며, 쓴 것을 받아들일 수
있는 마음을 가져야 할 것이며,

8 고통과 시련의 길을 가는 것을 두려워
하지 말며 그것을 영광이라 생각하는
것이 종교 지도자들이 가야 할 길이니
라.
9 그리하여 종교 지도자는 남에게 듣는
것을 많이 들어야 하며 남이 책하는
것을 많이 들어야 하며,
10 남이 나무라는 것을 많이 들어 제가
바로 서고 바로 변해 가는 그와 같은
삶을 살았을 때,
11 완전하지 못한 인간이기에 그가 완전
한 사람으로 변화되는 것임을 너희들
은 알아야 할 것이니라.
12 그러나 지금의 수천 년 동안 흘러온
종교 집단이요, 지도자 그들은 과연
어찌 가는가?
13 남의 말을 들으려 하는가?
14 남의 가르치는 것을 들으려 하는가?
15 그들이야말로 가장 듣지 않으려 하며,
그를 보지 않으려 하며,
16 저희들이 어렵고 힘든 길을 가지 않으
려 하며, 쓴 약을 마시려 하지 아니하
며,
17 손끝에 무거운 것 하나 들지 않으려
하며, 그와 같은 고통의 길을 가지 않
으려는 것이 지금의 종교 지도자들이
니,
18 그들이 얼마나 어리석고 우매한 자인
지 알겠는가?
19 가장 어리석은 지도자들이요, 가장 어
리석은 인간이 바로 그들이니라.
20 저희들의 허물은 일절 말할 수도 없으
며 그를 탓할 수도 없으며, 저희들을
따르는 신도들은 그를 시시비비해서
도 아니 되며 말할 수 없다 하여 그리
할 수 없도록 못 박아 놓고 그들이 가
고 있음이니,
21 그들이 얼마나 사악한 자이며 사악한
행위를 하고 있는 자인가?
22 저희들이 완벽한 나 여호와 창조주란
말이던가?
23 저희들이 인간의 형태를 하고 사는 자
이기에 부족한 점이 많으며 또 깨닫지
못함이 많으니라.
24 그와 같은 것을 저희 신도요, 이웃으
로부터 배워서 저희 것으로 만들어 변
화되는 속에서 진리를 알게 되며 깨우
치거늘,
25 저희들이 완벽한 인간인 것처럼 저희
들을 탓하지도 못하고 깨우치지도 말
라 함이니,
26 그 종교 집단이요, 지도자야말로 변하
는 것을 모르며 깨달음을 모르는 것임
을 알아야 할 것이니라.
27 너희들은 세상사를 살아가면서 오로
지 저 자신만이 위대하다고 살아가는
자보다,
28 세상사에 많은 벗이요, 많은 친구를
두며 많은 사람과 교류하고 상대하면
서 세상의 아프고 쓰린 것을 다 보고
가는 그 사람이 바른 삶을 살 수 있으
며 세상의 빛을 볼 수 있다고 생각하
지 아니하는가?
29 저 혼자만이 아집을 부리는 자가 아니
요, 이웃과 더불어 세상사를 의논하
며, 세상사에 흐르는 것을 깨달으며,
남의 것의 소중함을 알며, 또 제가 가
지고 있는 소중함을 남에게 전해 주는
그와 같은 서로 교류하는 마음을 가지
고 사는 자가 세상의 이치를 더 많이

알지 않겠는가?
30 저희들 체면만이 중요하고 '나만이 최
고요, 나 자신만이 위대하며, 나는 신
과 같은 존재이기 때문에 인간인 너희
들이 나를 평가할 수 없다.' 그리 말하
고 그 자리를 지키고 있는 그 어리석
은 자야말로, 그 종교 집단이야말로
문을 닫아야 하는 곳임을 알라.
31 나의 아들 예수가 말하기를, 내가 원
하는 그 뜻을 행하는 자는 하늘에서
내려온 나의 아들과 너희들이 다 친구
라 그리 말하였거늘,
32 너희들이 인간인 저들을 평가하지 못
한다는 것은 저희들이 신이 되어 있다
고 착각하며 신이 된 것으로 말하는
것이니라.
33 그들은 감히 말을 하지 않아도 '우리
는 신이니라.
34 그러니 너희들이 우리를 평가할 수 없
으며 인간인 너희들이 나를 책할 수
없다.' 그리 너희들을 윽박지르고 공
갈과 협박으로써 눌러놓고 갖은 사악
하고 추한 짓, 더러운 짓을 다 하고 있
느니라.
35 그리하며 저희들이 추하고 더러운 짓
을 하면서 무엇이라 말하는가?
36 '이는 여호와의 뜻이요, 하나님의 뜻
으로 내가 했으니, 너희들은 더 이상
거기서 갑론을박하지 말라' 하며 그리
몰고 가는 것이 지금의 종교 집단이니,
37 그 썩고 썩은 냄새가 이 세상을 덮고
있음이니라.
38 그 썩고 썩은 집단이 열 발짝 건너 하
나씩 존재하고 있는 이 세상이니, 그
를 무너트리고 그를 깨부수기가 얼마
나 힘들고 어려운 길이던가?
39 이제 더 이상 그를 막을 수가 없으며
그 뿌리를 뽑을 수가 없기에,
40 지금 내가 나의 새로운 성경이요, 나
의 법전을 세상에 내려보내 너희들로
부터 정화하며 심판하며 바로잡고자
함이니라.
41 그러나 이를 역사하는 것은 바로 무엇
이던가?
42 너희들이니라.
43 한 나라요, 한 집단을 이루는 것도 지
도자들에 의해서 이루어지는 것이 아
니요,
44 그 많은 선량한 백성의 마음이 하나가
되었을 때 그 무서운 힘은 모두를 다
이루며 역사할 수 있는 것이 아니던가?
45 그와 같은 변화의 역사가 지금 이루어
져야 할 것이니라.
46 열 발짝도 못 가서 하나씩 이루는 그
성전이요, 지금 죄의 온상속에 있는
나의 백성, 너희들이 바로 보고 깨우
쳐 너희 스스로 그 문을 뛰쳐나올 때
그 문은 닫게 되며 거기는 거미줄을
치게 되는 것이니라.
47 신도라는 백성 너희들이 변화되지 아
니하면 정녕 그 역사를 이룰 수가 없
음이니,
48 너희들이 정녕 나에게 오르는 길을 오
고자 하는 백성이며 나의 아들딸이라
면,
49 내가 나의 아들을 통하여 내리는 나의
이 새로운 성경이요, 법전을 보고 깨
우치는 그 대변화의 역사를 이루어야
할 것이며,
50 그 불을 붙이며 시동을 거는 것은 바

로 너희들이 하는 것이니 그를 잊지
말라.
51 너희들은 점화 역할을 하는 백성이니,
그 점화하는 백성이 바로 점화하며 힘
차게 불을 붙였을 때 그 불은 번져 나
갈 것이니라.

4,868 번째 하나님 말씀

2003년 2월 6일 10시 25분

1 사랑하는 나의 아들아!
2 "네, 아버님! 말씀하옵소서."
3 네가 기도하지 아니하며 나를 경배하
지 아니하면 나의 성령이요, 나의 뜻
이 내려갈 수가 없음이니,
4 내가 너를 통하여 만들고자 하는 대장
서의 160권의 법전은 그냥 이루어짐
이 아니요, 그대로 역사함이 없음을
너희는 알아야 할 것이니라.
5 네가 얼마만큼 노력하고 힘든 그 길을
마다하지 아니하고 가느냐에 따라서
나의 160권의 법전이 세상에 나오고
안 나오는 것은 그 시간과 때가 단축
되고 미뤄짐을 알아야 할 것이니라.
6 나 여호와는 너를 아느니라.
7 정녕 네가 앉아 기도하고 경배하지 아
니하면 나의 성령인 나의 뜻이 세상에
내려가지 아니함이니,
8 내가 이루고자 하는 그 법전의 책이
늘어나지 아니하며 항상 그 자리에 있
는 것을 너는 알고 있느니라.
9 그리하여 네가 고통스럽고 힘든 그 마
음을 달래며, 모두를 인내하고 참고
또다시 기도하고 경배하는 너의 그 마
음을 나 여호와는 아느니라.
10 그러니라, 네가 나에게 경배하고 기도
하지 아니하면 나의 법전은 세상에 이
루어질 수가 없으며 세상에 나갈 수가
없음이니라.
11 그리하여 너는 나의 백성을 구하는 역
사를 맡은 자요, 그 역사의 대명을 이
루는 것이 너이니, 너는 그리 알라.
12 이제 성서에 기록되어 있는 그 비유의
뜻을 하나하나 설명해서 가르치며, 내
가 내리는 새로운 성경에 기록되는 그
뜻을 가르치고 만백성을 구하는 그 역
사를 잠시도 네가 게을리해서는 아니
됨을 알라.
13 네가 게으를수록 나의 법전은 세상에
나갈 수 없으며, 160권의 법전은 이루
어질 수가 없음이니라.
14 네가 기도하고 경배하는 그 시간과 그
순간에만 그 모두가 이루어짐을 너는
알아야 할 것이니라, 사랑하는 나의
아들아!
15 사랑하는 나의 아들아, 성서의 한 구
절의 가르침을 내가 너에게 전함이니,
이를 너의 제자들과 만백성에게 깊이
깨우쳐 전하도록 그리하라.
16 내가 나의 아들 예수를 통하여서 성서
에 기록되어 있기를, '너의 하나님 창
조주를 시험치 말라.' 그리 기록한 대
목이 있느니라.
17 이는 바로 무엇이던가?
18 너희들은 수천 년 동안 참진리요, 진
정한 구원의 길을 오는 것이며 너희들
이 구원을 받고자 그 믿음의 길을 달
려왔으며 그리 왔음이니라.
19 그리고 너희들은 구원을 받았다 말하
며, 구원을 받을 수 있는 준비가 되어

있는 백성이라 그리 말함이니라.
20 그러나 너희들이 그리 울부짖고 기도
하며 지금까지 흘러온 그 모두가 너희
들은 나 여호와를 시험하는 그 길만을
달려왔으며,
21 너희 조상들 또한 나를 시험하고 또
시험하다가 결국은 나 여호와를 시험
하지 말라는 그 내용 하나를 깨닫지
못하여 그 시험 속에서 지옥으로 가는
그와 같은 너희들이었으며,
22 깨달음을 얻어 구원의 길이요, 하늘에
오르는 그 역사를 이룬 자가 없다 내
가 하였음이니라.
23 바로 너희들이 나를 시험하는 것이 무
엇인 줄 알겠는가?
24 너희들이 드리는 그 기도 소리를 잘
분석하며 그 기도 소리의 의미를 알아
보라.
25 모든 종교의 지도자들은 무엇이냐?
26 무엇을 이룰 것이며, 역사할 것이며
너희들에게 무엇을 쥐여 주라, 그리고
이루어 주라 그리 말하느니라.
27 재물을 많이 바친 자 더 열성적으로
그 이름을 불렀으며, 나 여호와에게
이루어 주라 그리 말하느니라.
28 너희들 개개인이 나에게 기도드리는
그것은 과연 어떠한 기도이며, 안식일
이라 하여 나의 성전이라 하여 너희
손으로 지은 그 죄의 온상인 성전을
찾아가는 너희들의 마음이요, 자세에
서부터 너희들의 행함을 돌이켜 보며
그 속을 들여다보라.
29 너희들이 곱게 분단장하고 성경책에
지전이요, 동전 몇 닢이요, 그리고 너
희들이 말하는 지폐 몇 닢을 집어넣고
나에게 바치고자 너희들이 정성스런
그 마음으로 나갈 때,
30 그 정성은 아름다우며 그 생각은 아름
다우니라.
31 그러나 너희들은 마음속에 무엇을 가
지고 가는가?
32 무엇인가를 이루겠다는 생각, 너희들
이 꼭 구원을 받겠다는 그 집요한 마
음, 너만은 어떠한 일이 있어도 구원
을 받겠다는 그와 같은 생각을 가지고
너희들이 문전을 나감이니라.
33 그리하여 너희들은 종교 지도자의 그
강론을 들으면서 또한 너희들은 마음
속으로 빌고 기도하느니라.
34 그리고 너희들이 나에게 드리는 그 개
인의 기도 소리를 한번 들어 보고 분
석해 보라.
35 너희들은 무엇인가를 나에게 이루어
달라 하는 기도가 아니면 아무런 할
말이 없으며,
36 무엇을 나에게 달라는 기도가 아니면
너희들은 나에게 기도할 것이 없으며,
37 너희들이 이루고자 하는 소원하는 것
을 만들고자, 더 높고자, 더 많은 것을
갖고자, 너희 자식의 미래를 위하여
이루어 달라, 그리고 너희들이 구원받
을 수 있도록 축복을 달라,
38 '달라, 달라' 하는 그 기도 외에는 너
희들이 과연 어떠한 것으로써 나에게
기도를 했으며, 너희들이 나에게 기도
드리는 그 내용의 의미가 어디 있나
알아보라.
39 너희들이 무엇을 달라, 이루어 달라
하는 것은 바로 그것이 무엇이던가?
40 내가 성경에 기록하여 '나 여호와를

시험하지 말며 창조주를 시험하지 말
라.' 하였거늘, 너희들은 허구한 날 시
험을 하며,
41 자도 나를 시험하며 눈을 떠도 시험을
하며, 너희들이 무릎 꿇고 기도하고
경배하는 것도 나를 시험하는 것이니,
42 너희들은 기도가 아님을 알라.
43 달라, 이루어 달라는 것은 너희들이
나에게 시험함이 아니던가?
44 '과연 당신이 나에게 이루어 줄 수 있
으면 한번 보여 달라.'는 것과 똑같음
이니,
45 너희들은 죽을 때까지 나를 시험하고
또 시험하다 지옥 불로 가는 그와 같
은 믿음의 길이니,
46 그게 얼마나 허송세월이며 얼마나 허
망하며 헛된 짓을 하고 있는가 너희들
은 깨우치라.
47 그리하여 내가 너희들에게 달라는 기
도를 하지 말라 하지 아니하였던가?
48 달라는 기도는 너희들이 나를 시험하
기 때문이니라.
49 마귀가 나의 아들 예수를 시험한 것이
무엇이던가?
50 나 여호와를 시험했음이니라.
51 마귀가 나의 아들 예수를 시험한 것보
다도, 너희들이 그보다 더 잔인한 방
법으로써 나를 시험하고 있음을 알아
야 할 것이니라.
52 마귀가 나의 아들을 시험한 것보다도
더 무서우리만큼 너희들이 그리 시험
을 하고 있지 않은가?
53 마귀는 나의 아들에게 무엇을 줄 것이
라 그리 시험하였으나 너희들은 나에
게 달라 함이니,
54 과연 그 역사가 이루어지나, 이루어지
지 않나 그 증거를 보여 달라 함이니,
55 그 증거를 봤을 때 너희들이 나에게
믿음의 자세를 바로 갈 것이며 정녕
나 여호와를 위하여 목숨을 바치고 오
로지 한 길로 가겠다는, 너희들의 마
음속에 그와 같은 생각을 두고 너희들
이 달라, 이루어 달라는 그 기도를 하
지 아니하는가?
56 밑져야 본전이며, 너희들이 시간을 바
쳤으며 재물을 바쳤으니 너희들은 무
엇인가를 얻어 가야 하며 그만한 대가
를 받아야 하겠다는 생각에서 너희들
은 달라, 그리고 이루어질 것이라 생
각하지 않는가?
57 너희들이 재물을 바쳤기 때문에 이루
어질 것이라 생각하며, 너희들이 주일
의 귀한 시간을 나에게 바쳤기 때문에
이루어질 것이라 생각하며,
58 그와 같은 기대 심리에서 달라 함이
니, 나를 시험하며 너희들이 대가를
치르고 거래하고자 하는 그와 같은 마
음에서 가고 있는 것이 너희들의 믿음
이니라.
59 어찌하여 성서에 기록된 그 내용을 거
부하며 그를 따르지 아니하면서 나의
백성이라 하며 나의 뜻에 따라 하늘에
오를 수 있는 그 백성이라 말하는가?
60 성경에 기록되어 있는 그 모든 내용을
너희들이 충실히 지키는 그와 같은 믿
음으로부터 너희들이 깨달음이요, 변
화를 역사하라.
61 나의 아들 예수가 너희들에게 전했던
그 모든 내용 하나하나를 깊이 음미하
며 그 뜻을 알아 너희들이 그것부터

행하는 그와 같은 삶으로 믿음의 길을
가도록 그리하라.
62 그것이 너희들이 급선무임을 알라.

4,869 번째 하나님 말씀

2003년 2월 6일 10시 37분

1 사랑하는 나의 아들아!
2 "네, 아버님! 말씀하옵소서."
3 네가 눈물의 기도를 드리며 이 방을
뛰쳐나가며, 너희들이 생각하는 육의
삶과 육의 향락을 위한 그 삶을 위하
여 너 자신이 던져 보고자 하는 그와
같은 심정을 나 여호와는 알고 있음이
니라.
4 그러나 네가 또 자리를 지키며 기도하
며 경배하는 너의 인내하는 그 마음까
지도 내가 알고 있음이니,
5 너는 그와 같은 마음의 동요가 있어서
는 아니 됨이니라.
6 지금 나의 법전을 받아 60여 권에 가
까운 그와 같은 대장정의 기록을 하는
네가 아직도 너무 힘들고 고통스럽고
어렵다 그리 생각하며, 네가 변화되는
그 삶을 살아가기가 그리 어렵고 힘들
다 하면,
7 나의 사랑하는 피조물 만백성 그들은
누가 다 구원하며 그들을 인도할 수
있다 생각하는가?
8 나의 법전을 들으며 나의 성령을 들으
며 나의 형체를 보며 나의 모든 뜻을
받아 행하는 너 외에는 누구도 할 수
가 없으며, 너를 따르는 제자들 그들
이 아니면 이 법전이 세상에 나올 수
없으며, 만백성에게 전할 수 있는 길
이 없느니라.
9 그리하여 너는 인내하고 가야 하며 네
가 마음의 동요가 지금도 있어서는 아
니 됨이니라.
10 흘러가는 순간의 생각에라도 네가 그
런 마음을 가져서는 아니 됨을 알라.
11 너희들이 아무리 바르게 서고자 해도
생각이 흐리며 잘못된 생각을 하면,
너희들은 그 생각과는 관계없이 행동
한다 해도,
12 너희들이 생각을 자주 하다 보면 너희
도 모르게 그와 같은 행위를 하게 됨
이니라.
13 너희들은 습관이 있음이니라.
14 도둑질을 하는 자가 도둑질을 하여 습
관이 들다 보면 그게 도둑질인 줄 모
르고 함이니라.
15 그것이 죄가 되며 도둑질이라는 것을
알고 깨달으면 그는 중단할 수 있으나,
16 그는 악에 빠져 즐거움과 쾌락과 행복
만이 있는 것이니, 그리하여 그게 얼
마나 무서운 것인가를 모르기 때문이
니,
17 생각도 하지 말아야 하며, 마음속에
간직도 하지 말아야 하며 그리워해도
아니 됨을 너는 알라.
18 그리고 변하고자 노력하는 너의 제자
들도 몸부림치며 그들이 변하기가 얼
마나 고통스러운 그 길인가 알고 있음
이니,
19 그들 또한 그 마음을 달래며 굳건히
가는 길밖에 없다 그리 전하도록 하
라, 사랑하는 나의 아들아!
20 너희들을 위하여 내가 하나의 성경 구
절을 너희들에게 전함이니, 너희들이

이를 읽고 정독하여 깨우침을 얻도록
그리하라.
21 내가 나의 아들 예수를 통하여 성경에
기록하여 전하기를, '마음이 청결한
자는 복이 있나니 저희가 나 여호와를
볼 것이요, 그리고 화평케 하는 자는
복이 있나니 저희가 하나님의 아들이
라 일컬음을 받을 것이요.'라는 대목
이 있으니,
22 이는 오로지 지금 새로운 성경인 나의
법전이 내려가 이를 보고 배우고 따르
는 백성 너희들을 깨우치며 너희들을
위하여 내가 내린 성경의 가르침이니,
예언서임을 너희들은 알아야 할 것이
니라.
23 너희는 알라.
24 재물을 거둬들이며 재물을 모으기에
혈안이 된 그 종교 집단들이 과연 청
결한 것인가?
25 너희들의 모든 설교요, 나의 복음을
전한다 하면서도 결론은 재물을 바치
는 그와 같은 역사의 길로 매듭짓는
것이 수천 년 동안 흘러온 방법이니라.
26 수단과 방법을 가리지 아니하고 재물
을 많이 바치는 자가 구원을 얻는다
그리 말하는 것이며,
27 재물을 긁어모으는 데 혈안이 된 그와
같은 종교 집단이 과연 청결한 집단이
던가?
28 지금 나의 아들이 너희들에게 전하기
를, 네 부모에게 공경함을 다하라, 너
희들이 나의 성전이요, 나의 아들에게
재물을 바치고자 하며 나의 성전을 아
름답게 빛내고자 한다면,
29 너희들은 재물을 바치기 전에 너희 부
모에게 먼저 그 재물을 열 번 바친 다
음에 열한 번째 가서 나 여호와를 생
각하며 나의 성전을 생각하라 이리 가
르치는 그와,
30 과연 어떤 것이 청결하며, 어떤 것이
깨끗한 자가 가는 길인가?
31 너희들은 이를 깨달아 봐야 할 것이니
라.
32 이러한 관계도 너희들이 모르고 있음
이니, 이를 보고 너희들이 깨우쳐 어
떤 것이 진정 깨끗하고 청결한 종교
지도자요, 어떤 것이 혼탁하고 썩은
종교 집단인가 너희들은 알아야 할 것
이니라.
33 나의 아들이 그리 말하느니라.
34 너희들이 아무리 많은 재물을 바친다
하여도 나 여호와는 그 재물과 관계없
으며,
35 그 재물에 의해서는 나 여호와가 너희
들을 평가하며 너희들을 사랑하는 척
도를 재지 아니한다 그리 나의 아들을
통하여 내가 전함이니라.
36 너희들이 떨어지는 낙엽 하나를 주워
나에게 바친다 하여도,
37 너희들이 떨어진 낙엽을 바치는 그 정
성이 얼마나 소중하며 너희들의 마음
자리가 어떠냐, 얼마나 곱고 아름다우
며, 얼마나 나의 뜻에 따라 순종하느
냐 하는 그 마음이 더 소중하며,
38 그 정성이 너희들이 천만 금을 바친
것보다도 더 소중한 것이 나 여호와라
하였음이니라.
39 창조주 나에게는 아무것도 필요 없기
때문이니, 이와 같이 가르치며 나의
성령을 전하는 나의 아들의 가르침이,

그가 잘못된 자며,

40 내가 나의 아들을 통하여 너희들에게 전하는 이 내용이 과연 청결하지 않은 백성이요, 청결하지 않은 사람들이 할 수 있는 길이며,

41 청결하지 못한 자에게 행하도록 하는 것이던가?

42 재물을 거둬들이며 그를 위하여 어떠한 역사도 불사하지 않는 그 종교 집단이 과연 청결한 집단인가?

43 너희들은 여기서 깨우쳐 너희들 스스로 평가하는 그 지혜를 얻으라.

44 내가 너희들에게 또 하나 전하지 아니하였던가?

45 '화평케 하는 자는 복이 있나니, 저희가 하나님의 아들이라 일컬음을 받을 것이요' 내가 그리 전했으니,

46 이 대목이 너희를 위하여 내가 내린 것임을 알아야 할 것이니라.

47 너희들이 재물을 긁어모으기 위하여, 큰 성전을 짓기 위하여 믿음의 길을 가는 것은 너희들이 반목하는 그와 같은 불화의 조짐을 갖는 것이며,

48 너희들의 믿음의 길을 가는 자만이 구원을 받는 것이며, 타 종교는 다 지옥불로 가며 이방인이라 말하며, 너희들의 형제지간에도 경원시하며, 너희들은 인간을 인간으로 생각지 아니하며,

49 오로지 너희들과 같이 가는 자만이 인간의 대우를 해 주는 그와 같은 믿음의 길을 가는 것이,

50 '너는 너고, 나는 나요', 믿지 않는 자, 믿는 자를 엄격히 구분을 짓고 살아가는 것이 너희들이 화합이요, 화평을 위한 길을 가는 것인가 너희는 그 뜻을 알라.

51 나는 나의 아들을 통하여 그리 너희들에게 가르쳤느니라.

52 너희들이 세상에 태어난 그 생명을 갖고 나온 것이 나로부터 받은 생명이니,

53 너희들은 그 생명 자체를 형제로서 태어난 그것이 더 소중하기에,

54 너희들의 종파라는 것은 너희가 잠깐 다른 옷을 걸친 것뿐이니 그것은 아무것도 아니며,

55 너희들이 그 옷을 훨훨 벗어 던지고 나에게 올 수 있는 길이 나의 아들의 특권이라 말하지 아니하였던가?

56 너희들이 다른 옷을 입고 다른 종파에 속해 있는 백성도 언제든지 그 옷을 벗어부치며, 나 여호와를 아버지라 부를 수 있는 것이 나의 아들딸이며 선택된 너희들의 특권이라 하였으니,

57 모두를 다 사랑하고 아끼라, 너희 몸같이 사랑하라, 네 이웃같이 사랑하라, 그리고 인간의 생명을 가지고 같이 태어난 형제가 소중함을 알라 그리 가르치는 나 여호와의 뜻이 참진리요, 화평케 하는 것이며,

58 그와 같은 백성이 어떠한 백성인가?

59 그 백성이 복 있는 자라 하였음이니, 바로 너희들이 그리 가르치고자 하는 자이니라.

60 그리하여 내가 너희들에게 무어라 하였느냐?

61 '나 여호와 하나님의 아들이라 일컬음을 받을 것이라.' 했으니,

62 나 여호와가 직접 너희들에게 너희들은 나의 아들이요, 딸이라 명하였으며,

63 너희들이 그리 정해 놓은 이름 석 자

앞에 여호와의 아들이라 하여 여호와
의 이름을 그 앞에 붙이고, 뒤에는 너
희들의 이름을 붙여, 너희들이 나 여
호와의 이름을 너희들의 성으로 간직
하며 그리 갖고 살라 명한 자들이 바
로 나의 아들이라 일컬음을 받는 것이
니,
64 지금의 그 역사를 예비하여 너희들에
게 용기와 희망을 주기 위하여 내가
미리 성경에 기록해 놓아 오늘 내가
예언하는 것을 너희들에게 가르침이
니,
65 이 소중함이요, 이 두려움이요, 이 무
서움을 알라.
66 오늘의 시련과 고통에 두려워하지 말
며 좌절하지 말며 물러서는 백성이 되
지 말도록 그리하라.
67 내가 너희를 사랑하며 너희와 더불어
같이 있음을 잊지 말라.

4,870 번째 하나님 말씀

2003년 2월 6일 10시 44분

1 사랑하는 나의 아들아!
2 "네, 아버님! 말씀하옵소서."
3 나 여호와가 아무것도 모르는 나의 아
들 너를 통하여 깨우쳐 너에게 나의
법전을 기록하여 만들도록 하여 지금
의 나의 법전을 이리 만들어 가고 있
음이니,
4 벌써 160권이라는 그 장정의 법전 속
에 60권이 넘어선 그와 같은 내용을
지금 네가 기록하여 만들고 있음이니
라.
5 그러니 나의 아들 너의 그 고통과 시
련을 나 여호와는 아나,
6 네가 오늘에 새로운 성경이요, 나의
법전을 만듦에 게을리하지 아니할 때,
나의 피조물 만백성이 구원의 길을 올
수 있음을 이제는 알아야 할 것이니라.
7 내가 이제 나의 아들을 통하여 비유로
되어 있으며 그 내용을 잘 모르던 성
경의 참뜻을 하나하나 찾아 너희들에
게 가르치며 깨우쳐, 그 뜻을 바로 전
하고자 하는 역사가 시작되고 있음을
너희들은 알아야 할 것이니라.
8 성서에 나의 아들 예수를 통하여 기록
하여 너희들에게 전하기를, '의를 위
하여 핍박받는 자는 복이 있나니, 천
국이 저희들 것이라.' 내가 그리 전하
였느니라.
9 이를 너희들은 어찌 깨우쳐 전하는가?
10 나 여호와의 뜻은, 나의 성령이요, 나
의 법전이 세상에 나오니, 지금의 종
교 집단에 의해 너희들이 핍박받으며
설 자리가 없으며,
11 너희들이 전하고자 하는 그 길을 막으
며 이를 태우고 찢어 버리며 그와 같
은 간악한 짓이요, 사악한 자들이 너
희들을 핍박할 때,
12 너희들 스스로 목숨을 바쳐서라도 너
희가 나의 뜻을 이루며 그 역사를 이
룰 때,
13 너희들 자신이 나로부터 복을 받으며,
하늘의 뜻이 있으며,
14 하늘의 뜻이 있는 곳에 너희들이 그를
향함으로 인하여 나에게 오를 수 있다
는 것을 내가 너희들에게 미리 예언하
여 가르쳐 줌이니,
15 오늘에 너희들이 좌절하지 말며, 주저

앉지 말며, 목숨을 두려워하는 그와 같은 자가 되지 말며, 나 여호와가 같이 있음을 알며,
16 그리하여 핍박과 어떠한 경멸의 시선이요, 너희들을 이 세상에서 쓸어버리고자 하는 그 무서운 환란이 역사한다 해도 너희들은 반드시 지키고 견뎌야 한다는 것을 알아야 할 것임이니라.
17 이는 나 여호와로부터 너희들이 은혜를 받음이요, 내가 너희들에게 영광을 내린다는 것을 잊어서는 아니 될 것이니라.
18 너희들이 그와 같은 역경을 견디고 이겨 나갔을 때, 하늘로부터 너희들의 이름이 영원히 기록됨을 알라.
19 또한, 나의 법전이 세상에 나와 갖은 핍박을 받으며 갖은 고통과 시련을 다 겪게 되는 그와 같은 역사를 내가 미리 기록하여 전하였음이니,
20 그 어렵고 힘든 길을 주저앉지 않고 가야 하는 것이 오늘에 선택된 백성 너희들이 해야 할 길이라는 것을 내가 깨우쳐 줌이니라.
21 너희들이 오늘의 시련과 핍박의 고통을 견디고 나왔을 때, 너희들은 하늘의 나 여호와 창조주로부터 영원히, 그 누구도 받고 누릴 수 없는 축복과 영광과 은혜를 받는 것이니,
22 너희들은 그를 저버리지 말고 그리 가도록 하라.

4,871 번째 하나님 말씀

2003년 2월 6일 12시 15분

(강론을 마치며)

1 사랑하는 나의 아들아!
2 "네, 아버님! 말씀하옵소서."
3 내가 너희들에게 오늘의 어렵고 힘든 길을 가게 하고자 함은 너희들을 바로 세우기 위함이니라.
4 내가 뭐라 말하였느냐?
5 구약과 신약은 연습의 그 기간이었으며, 이제 너희들을 내가 심판하는 마지막 주자가 달리는 그와 같은 시대라 하였음이니,
6 너희들이 잘못 서고 바로 가지 못했을 때 어떠한 결과가 오는 것인지 너희들은 알고 있는가?
7 오늘 내가 나의 아들을 통하여 너희들에게 하나를 전함이니, 너희들은 욥의 역사를 보지 않았던가?
8 욥이 과연 어떠한 역사와 어떠한 고통 속에서 그가 나로부터 그 상을 받았으며 영광의 은혜를 받았는가?
9 너희들은 나로부터 은혜와 영광을 받고자 하며, 나의 법전이 세상을 덮어 나간다 하면,
10 너희들은 욥보다 더 강한 의지와 더 강한 인내심으로써 나를 믿고 그와 같이 가는 마음 자세가 되었을 때, 이 세상에 법전을 전할 수 있는 자가 될 것이며,
11 만백성을 지도하는 지도자로서 너희들의 이름이 영원히 기록되어 남을 것이니라.
12 욥은 그와 같이 어렵고 어려운 시험이

요, 그 고통을 인내하고 나로부터 은
혜와 영광의 그 기적의 축복을 받았음
이니,
13 너희들은 그와 같은 인내와 시련을 견
디는 마음의 자세가 되어 있지 아니한
상태에서 무엇을 받을 것이며 무엇이
이루어질 것이라 생각하지 말라.
14 그와 같은 시련에 그와 같은 각오와
그와 같은 마음의 자세가 되지 아니하
였다면, 너희들이 나로부터 받는다는
것은 있을 수 없으며 내가 내릴 수 없
음이니라.
15 욥은 시련과 고통이요, 그가 무덤에
들어가기 직전까지 모든 고통을 다 인
내하였음이니,
16 그가 무덤에 들어가지 아니한 것 그
외에는 그가 인내할 수 있는 모두를
다 인내하였으며 견뎠음이니라.
17 그는 무덤에 들어가는 그 순간까지도
나의 뜻을 거역하지 아니하였으며 순
종하였을 것이니라.
18 그와 같은 자에게 내가 상과 은혜와
영광을 내림이니,
19 그와 같은 마음의 자세가 되지 않은
너희들에게 내가 상과 영광과 그 축복
을 내릴 수 있다 생각하는가?
20 너희들은 바른 믿음이요, 바른길이요,
하늘에 오르는 길이요,
21 너희들이 깨우쳐 시행하고 지키면 하
늘에 오를 수 있는 나의 법전이요, 내
가 내린 새로운 성경을 접하고 그를
공부하는 그것으로써 너희 목숨을 다
바친다 하여도 그 은혜를 갚을 수 없
으며,
22 죽어 너희들이 나에게 심판을 받을 때
나의 법전을 가슴에 안고 정독하는 오
늘의 이 시간이 너희들에게 얼마나 영
광되고 보람된 시간인 줄 알겠는가?
23 그것 하나로써 너희들은 세상 것과 바
꿀 수 없는 축복과 영광을 받았음이니,
24 너희들의 마음이 욥보다도 더 단단히
굳어져야 하는 것은 당연한 것이니라.
25 욥과 같은 그와 같은 마음으로 너희들
이 만들어지지 아니할 때 어찌 축복을
받겠는가?
26 노아의 방주는 과연 어떠한 역사에서
이루어졌더냐?
27 벌건 대낮에 많은 세월 동안 모든 재
물을 다하여, 홍수가 내린다 하여 그
배를 만드는 노아를 보고 만백성이 비
웃고 손가락질을 하였으니,
28 너희들은 과연 노아의 방주처럼 노아
와 같은 마음이 되어 있는가?
29 그와 같은 자가 생명을 구하며 구원을
받을 수 있는 것이거늘,
30 너희들은 그와 같은 깨달음을 갖지도
못한 상태에서 구원의 빛이요, 하늘에
오르는 찬란한 영광의 빛을 내가 너희
들에게 보여 주었음이니,
31 그러고도 너희들이 무엇을 원하며 무
엇을 더 갖고자 하느냐?
32 나는 너희들을 사랑하며, 내가 너희들
을 쳐다보는 것도 마음이 더 아픔이니
라.
33 너희들의 눈에서 하나의 눈물이 흐를
때, 나 여호와는 그 몇천 배의 눈물이
흐르고 아픔을 알라.
34 그러나 너희들이 바로 서야만 나에게
오를 수 있으며, 그 천국의 문을 너희
들이 통과할 수 있음이니라.

35 욥과 노아와 같은 고통과 시련의 그
역사를 겪고 이기지 아니하면 너희들
이 천국의 그 문에 들어설 수 없는 것
이니 어찌하겠는가?
36 오로지 그 길만이 구원의 길이요, 너
희들이 나에게 오를 수 있는 길이기에,
37 너희들은 그와 같은 마음, 더 강한 마
음으로 너희들 자신을 다스려 나가며
역사하도록 그리하라.
38 그리하였을 때 내가 너희들이 원하는
모두를 다 이루어 줄 것이며,
39 세상에 영과 육의 영광을 다 줄 것이
니라.
40 그와 같은 시련을 겪고 그와 같은 인
내와 그와 같은 사랑과 그와 같은 믿
음으로 너희들이 행하지 못한다면, 너
희들은 나로부터 무엇을 얻고자, 받고
자 하는 마음을 갖지 말라.
41 그리하면 공의의 하나님이 아니니라.
42 노아는 어떠한 역경에서 그 길을 갔으
며 어떻게 그를 따랐는가 너희들은 생
각해 보라.
43 그는 미친 자요, 정신 나간 자요, 저주
와 손가락질과 그 모두를 이기고 갔음
이니, 너희들이 과연 그와 같이 이길
수 있는 비위가 있으며 용기가 있는가?
44 그리고 나의 법전을 들고 너희들이 만
백성에게 전하며 그들에게 전달하는
그 과정은, 너희들이 노아가 방주를
만들며 미친 자라는 소리를 들은 것의
천 분의 일도 마음 자세가 아니 되었
음이니라.
45 너희들이 욥의 그 마음처럼 그와 같이
된 것과 감히 비교할 수도 없거늘, 너
희들은 그 믿음과 시련은 행하지 아니
하고 축복만 받고자 함이니,
46 지금 저희들이 살아가는 것이 죄가 무
엇인 줄도 모르며 행함을 모르며 말로
써만 나의 아들 예수의 보혈로써 구원
을 받았다며 허송세월을 보내며 헛된
세월을 보내며 지옥으로 가는 그들과
너희들과 다른 것이 무엇이 있느냐?
47 이제 너희들은 나의 법전을 깨달아 가
고 안 가고, 따르고 따르지 아니함의
선택의 길에 섰음이니라.
48 아무것도 모르는 자에게 내가 오늘의
이 이야기를 할 때 이를 따를 수 없으
나,
49 너희들은 스스로 판단할 수 있는 경지
에 와 있으며, 너희들이 생각할 수 있
는 경지에 와 있음이니,
50 욥의 고통보다도 더 강한 믿음으로써
너희들은 가라.
51 너희들이 나의 법전을 접한 것이 그
은혜보다도 더하며,
52 욥의 고통을 이길 수 있는 그와 같은
영광이요, 축복이니라.
53 그리하여 나에게 오를 수 있는 그 기
회를 내가 너희들에게 주고 있음이니,
54 너희들은 그와 같은 길을 가라.
55 그때도 내가 너희들에게 축복을 내리
지 아니하거든, 너희들은 나의 법전을
찢어 버리고 태우며 나의 선지자에게
침을 뱉고 돌아서도 내가 너희들을 벌
하지 아니할 것이니라.

4,872 번째 하나님 말씀

2003년 2월 6일 12시 27분

1 사랑하는 나의 아들아!

2 "네, 아버님! 말씀하옵소서."
3 나 여호와가 성경에 기록하여 너희들
에게 전하였음이니라.
4 '나로 인하여 너희들을 욕하며 나로
인하여 너희들이 핍박을 받으며 나로
인하여 거짓으로써 다스리는 자들이
너희들을 핍박하며,
5 또한 사악한 방법을 동원하여 나의 성
령이 존재하지 못하며 나의 뜻이 전해
지지 못하도록 방해하고 훼방 놓는 자,
6 그와 같은 자들에게 쓰러지지 아니하
고 대적하며 그들을 이기고 견디는 자,
7 너희들이 복이 있다' 내가 그리 말하
였음이니,
8 오늘 너희들은 여기서 어떠한 종교 집
단이 과연 잘못 가는 그와 같은 종교
집단이며,
9 누가 무력으로써 남의 것을 무너트리
는 그와 같은 행위를 하는 종교 집단
이며,
10 그리고 나 여호와의 참성령이요, 참진
리를 짓밟는 집단인가 너희들이 이제
깨우쳐 바로 설 때가 되었음을 알아야
할 것이니라.
11 나 여호와가 나의 성령이라 하여 새로
운 법전이요, 새로운 성경을 만들어
나의 아들을 통하여 세상에 전함이니,
12 너희들이 이 모두는 나 여호와의 뜻에
의하여 세상에 존재하며 이루어진다
는 그와 같은 사랑의 마음으로 볼 때,
13 너희들은 감히 나의 새로운 성경을 짓
밟고 태워 버리며 찢어 버리며 그와
같은 방법으로 할 필요가 없는 것이니
라.
14 너희들이 가진 모든 집단의 힘이요,
너희들이 발휘할 수 있는 모든 능력을
모함과 계략과 폭력으로써 세상에 비
춰,
15 만백성을 구하는 나의 법전이 세상에
나오지 못하도록 그리 위협하며 그를
찢어 버리며 태워 버리며,
16 나의 아들까지도 존재하지 못하도록
너희들이 핍박하고 그를 견디지 못하
게 그리 몰고 가는 그 행패를 부리는
것이 너희들의 만용이 아니고 무엇이
던가?
17 그와 같은 행위를 하는 자들이 정녕
나의 뜻에 따라 사랑하는 백성이며,
나의 진리를 추구하는 백성이라 너희
들은 그리 말하는가?
18 그와 같은 행위를 하는 자, 정녕 나로
부터 선택된 백성이 아니니, 그리 공
격하며, 공격을 받는 나의 새로운 성
경이요, 나의 법전이야말로 정녕 나
여호와의 뜻이며 내가 내리는 성령임
을 알라.
19 나는 오늘 내가 내리는 새로운 성경이
요, 나의 법전이 그와 같이 너희들의
종교 집단이요, 지금의 기득권을 사수
하고자 하는 자들로부터 핍박이요, 고
난과 대환란을 겪을 것을 알고 있었음
이니,
20 그 모든 환란으로 공격하는 자, 그것
이 바로 사악한 자들임을 알라.
21 지금 나의 아들이 나의 새로운 성경이
요, 나의 법전을 써 만백성에게 전하
며 그를 손에 쥐여 주나,
22 과연 그들이 물리적인 핍박과 폭력으
로써 모두를 다스려 나가며 그를 뒤집
어엎으려 하는가?

23 그들은 그러한 방법을 하지 아니함이
니라.
24 그저 나의 법전을 전해 줘 너희들이
깨우쳐 읽고 변하고 변하지 않는 것은
너희 자유에 맡기며, 그 각자의 임무
며 각자의 뜻이라 그리 전하고 그리
전하는 것이 무엇이 잘못되었는가?
25 그렇다면 폭력을 쓰는 그 종교 집단이
잘못된 것이며 나의 성령을 거역하는
것인가?
26 폭력을 휘두르지 아니하며 그저 법전
으로써 뜻으로써 전하는, 그와 같이
조용히 물 흐르듯이 깨우침의 역사를
이루는 나의 백성이 과연 비폭력을 행
사하는 것이 나의 성령을 거역하는 자
들인가?
27 그리고 나의 뜻을 거역하며 잘못 가는
자들인가?
28 너희들은 지금 여기서 깨우쳐야 할 것
이니라.
29 집단의 힘이요, 물리적인 힘을 가지고
새로운 뜻이라는 것은 받아들일 수 없
으며, 아무리 새로운 진리라 하여도
그를 용납하며 받아들이려 하지 아니
하고 물리적으로 그를 존재하지 못하
게 하며 저희들의 기득권과 존재함만
을 그저 유지하기 위해서 혈안이 되어
있는 그와 같은 종교 집단들이 그 폭
력을 휘두르고자 하는 그와 같은 마음
까지도 가지고 있는 너희들이 과연 진
정한 나 여호와의 뜻을 이루며, 나의
성령을 가르치며 그 길을 가는 백성인
가?
30 아님이니라.
31 그와 반대의 현상에 서 있는 그들이
부르짖는 것이며, 그들이 이끄는 것이
진정한 성령이요, 나 여호와의 뜻이
요, 하늘에 오르는 길이라는 것을 이
제 너희들은 깨닫고 구분해야 할 것이
니라.
32 이제 내가 기록하여 전해도, 이를 보
고 구분하지 못하며 깨닫지 못하는 너
희들은 정녕 구원의 길과는 전혀 먼
지옥의 길로 감이니라.
33 너희들이 구원의 길이 아니요, 지옥의
불로 간다는 것이 너희들은 말로써 들
으며 수천수만 번을 들어도 실감하지
못하나,
34 너희들이 들어가게 되었을 때 그때는
알 것이니라.
35 그때 가서 발버둥치며 후회하며 그 길
을 면하고자 아무리 몸부림치고 용을
써도 너희들은 거기서 벗어날 수 없는
것이니, 그때 가서 후회하지 말라.
36 나 여호와는 너희들에게 똑같은 기회
를 주었으며, 똑같은 깨달음의 기회를
주었으며, 똑같이 내가 법전에 전하여
기록하여 상세히 너희들에게 전함이
니,
37 이를 너희들이 나에게 와서 핑계 댈
수 없음을 알라.

4,873 번째 하나님 말씀

2003년 2월 6일 12시 33분

1 사랑하는 나의 아들아!
2 "네, 아버님! 말씀하옵소서."
3 지금의 모든 종교 집단이 물리적인 힘
이요, 그와 같은 폭력으로써 내가 새
로 내리는 성경이요, 나의 법전이요,

나의 뜻을 전하는 것을 세상에 존재치
못하게 핍박하고 물리적으로 압박함
이니,
4 그와 같은 압박과 시련을 겪는 너희들
은 기뻐하라.
5 그리고 즐거워하는 마음으로써 너희
들이 대업을 수행하도록 그리하라.
6 너희들이 핍박당하는 만큼 고통이 강
하면 강할수록, 폭력이 폭력을 낳는
것같이 폭력이 강하면 강할수록 너희
들은 하늘의 나로부터 받는 상이 큼이
니, 너희들은 두려워하지 말라.
7 너희들의 앞에 갔던 선지자들 또한 이
와 같이 핍박을 받고 그들이 견디었음
이니라.
8 나의 이 뜻을 너희들이 깊이 새겨들어
야 할 것이니라.
9 바로 전에 있던 선지자라면, 새로 오
는 선지자가 이 세상에 다시 나오게
되어 있으며,
10 내가 선지자를 보내는 그 의미를, 여
기에 기록되어 있는 그 대목을 너희들
은 마음속에 새겨 둬야 할 것이며,
11 그리하여 내가 나의 아들을 선지자라
부르며,
12 나의 법전이요, 나의 성령을 만들어
기도하는 그에게 내가 내려 이를 책으
로 만들어 내는 선택된 선지자요, 나
의 아들이 반드시 세상에 내려오게 되
어 있음을 미리 여기서 내가 기록해
놓았음이니,
13 너희는 그 의미를 알라.
14 너희들은 새로운 성경이요, 새로운 자
가 오지 아니한다 그리 말함이니라.
15 선지자는 다시 올 수 없다 하며,
16 나의 아들 예수를 대신하여 나의 아들
로서 올 수 있는 자가 없으며,
17 나의 뜻을 받아 오는 자가 없으며,
18 오로지 나의 아들 예수만이 재림하여
천국의 병사들과 나팔을 불며 구름 타
고 온다 그리하여 너희들이 들림을 받
고 구원을 받는다는 그 생각에 젖어
있으며,
19 그것 외에는 아무것도 믿으려 하지 아
니하며, 인정하려 하지 아니하며, 생
각하려 하지 아니하는 것이 너희들 지
금의 믿음의 길을 가고 있는 자이니,
20 너희들은 그 환상의 꿈에서 깨어나야
할 것이니라.
21 내가 나의 법전을 통하여 재앙은 없으
며, 예수의 재림은 없다 그리 말했음
이니라.
22 오로지 나의 성령이요, 너희들이 말하
는 창조주 말씀에 따라, 나의 뜻에 따
라 성령이 내려감을 내가 의미했음을
알아야 할 것이니라.
23 너희들은 여기서 그 자리에 있던 선지
자들이 이와 같이 오늘의 너희들이 받
는 핍박보다도 더 고통스럽고 힘들게
받고 그 길을 갔음이니, 이는 지금의
새로운 선지자가 온다는 것을 내가 너
희들에게 암시하였음이니라.
24 비유로 하여 내가 성경에 기록하지 아
니하였으면 너희들은 이 대목을 뺐을
것이며, 이 대목을 삭제했을 것이 지
금 믿음의 길을 가는 종파 너희들이요,
25 성경을 다듬고 손으로 다듬어 만든 자
들이니라.
26 그리하여 내가 이를 비유하여 예고하
였음이니,

27 오늘에야 내가 나의 아들을 통하여 이
답이요, 이 뜻을 밝히는 것임을 너희
들은 알아야 할 것이니라.
28 이는 명확하게 나의 아들이요, 새로운
선지자가 세상에 올 수 있는 것을 의
미하였으니,
29 전에 선지자가 너희들이 받는 고통만
큼 그들이 받고 그 길을 갔다는 것을
내가 기록하고자 전함이니라.
30 그 뜻은 무엇이더냐?
31 새로운 선지자요, 새로운 목자요, 나
의 아들이 세상에 다시 내려가 너희들
을 구원하는 것을 의미함이니,
32 지금 바로 나의 성령이 내려가는 것이
내가 새로 역사하는 그 뜻임을 너희들
은 알라.
33 누구든 나의 뜻을 받아 기록하여 책으
로 만들어 전하여야 하는 그 대명이
있으며,
34 누구든 인간을 통하여 그와 같은 역사
를 이루지 아니하면 이룰 수가 없음이
니라.
35 그리하여 지금 나의 아들을 내가 선택
하였으며,
36 선지자요, 목자로서, 나의 아들로서
나의 명을 받아 기록하도록 내가 세상
에 내려보낸 자이니,
37 너희들은 이를 의심하지 말며, 너희들
이 받지 못함을 부러워하고 두려워하
며 시기하는 마음에서 이를 핍박하는
그와 같은 행위를 하지 말라.
38 너희들이 핍박과 고통과 시련을 줄수
록 나의 아들을 따르는 제자들이요,
이 법전을 읽고 깨우치는 그들은 하늘
에서 받는 상이 더 큼이니,
39 핍박하고 고통을 주며 폭력을 휘두르
는 자, 너희들은 나의 아들이요, 나의
백성이요, 나의 선택된 자들에게 큰
상을 내려 주기 위한 그와 같은 일을
하는 자들이니 그리 알라.
40 너희들이 고통을 주고자 하여 고통을
준다 하나, 그것은 고통이 아니요, 창
조주 나로부터 더 크나큰 상을 받도록
너희들이 그들을 위로해 주며 그들을
이끌어 주며 그들을 인도하는 것이니,
41 너희들의 사악한 행위가 크면 클수록,
잔인하면 잔인할수록 나의 백성은 크
나큰 상을 받는다는 것을 잊지 말라.

4,874 번째 하나님 말씀

2003년 2월 6일 12시 37분

1 사랑하는 나의 아들아!
2 "네, 아버님! 말씀하옵소서."
3 '너희는 세상의 소금이니 소금이 만일
그 맛을 잃는다면 무엇으로써 음식을
짜게 만들려 하느냐?
4 후에는 아무 쓸 데가 없음이니, 다만
밖에 버리어 사람에게 밟힐 뿐이라.'
내가 그리 소금에 비유하여 너희들에
게 전하였음이니, 이는 과연 무엇이던
가?
5 지금 새로운 제3의 시대에, 내가 만백
성을 심판하고 다스리는 마지막 시대
에, 내가 내리는 새로운 성경이요, 나
의 법전이 바로 만백성의 소금에 비유
되는 그 역사를 할 것이니라.
6 그리하여 내가 이를 미리 예언하여 너
희들에게 깨우쳐 주었음이니라.
7 나로부터 나의 법전을 읽으며 나의 아

들을 통하여 내리는 강론을 듣고 지도
자로서 행동하는 선택된 너희들이 바
로 얼마나 소중한 자들인가를 너희들
은 여기서 알아야 할 것이니라.
8 너희들이 깨달음이 약하며 지킴이 약
하며 너희들이 행함의 실천을 소홀히
하여 제대로 하지 못할 때,
9 나의 법전은 빛을 볼 수 없으며 소금
의 역할을 할 수 없으며 빛의 역할을
할 수 없는 것이니라.
10 그러니 너희들이 아무리 이 세상에 존
재하여 나의 법전을 듣고 만백성을 구
한다 해도 내가 이루고자 하는 그 역
사는 이룰 수 없음이니라.
11 그러니 새로운 성경이요, 나의 법전이
소금과 빛이 되기 위해서는 너희들이
얼마나 바로 서야 하며, 너희들의 행
동이 얼마나 밝아야 하는가?
12 만백성이 그 유리로 비춰 봐 한 점의
부끄럼이 없는 그와 같은 삶을 살라
내가 너희들에게 깨우쳐 주는 대목임
을 알아야 할 것이니라.
13 지금 나의 법전을 내려보내 이를 듣고
선택된 백성이 바로 행하지 못하며 바
로 실천하지 못하며 하늘을 향하여 한
점의 부끄러움이 있는 삶을 살아가는
자,
14 선택된 백성 너희들이 앞과 뒤가 다른
그와 같은 추한 행위를 하는 삶을 산
다면,
15 나의 이 마지막 시대에 내리는 새로운
성경이요, 나의 법전은 이 세상을 비
추는 빛이 될 수 없다는 것을 내가 너
희들에게 예고함이니라.
16 그러니 너희들이 얼마나 무서우며, 너
희 자신이 얼마나 소중하며, 얼마나
너희들의 삶을 바로 살아야 하는가를
알아야 할 것이니라.
17 너희들이 새로운 빛을 비추는 이 역사
에 소금과 빛의 역할을 하지 못할 때,
18 나 여호와는 이 지상의 모두를 손을
놓을 것이며, 만백성에게서 내가 손을
끊게 됨이니,
19 그때는 무엇이더냐?
20 너희들이 무서운 재앙으로써 심판을
받을 날만 남아 있음이니라.
21 나는 너희들을 그리 놓으려 하지 아니
함이니라.
22 너희들이 유죄 판결을 받아 지옥으로
가는 길을 나 여호와는 원하지 아니하
며,
23 너희들이 파멸의 구렁텅이로 빠지는
것을 나는 원하지 아니함이니라.
24 그리하여 너희들을 구하고자 내가 마
지막으로 나의 법전을 내리며 새로운
성경을 세상에 전하니,
25 이것이 소금과 빛이 되고, 사람들에게
짓밟혀 버려지는 아무 쓸모없는 것으
로 되는 것은 너희들의 행동 여하에
달렸음이니,
26 너희들을 바로 세우고자 하여 내가 이
를 기록하여 성경에 기록하여 내가 오
늘 이 뜻을 너에게 밝혀 줌이니 그리
알라.

4,875 번째 하나님 말씀

2003년 2월 7일 07시 06분

1 사랑하는 나의 아들아!
2 "네, 아버님! 말씀하옵소서."

3 내가 너에게 일찍이 깨우쳐 전하기를,
세상사 너희들이 약속이란 무엇 때문
에 있다 하였느냐?
4 그는 지켜야 한다 하였음이니라.
5 약속이란 지키기 위하여 존재한다 하
지 아니하였느냐?
6 너희들이 서로가 말로 하는 약속이요,
문서로 하는 약속이든 그것은 지키기
위해서 있는 것이며,
7 그 약속을 지키지 않았을 때 그는 아
무런 가치가 없는 것이며,
8 약속을 지키지 아니함으로써 서로 분
쟁이요, 시시비비가 생기는 것이 너희
들 세상사에 살아가는 것이 아니던가?
9 그리고 너희들 또한 약속은 지키기 위
해서 존재하는 것이니라.
10 하물며 내가 너희들에게 하늘에 오르
는 길이라 하여 불로 직접 써 내린 그
십계명이요, 내가 성경에 기록하여 너
희들에게 지키라 명한 것은 무엇인가?
11 이는 굳건한 약속이니라.
12 너희들이 그보다 더 굳은 약속이요,
그보다 더 소중한 약속은 세상에 없는
것이니라.
13 그리하여 내가 지키라 하는 것은 너희
들이 지킬 수 있기 때문에 지키라 하
였으니,
14 너희들은 이와 같은 것을 실행하고 지
키는 데 최선의 노력을 다하여야 할
것이니라.
15 그렇지 못한 자, 그는 나에게 올 수도
없으며 나의 뜻을 들을 수도 없으며,
나의 자식이요, 나의 백성이라 할 수
없음을 너희들은 알아야 할 것이니라.
16 지킬 수 없는 것을 감히 내가 너희들
에게 내렸겠는가?
17 그리고 인간인 너희들이 서로 약속을
할 때, 지키지 못할 것을 지키지 않으
려고 하는 약속이 있겠는가?
18 너희들은 지킬 수 있기 때문에 그 약
속을 할 것이니라.
19 그러니 나 여호와가 너희들에게 내리
는 이 모든 계명이요, 내가 지금 너희
들을 구원하기 위하여 내리는 새로운
성경이요, 이 모두는 다 인간인 너희
들이 지킬 수 있기에 내가 너희들에게
내리는 것이니,
20 이는 약속보다도 더 무서운 것이니라.
21 이를 지키지 아니하고 행하지 아니하
면 너희들은 나에게 올 수 없다는 그
엄연한 사실을 알아야 할 것이니라.
22 이를 지키는 자만이 나에게 올 수 있
음을 너의 제자들과 만백성에게 전하
도록 그리하라.
23 그것 하나 지키지 못하면서 너희들이
나를 찾고 나에게 오르고자 하는 말을
하지 말라 전하라.
24 내가 너희들에게 지키는 것이 구원의
길이라 말하였음이니,
25 그는 곧 구원의 길이요, 그를 행하지
아니하는 자는 구원을 받을 수 없음을
너희들은 명확히 알고 있어야 할 것이
니라.
26 지금 세상이 뒤죽박죽 되어 있으며 얽
히고설킨 것이 다 무엇인 줄 아는가?
27 작든 크든 너희들이 약속을 지키지 못
하고 살기 때문이니라.
28 너희들 인간 세상에서 지키라 만든 그
법도 또한 무엇이던가?
29 서로의 약속이니라.

30 서로의 신뢰 속에 서로 지키고 살아가
는 그와 같은 세상 속에서 너희들이
인간 세상에서도 밝고 명랑한 사회가
될 수 있으며 너희들의 삶이 될 수 있
음이니라.
31 여기서 너희들은 어떠한 형태든 인간
세상에서 서로 지키고 살라 명한 그
법을 지키지 아니하며 그를 위반하고
사는 자가 남에게 지키고 살라 그리
명한다면, 과연 너희들은 어찌 생각하
는가?
32 지금 믿음의 길을 가는 모든 백성, 너
희들은 깨우치고 들어야 할 것이니라.
33 내가 지키고 사는 것이 하늘에 오르는
길이요, 나를 볼 수 있는 근본이라 그
리 말하였으니, 이를 철저히 지키고
행하는 자만이 남에게 이를 지키라 말
할 수 있음이니라.
34 나의 십계명에 열 가지 중에서 여덟
가지를 착실히 지키는 자에게, 저는
두 가지도 지키지 못하는 자가 종교
지도자라 하여 그에게 그를 지키라 한
다면 얼마나 웃지 못할 형국이 되는가?
35 그는 무엇이냐?
36 높이 가 있는 자를 내려오라 하는 것
과 똑같음이니라.
37 제 수준에 맞춰야 하며 저와 똑같이
가야 한다는 그와 같이 가르치는 자들
과 무엇이 다르던가?
38 그리하여 종교 지도자란 열 개의 계명
이면 그 십계명을 철저히 지키고, 그
를 지키기 위하여 목숨을 내걸고 살아
가는 자,
39 나와의 약속을 지키기 위하여 살아가
는 자만이 남에게 나와의 약속을 지키
라 말할 수 있는 것이니라.
40 제가 나와의 약속을 지키지 못하여 나
에게 버려진 자식이, 남에게 약속을
지키라 말할 수 없는 것이니라.
41 그러하니 지도자는 바로 서야 한다 함
이니라.
42 그리고 지도자는 그를 다 지키고 살아
야 함이니라.
43 지도자는 만백성을 가르치는 자요, 만
백성을 이끄는 자요, 남들이 행하고
행하지 않는 것을 다스려 주고 일깨워
주는 자이기 때문이니라.
44 지금의 모든 종파의 믿음의 길을 가고
있는 자들이 어떠한 형국인 줄 너희들
은 아는가?
45 저희 자신은 그저 대충대충 살아가는
그와 같은 형국 속에서 남들만 지키라
는 그와 같은 자들이 지금의 지도자들
이니라.
46 그와 같은 꼴이 얼마나 우스운 꼴인가?
47 깨우침이 높이 되어 올라가 있는 자,
그들에게 내려오라 함이니라.
48 같이 발맞춰 가자고 소리 지르는 자이
니라.
49 높고 높은 산에 올라가며 등산을 하는
자, 그리고 빙산을 오르는 자, 남들이
도저히 정복할 수 없는 그 높고도 높
은 산을 정복하기 위하여 고통 속에
가는 자가 있느니라.
50 중간보다 더 많이 올라가고 정상에 다
올라간 사람을 올라가지 못한 자가 밑
에서 '너희 수준이 아니니 내려오라,
내려와서 나하고 같이 올라가는 것만
이 정상을 정복할 수 있다' 하며 저는
올라가지도 못하는 주제에 소리 지르

고 있는 그 형국이 바로 지금의 믿음의 길을 가고 있는 백성 너희들이 하고 있는 짓이니라.
51 바닥에서 한 걸음도 떼어 놓지 못한 주제에, 많이 올라가 있는 사람 보고 다시 내려와 같이 올라가자 하니, 누가 정상을 정복할 수 있겠는가?
52 등산가인 그들에게 물어보라.
53 정상에 거의 다 올라가 있는 자를 밑에서 한 발짝도 올라가지도 아니하며 준비도 못 한 자가 내려와서 저와 같이 가야, 저의 안내를 받아야만 정상에 오를 수 있다 소리 지를 때,
54 거기서 내려올 수 있는 사람이 누가 있는가?
55 지금의 모든 종교 집단이 그와 같은 형국이니라.
56 깨닫지도 못하며 이치도 모르며 뜻도 모르는 자, 한 발짝도 떼어 올라가지 못한 자들이 정상에 거의 다 가 있는 백성을 보고 내려와서 같이 올라가자며 제 안내를 받아야만 올라갈 수 있다고 소리 지르는 그 아집과 고집이요,
57 남들까지 쓰러트리며 남들이 어디까지 가 있는지도 알지 못하는 자가 저희들의 성전에 와서 기도하고 경배하면 구원을 받고, 재물을 바치면 구원을 받는다며 저희들 성전에 모이라 모이라 소리 지르고 다니는 자들이 바로 그와 같은 어리석은 자들이니, 지금의 모든 종교 집단이 그러하니라.
58 깨우침에 높이 가 있어 나의 부름에 근접해 있는 백성까지도 저희 성전에 와 기도하고 경배해 나의 아들 예수의 보혈로써 구원을 받는다 그리 말하니,
59 하나의 계명도 지키지 못하는 자가 아홉 개요, 열 개의 계명을 지키고 가는 사람을 제가 다스리고자 나서는 그와 같은 어리석은 백성이 불쌍한 자들이니라.
60 그와 같은 속에서 너희들의 인생을 저버리며 망치지 말라.
61 사랑하는 나의 아들아,
62 이 이치를 깨달아 너희들이 지금 어떠한 길을 가며 어찌 가야 하는지를 들여다보도록 그리하라.
63 내가 나의 아들 예수를 통하여 '다락방에서 기도하라' 하지 아니하였던가?
64 그 의미도 너희들이 한번 짚어 보고 생각해 보도록 그리하라.
65 그 모두는 조용한 곳에서, 아무 잡소리도 들리지 않는 곳에서, 아무도 떠드는 소리가 들리지 않는 그 조용한 곳에서 너희들이 나를 생각하고 경배를 드릴 때, 깊고 깊은 깨우침을 거기서 얻을 수 있다 함이니라.
66 소리 지르고 시끄러운 속에서 너희들이 나를 경배하고 생각할 수 없기 때문이 아니던가?
67 너희들의 신경과 마음을 자극하는 속에서 안정을 찾을 수 없는 것이니라.
68 감정이 대립한 속에서 너희들이 안정을 찾고 진리를 찾을 수 없으며 바른 생각을 할 수 없는 것이 아니던가?
69 오두방정을 떨며 악을 쓰고 소리를 지르며 뒹굴고 눈물을 짜고 하는 그 속에서, 그리고 찬송이라는 것을 불러대는 그 속에서 너희들이 어찌 성령의 깨달음을 알며, 성령을 알며, 나에게 진정한 기도를 할 수 있는 것이던가?

70 그것은 미친 짓을 하고 있는 장난기밖
에 아무것도 아니니,
71 그건 나와 관계가 없다 함이 거기에
있느니라.
72 조용히 눈물로써 기도하며, 눈물로써
회개하며, 조용히 저 자신을 돌아다보
며 모두를 생각할 수 있는 그와 같은
곳이 기도의 장소요,
73 기도하는 너희들의 마음이 안정되며
나에게 바치는 그 정성, 거기에서만이
오로지 한 길을 갈 수 있으며, 다른 생
각을 하지 아니하고 기도할 수 있지
않은가?
74 그 속에서 깨달음을 얻을 수 있음이
니, 너희들은 그와 같은 종교 집단에
가서 소란을 떨며,
75 그저 행사요, 형식에 그쳐 악을 쓰는
그곳에서 너희들은 성령을 받을 수 없
으며,
76 나의 성령을 받을 수 있는 아름다운
기도를 할 수 없으며, 조용한 기도를
할 수 없기에, 내가 다락방에서 기도
하라 전한 그 뜻을 너희들은 알라.
77 조용히 기도하라.
78 아무 곳이고 좋으니라.
79 때와 장소를 가리지 말고 조용한 곳에
서 나를 생각하며 나에게 감사하는 마
음을 생각하며,
80 세상 모든 것의 돌아가는 그 이치를
역사한 나 여호와의 전지전능함을 너
희들이 마음과 피부로 느끼며 간곡한
기도를 드리는 그 기도 속에서 너희들
이 나의 음성을 들으며 나를 보며 너
희들이 깨달음이 있으며 생각이 있을
것이니라.
81 꽹과리 치고 북을 치는 그 속에서 과
연 수험생인 학생이 공부할 수 있다
생각하는가?
82 그 이치와 똑같으니라.
83 소음이 들리고 시끄럽고 놀고 장난하
고 쾌락의 행위를 하는 그곳에서 학생
이 공부할 수 있다 생각하는가?
84 조용한 방에서 그는 공부하는 것이 좋
지 않더냐?
85 그것과 마찬가지이니라.
86 너희들은 간단한 이치를 모르고 사는
사람들이니라.
87 어찌하여 그와 같이 지혜를 높여 주며
생각을 높여 주었거늘, 그를 그리 모
르는가?
88 너희들은 음식이라는 것이요, 밥을 먹
으면 먹을수록 배가 부르지 않더냐?
89 진정한 아름다운 깨달음이요, 선을 행
하는 것이 그러하니라.
90 행하고 행하면 눈덩이처럼 불어나서
선으로써 뭉쳐지는 것이 너희들이요,
91 악을 행하면 행할수록 눈덩이처럼 불
어남이니,
92 먹으면 먹을수록 배가 부른 음식처럼
선을 행하고 행할수록 너희들 자신이
단단한 벽을 치게 되며 너희들 자신이
바로 설 수 있는 그와 같은 역사의 변
화가 이루어지는 것이니,
93 너희들이 알아서 선택하도록 그리하
라.
94 나 여호와는 하늘의 뜻을 너희들에게
다 전해 주었음이니라.
95 나의 아들은 너희들에게 다 전해 줌이
니라.
96 예수가 나의 성령을 다 받아 너희들에

게 전해 주고 깨우쳐 주었으니, 그를 지키고 행하는 것은 예수의 형제요, 나의 아들이라 그리 말하지 아니하였던가?
97 예수가 그리 말하였느니라.
98 그 뜻을 깨우치는 자 형제라 하였음이니,
99 내가 나의 아들을 통하여 내리는 이 모든 법전을 너희들이 읽고 깨우쳐서 나의 아들과 같은 형제요, 너희들은 다 형제며 나의 진정한 아들딸이 되는 것임을 잊지 말도록 그리하라.

4,876 번째 하나님 말씀

2003년 2월 7일 22시 02분

(강론을 마치며)

1 사랑하는 나의 아들아!
2 "네, 아버님! 말씀하옵소서."
3 인간 세상에서 너희들이 인간으로서 자기 스스로 목표를 세우며 그 뜻을 이루기 위하여 노력하는 나의 백성이 각자의 가는 길과 각자의 생각하는 것이 다름이니,
4 그들이 목표로 세운 것만큼 그 목적을 달성하기 위하여 그들이 노력하는 것과 그들의 고통과 시련과 시험이 동반함이니,
5 하나의 역사를 이루기 위한 그들의 고통만큼 너희들이 지금 나의 길을 가며, 나의 법전을 읽고 깨우치며, 만백성을 구하는 전사라 하여 내가 너희들 이름 앞에 나 여호와의 이름을 그 성이라 붙여 주었음이니,
6 너희들이 과연 그들보다 얼마만큼 노력을 하며 얼마만큼 깨우쳐 가는가?
7 너희들 인간 세속에서 하나의 어려운 시험이라는 것을 통과하기 위하여 나의 백성이 과연 어찌 노력을 하며 어찌 살아가는가?
8 과연 너희들은 영원히 사는 구원의 길이요, 하늘에 오르는 길의 역사를 얻으면서 너희들이 과연 그들보다 얼마나 더 노력하였으며 얼마만큼 그들보다 인내했으며 변화를 가져 왔다 생각하는가?
9 너희들이 지금 나에게 오는 믿음이요, 나에게 오고자 하는 것은 푸른 초원에서 풀을 자유로이 뜯는 초식동물보다 더 행복한 마음으로 서 있는 것이며, 더 편안한 자세로 서 있음을 알아야 할 것이니라.
10 그와 같은 마음으로 나에게 오르고자 하며 대역사를 이루며 만백성을 구하는 지도자로서 너희들이 과연 설 수 있다 생각하는가?
11 너희들의 이 인간 세상에서 학문을 가르치며 하나의 제자를 육성하는 그 선생이요, 스승이라는 소리를 듣기 위하여 그가 얼마나 많은 세월 동안에 얼마만큼 노력과 인내를 경주하여 살아오는가?
12 과연 그 선생보다 나의 지도자요, 나의 선생이라 명을 받은 너희들이 과연 얼마만큼 나를 위하여 노력했으며,
13 너희들 스스로 나의 뜻에 따라 변하기 위하여 너희들이 지금 얼마만큼 천사의 그 근사치에 와 있다 생각하는가?
14 너희들이 지금 가고 있는 믿음이요, 너희들이 고통이요, 시련이라 부르짖

는 것은 푸른 초원에서 풀을 뜯는 초
식동물이 풀을 뜯는 힘을 쓰는 것만큼
도 너희들이 고통과 시련이 없이 지금
가고 있는 것이거늘,
15 여기서 너희들이 마음의 불편함을 느
끼며 너 자신의 마음속을 드러낼 수
있는 그와 같은 마음으로 있다는 것은
너희들은 태풍이 불어와도 견디지 못
하고 쓰러지는 그와 같은 역사가 될
것이니라.
16 내가 너희들에게 이르노니, 너희들이
지금 깨우쳐 하늘에 오르고자 하며,
천사요, 나 여호와의 뜻이며 나의 아
들 예수의 그 심성처럼 살아오는 것에
는 지금 너희들이 아직 한 발짝도 떼
지 못했다 하면 이를 믿겠는가?
17 너희들은 지도자이니라.
18 개인을 생각하는 것이 아니요, 국가
경영을 생각하는 것도 아니요,
19 너희들이 목숨을 바쳐 너희 종족이요,
너희 씨족이요, 그들을 보호하려는 그
와 같은 것보다 더 어렵고 힘든 그 역
사의 길을 가는 것이 너희들이니,
20 너희는 나의 아들의 얼굴을 쳐다보지
말라.
21 너희 마음이 얼마만큼 변했으며 너희
들이 얼마만큼 변하여 있는가를 봐야
할 것이니라.
22 너희들이 고통과 시련에서 견디고 일
어섰을 때, 만백성은 너희들을 볼 것
이며,
23 너희들이 진정한 나의 아들딸이요, 나
로부터 선택된 백성임을 알아야 할 것
이니라.
24 추락하고 추락하여 더 이상 추락할 수
없을 때 너희들이 반작용으로 역사해
일어서는 그 원리를 알아야 할 것이니
라.
25 너희들이 완전히 추락하여 더 추락할
수 없을 때 거기에서는 더 무너지고
무너질 것이 없으니 그때는 쌓이며 이
루어지는 역사밖에 없음이니,
26 너희들은 그곳까지 간다 해도 진정한
깨달음을 모를 것이며, 내 뜻을 알지
못할 것이며, 소중함을 모르는 것이
너희일 것이니라.
27 너희들이 내려가고 내려가며 실패하
고 실패할 때까지 갔을 때, 더 이상 실
패할 수 없으며 더 주저앉을 수 없을
때, 바로 거기서 이루고 얻어지는 것
이 새로운 역사가 이루어지며 새로운
싹이 틈이니라.
28 너희는 그와 같은 역사를 겪고 다시
태어나야 하거늘,
29 너희가 거기까지 가기 전에 깨달음을
얻어 나로부터 은혜를 받고 안 받는
것은 너희에게 달렸음이니라.
30 오늘에 지금 너희들이 시련이라 그리
말하는 것은 내가 뭐라 말하였느냐?
31 넓은 초원에 풀을 뜯는 초식동물의 입
으로 당기는 그 수고만큼도 아직 하지
못하는 것이 너희들이라 내가 말하였
음이니,
32 나로부터 구원이요, 하늘에 와 있는
이 백성, 수십억 인구 중에 과연 너희
들 말고 누가 있는가?
33 지금 내 품에 있는 자들은 너희들뿐이
니, 내 품에 올라와 있을 수 있는 너희
들이, 내 품에 안길 수 있는 너희들이
어떠한 길을 가야 하는가?

34 아직도 너희들은 멀었음이니 그리 알
라.

4,877 번째 하나님 말씀

2003년 2월 8일 05시 33분

1 사랑하는 나의 아들아!
2 "네, 아버님! 말씀하옵소서."
3 너의 제자들이요, 만백성이 너로 하여
금 기적의 역사를 이루며, 예수가 역
사했던 그와 같은 기적을 이루기를 바
라며, 너희들은 눈으로 봄으로써 만백
성을 구원하고자 그리하느니라.
4 그러나 그것은 내가 역사하지 아니함
을 알라.
5 너희들은 지금 나의 성령이요, 나의
법전을 읽고 깨우쳐 바로 서는 그것이
너희들에게 중요하며 내가 원하는 것
이니라.
6 내가 예수에게 기적을 이루게 하며 역
사한 것처럼 나의 아들에게 눈으로 보
이는 허황된 기적 같은 것을 이루게
했을 때, 너희 제자들의 마음이 얼마
나 다스려지며 너희들이 과연 얼마나
깨우침이 있을 것이며, 나의 백성은
과연 그것을 얼마나 믿고 깨우치겠는
가?
7 그 역사로써 너희들이 만백성을 깨우
쳐 전한다 생각하지 말라.
8 그것으로써 역사할 수가 없음이니라.
9 나의 법전을 열었을 때, 그 표지에 그
려져 있는 네 얼굴에서 흐르는 눈물을
볼 수 있도록 하는 것이 네가 이룰 수
있는 기적이며, 너의 제자들 또한 그
와 같은 마음으로 변하는 것이 기적임
을 알라.
10 너희들이 이제는 나에게 선택된 백성
이니라.
11 너희들이 남으로부터 기적을 보는 것
이 아니라 너희들이 기적을 이룰 수
있도록 그와 같이 변화되는 것이 너희
들의 책임이라 그리 전하라.
12 너희들에게 내가 뭐라 말하였느냐?
13 지금의 너희들이 변하는 길이요, 깨달
았다 생각하며 나의 아들을 따르려면
그것은 힘들고 어려운 길이라 그리하
였음이니라.
14 그러나 내가 너희들이 지금의 가고 있
는 것이며 변화된 것은 초원에서 초식
동물이 풀을 뜯는 그 수고로움만큼도
너희들이 변화된 것이 없다 내가 그리
말하였으며, 그 고통만큼도 너희들이
겪고 있는 고통이 아니라 말하였으니,
너희들이 변한 것이 하나도 없는 것과
같은 것이라 하였음이니라.
15 원초적이요, 근본적인 변화가 없으며,
정녕 나 여호와를 따르는 백성으로서
내가 너희들에게 수없이 말했던 그 행
하고 지키라는 것을 과연 너희들은 얼
마나 지키는가?
16 너희들이 말투 하나를 고치지 못하였
으며 악습 하나를 버리지 못하였으니,
너희들이 변화된 것이 하나도 없음이
니 거기에 내가 무슨 역사를 하겠는가?
17 너희들 자신이 변화되지 아니하면 이
모두는 역사할 수 없음이니라.
18 이제는 너희들이 나의 아들 예수와 같
이 마음이 변하여 너희들이 기적과 역
사를 이루도록 그와 같이 하라.
19 너희들 스스로 변화되어서 그 역사를

이루는 것이지, 나의 아들로 하여금
그와 같은 역사를 이루기를 바라지 말
며 그와 같이 되기를 바라지 말라.
20 성령으로 내리는 자요, 하늘에서 난
자요, 땅에서 난 자라 하여도 땅에서
난 자, 하늘에서 난 자같이, 성령으로
써 난 것같이 너희들이 하늘에 오를
수 있다 하였으니, 너희들이 그리 변
화되는 역사를 얻을 것이니 각자 너희
들이 변하여 그 역사를 행하도록 그리
전하라.

4,878 번째 하나님 말씀

2003년 2월 8일 05시 42분

1 사랑하는 나의 아들아!
2 "네, 아버님! 말씀하옵소서."
3 성서에 기록하여 너희들을 깨우치기
를, '너희가 세상의 빛이라 산 위에 있
는 동네가 숨기우지 못할 것이라.' 그
리 내가 너희들에게 전하였음이니, 이
를 너희들은 무슨 뜻이며 무슨 가르침
이라 알고 있는가?
4 아무리 지금의 모든 종파요, 사악한
자들이 너희들을 존재하지 못하도록
하며, 나의 법전이 세상에 나오는 것
을 막으려 하며, 그 빛이 만백성을 구
하는 소금이요, 빛이 되는 나의 그 법
전을 찢어 버리고 태워 버리며, 오로
지 저희들 외에는 아무것도 세상에 존
재하지 못한다 그리 부르짖어도,
5 나로부터 선택된 너희들이요, 나의 아
들을 따르는 백성 너희들이 이미 경지
에 오르며 높이 솟아 있음이니,
6 아무리 그 사악한 것으로써 종파가 그
를 덮고 짓이기려 해도 그를 이길 수
없으며 누를 수 없다 함을 내가 미리
여기다 기록하여 너희들에게 전하였
음이니라.
7 참진리의 빛을 발하며 전하는 자, 그
리고 나의 법전이 곧 빛이요, 만백성
의 생명이니,
8 그를 읽고 정독하는 너희들의 그 경지
의 변하는 그 모습을 아무리 사악한
자들이 덮으려 하며 음해하고 모함한
다 해도 그는 견딜 수 있으며,
9 너희들이 음해한다고 해서 넘어지는
것도 아니요,
10 너희들을 박해하고 너희들이 존재하
지 못하도록 한다고 하여 나의 법전을
읽고 깨우친 백성 너희들에게서 비치
는 그 빛을 막을 수가 없음을 알아야
할 것이니라.
11 그리하여 내가 지금 이를 기록하여 놓
았음이니라.
12 아무리 너희들이 어렵고 힘들고 고통
스럽다 하여도 너희들은 쓰러지지 아
니하며 승자임을 알아야 할 것이니라.
13 그리하여 이 구절을 미리 기록하여,
오늘의 나의 아들을 따르는 제자들이
요, 나의 법전을 읽고 깨우친 백성 너
희들에게 환란이 몰아닥치며 그 모든
종파가 하나가 되어 너희들에게 고통
을 주고 가나, 이미 높이 가 있는 너희
들을 아무리 덮으려 해도 덮을 수 없
다 함을 내가 너희들에게 전함이니라.
14 저희들이 죄를 지어 놓고 그를 덮고
덮으려 하여도 그를 찾아내는 자가 있
으며 밝히는 자가 있을 때, 그를 정녕
덮을 수가 없으며 결국은 그를 알게

되어 있듯이,
15 너희들이 가고 있는 그 길이 사악한
길이요, 종말에 거짓 선지자가 와 저
희들을 현혹하는 행위라 아무리 그들
이 너희들을 모함하고 저희 백성을 일
깨워 끌고 가고자 해도,
16 그를 바라보는 자가 있고 그를 깨닫는
자가 있다 내가 하였음이니,
17 너희들은 그와 같은 자들에게 두려워
하지 말라 하였음이니라.
18 너희들이 배고픈 자에게 음식을 준다
할 때, 그 음식을 먹으면 죽는다 하여
그리 아무리 종교 집단이 음해하고 소
리를 질러도,
19 배고파서 이래도 죽고 저래도 죽으니
차라리 내가 빵이라도 배불리 먹고 죽
겠다 하여 그 빵을 덥석 무는 자가 있
음이니라.
20 그러나 그가 그 빵을 먹어도 죽지 아
니함을 알게 됨이니, 그를 보고 만백
성이 그냥 있겠는가?
21 배고픈 자들이 몰려들 것이니라.
22 나의 법전이요, 내가 새로 내리는 성
경이 만백성을 구하는 참진리요, 하늘
에 오르는 길이요, 하늘의 열쇠라 함
을 너희들이 아니라 하며 사악한 자라
아무리 소리 질러도,
23 그를 무는 자가 있으며 그를 들여다보
는 자가 있을 것이니,
24 그리하여 그때 펴져 나가는 것은 그
누구도 막을 수 없으며,
25 바로 그것이 무엇이던가?
26 나의 법전이 참진리요, 새로운 성경이
너희들을 구하는 빛이기 때문에 그 빛
을 막을 수 없다 하였음이니라.
27 이제 그 빵을 무는 자가 있을 것이니
라.
28 나의 피조물 만백성 중에서 너희들이
배고파 쓰러지는 자에게 그 빵을 먹으
면 죽는다 하여도,
29 이래 죽으나 저래 죽으나 제가 죽는
것은 마찬가지니, 제가 원하는 음식을
실컷 먹고 죽겠다 하여 그 빵을 덥석
무는 백성은 바로 구원의 길을 보게
되는 자며,
30 가던 발길을 멈춰 인생을 다시 사는
자가 아니던가?
31 그가 죽지 아니하는 그 형국을 볼 때
너도나도 달려들 것이며, 그 빵은 순
식간에 세상에 나가 만백성을 구하는
양식이 될 것이며 바닥날 것이니라.
32 그리하니 너희들이 이 빵을 만들고 만
들어 역사하는 그 시기가 머지않았음
이니라.
33 사랑하는 나의 아들아, 그리고 너를
따르는 제자들과 나의 법전을 읽고 깨
우친 백성, 너희들이 모든 인생의 투
자를, 모든 인생의 모험을 나의 법전
에 던지라 그리하라.
34 그와 같은 자 구원을 받을 것이니라.
35 남들이 먹으면 죽는다 하여 그를 감히
쳐다보지도 못하게 하며, 만지지도 못
하게 하는 그 빵이 생명의 빵이라는
것을 깨닫는 자, 그는 알에서 깨어나
는 것보다도 더 위대한 자니,
36 그와 같이 너희들이 목숨을 던지는 용
기 있는 자가 그 빵을 먹을 수 있듯이,
37 너희들이 죽음을 무릅쓰고 모두를 다
투자하고 던졌을 때, 너희들이 그 위
대한 역사에 새로 태어나며 나의 하늘

에 오르는 빛을 볼 수 있다 하였음이
니라.
38 내가 너희들에게 뭐라 말하였느냐?
39 산에서 불을 지르니 그 불은 타 올라
가며, 그 안에 있는 짐승은 산꼭대기
로 올라가 결국은 타 죽는다 하였느니
라.
40 그러나 그 불을 넘어 뚫고 내려오는
짐승은 사느니,
41 그와 같이 지금의 종교 집단에 속해
있는 자들이, 밑에서 불을 지르니 그
불 속에서 산 위로 뛰어가는 짐승과
같은 것이 지금의 종교 집단의 신도들
이요, 평신도들이니라.
42 그리하여 그 불 속에서 튀어나오는
자, 구원이요, 하늘에 오르는 길이라
는 곳으로 뛰쳐나오는 백성이 내가 뭐
라 하였느냐?
43 하늘에 오르는 길이요, 구원을 받는다
했으나, 그는 이미 목숨을 한 번 건 자
라 하지 아니하였느냐?
44 불 속에서 튀어나오는 그 짐승은 목숨
을 걸고 제가 뛰쳐나왔음이니, 너희들
이 목숨을 거는 투지와 모험이요, 그
역사의 변화를 하지 아니하면 나를 볼
수 없으며 나에게 오를 수 없다 하였
음이니라.
45 그리하여 지금의 종교 집단에서, 그
불 속에서 튀어나오는 백성은 목숨을
바쳐 나를 따르고자 하며 나에게 목숨
을 바친 자들이니, 너희들이 나에게
소중한 자들이며,
46 그 목숨을 바쳐 나를 믿고 따른 그 역
사의 은혜와 은총은 너희들이 죽어 나
에게 왔을 때 그 영혼이 영원히 누릴
수 있는 축복이요, 영광이라 하지 아
니하였던가?
47 이와 같은 것을 내가 하늘의 뜻이요,
이치를 상세히 기록하여 너희들에게
전하며 너희들의 손에 쥐여 주거늘,
어찌하여 이 이치 하나도 깨우치지 못
하며 보지 못하는가?
48 나의 백성 너희들은 들으라.
49 나의 아들이 구약과 신약을 버리며 그
것을 내가 너희들에게 깨우치지 말라
하며, 나의 아들 예수를 생각하지 말
며, 나 여호와를 생각하지 말라 가르
치는 게 어디 있는가?
50 너희들은 나의 아들 예수와 나와 차별
하여 보낸 이와 보내진 자의 그 이치
를 하나 깨달으라 하였음이니라.
51 그것 하나만 깨닫는다 하여도 너희들
이 오늘같이 허황된 물거품과 같은 그
속에서 구원을 받고자 소리 지르고 발
버둥치며 아우성치는 그 지옥으로 가
는 열차에서 뛰어내릴 수 있는 용감한
자가 나올 것이니, 그 이치부터 깨닫
도록 그리하라.

4,879 번째 하나님 말씀

2003년 2월 8일 05시 49분

1 사랑하는 나의 아들아!
2 "네, 아버님! 말씀하옵소서."
3 너희들에게 내가 일찍이 깨우치기를
이와 같이 말하였느니라.
4 '너희 빛을 사람에게 비취게 하여 저
희로 저희 착한 행실을 보고 하늘에
계신 너희 아버지께 영광을 돌리게 하
라.' 그리하였음이니,

5 나의 법전을 읽고 깨우친 백성이요, 강론을 듣고 깨우친 백성 너희들이 변하는 그것이 바로 만백성을 위하여 비춰는 빛이니,

6 그리고 너희들의 행동에 빛이 나올 수 있도록 행함을 착하고 아름답게 하여 그를 보고 깨우치는 백성으로 하여금 그들이 나 여호와로부터 축복과 영광을 받도록 너희들이 그리 가르치라 함이니라.

7 그러니 너희들의 행함이 얼마나 중요하고 소중한 것인가를 너희들은 알아야 할 것이니라.

8 이를 모르는 백성 너희들은 정녕 나로부터 깨우침을 얻을 수 없으며, 하늘에 오를 수 없는 백성임을 알아야 할 것이니라.

9 너희들이 바로 한 사람을 구하는 것이 얼마나 소중하고 위대한 것인가를 아는가?

10 이는 너희들로부터 변화된 빛이요, 진리의 빛이요, 나 여호와를 대신하여 너희들에게서 비치는 그 빛이 있기 때문에, 그를 보고 한 사람을 구할 수 있으며,

11 한 사람을 구하는 자 수천수만 명의 백성을 구할 수 있는 것이 너희들이라 함이니라.

12 그리하여 너희들이 한 사람을 구하는 것이 소중하다 함을 알아야 할 것이니라.

13 너희들이 살면서 서로 믿고 존경하며 따를 수 있는 한 사람이 있다는 것은 너희들이 행복한 것이라 하였으며, 그와 같은 사람을 발견할 수 있는 너희들의 깨달음의 눈은 더 훌륭하다 하였느니라.

14 그러나 너희들은 여기서 세상사 지옥불에서 가고 그 길을 위하여 허덕이는 백성, 그리고 저 자신만의 우월주의에 빠진 그와 같은 백성을 한 사람 깨우쳐 나 여호와를 보며 참진리를 보며 나의 법전을 읽고 깨우치는 백성으로 인도할 수 있는 것이 또한 너희들이 더 나로부터 훌륭한 백성이며,

15 너희들이 나로부터 얼마나 위대한 백성의 변화의 역사를 하는 것인가?

16 그것이 너희들이 나에게 보여 주는 것이며, 또한 너희들이 하늘에 오를 수 있는 길의 행위를 하고 있음임을 알아야 할 것이니라.

17 이제 사랑하는 나의 아들을 따르는 백성이요, 만백성을 구원하기 위해서 선택된 너희들의 몸에서, 눈에서 빛이 나도록 너희들이 그리 변하여야 할 것이니라.

18 세상 사람들은 먼저 너희들을 아느니라.

19 인간사 너희들이 살아가면서 남을 속이고 남에게 거짓 하는 자, 진실하지 아니한 자, 너희들이 하는 행동을 아무리 열변을 토하며 수다를 떤다 해도 상대방이 먼저 그를 알게 되어 있음이니라.

20 그가 진실인가 위선인가를 알게 되어 있음이니, 세상사 이치는 그리되어 있느니라.

21 그와 마찬가지로 너희들이 아무리 경지에 올랐으며 너희들이 아무리 깨달음이 높으며 변화가 높다 하며,

22 그리고 나 여호와의 참진리요, 나의
뜻을 행하는 자요, 목자요, 선택된 자
라 하여도,
23 너희들의 언행이요, 너희들의 몸가짐
이요, 움직이는 그 모두를 보고 그들
은 평가를 하느니라.
24 그러니 사람들 앞에 너희들이 어찌 점
수를 받으며 어찌 평가를 받느냐?
25 너희들을 그들이 볼 때, 아름다운 자
세로 서 있는 모습이 비칠 때, 너희들
스스로 빛이 남을 그들은 알게 될 것
이니라.
26 그러니 바르게 살라, 그리고 옳게 행
동을 하라, 그리고 한 점의 부끄럼이
없이 사는 삶을 살도록 그리 내가 너
희들에게 전하느니라.
27 내가 법전에 기록하여 나의 아들에게
전하기를, 너희들이 살아가는 인생의
목표를 '하늘을 향하여 한 점의 부끄
럼이 없는 삶을 사는 것'에 너희들의
모든 인생의 목표를 정하며 삶을 그리
살도록 하라 내가 전하지 아니하였는
가?
28 너희들은 정녕 스스로 한 점의 부끄럼
이 없는 삶을 살 때, 너희들 스스로 기
적을 이룰 것이며, 역사를 이룰 것이
며, 너희들이 목자로서 지도자로서 이
세상의 만백성을 구하는 자이니라.
29 너희들이 기적을 이룰 수 없으며 역사
를 이룰 수 없다 함은 너희들이 변화
되지 아니한 것이며 깨달음이 없음이
니,
30 변화되지 못한 너희들이 지도자가 될
수 없으며, 깨달음이 없는 너희들이
나의 피조물 만백성을 가르치고 지도
하는 지도자가 될 수 없음이니,
31 너희들이 지도자의 길을 가기 위해서
는 너희들이 완벽히 변하여야 함을
잊지 말라.

4,880 번째 하나님 말씀

2003년 2월 8일 05시 58분

1 사랑하는 나의 아들아!
2 "네, 아버님! 말씀하옵소서."
3 예수가 너희들에게 가르쳐 전하였느
니라.
4 '골방에서 기도하라.' 그 의미는 과연
무엇이던가?
5 학업에 매진하는 자, 공부하는 자, 그
리고 미래의 자신을 위하여 어떠한 시
험의 관문을 위해서 노력하고 공부하
는 자,
6 과연 그들이 대중 속에서 떠들며 요란
한 그 속에서 공부하며 그 속에서 무
엇인가 자기의 지위를 성취하기 위해
가겠는가?
7 인간이 살아가면서 하나의 그 목적이
요, 목표를 달성하기 위해서도 그들은
조용한 다락방이요, 골방에서 스스로
인내하며 깨우침을 얻어 가느니라.
8 이는 곧 너희들에게 무엇을 원하는가?
9 소란한 곳에서, 남들 앞에서 '나는 여
호와 하나님을 믿으며 예수님을 믿으
며 구원을 받는 길을 가고 있는 자니,
너희들은 나를 따르라.' 그리 용감히
소리 지르는 것이 아니니라.
10 너희들은 용감한 체하나, 그것은 저
자신을 모르며 제 분수를 모르며 제가
어디에 서 있는지를 모르는 자이니라.

11 나에게 오르는 길은 너희들이 조용한
곳에서, 조용한 가운데서 기도하고 경
배함이니라.
12 너희들이 조용한 다락방에서 기도할
때 모두를 생각할 수 있으며 깨달음을
얻을 수 있으며 깨우침을 거기서 볼
수 있음이니라.
13 그래서 높은 진리의 길을 가게 되며
높은 진리의 뜻을 너희들이 보기 때문
이니라.
14 그리하여 내가 너희들에게 조용히 다
락방에서 기도하며, 가족 단위로 기도
하며,
15 그저 나에게 경배하는 그 마음이 진실
하면 너희들이 나에게 드리는 기도를
내가 들어준다 그리 말하였거늘,
16 지금의 종교의 믿음이요, 기도하는 방
법이 무엇이던가?
17 외형적으로 남에게 보이기 위해서, 남
이 듣게 하기 위해서, 그는 정말 기도
를 잘하며 말을 잘하니, 말에 대한 은
사를 받은 자요, 정말 훌륭한 자라 그
와 같이 너희들이 과시하고 보이기 위
해서 기도하고 경배하고 믿음의 길을
가는 자들이니,
18 너희들의 보따리는 다 썩은 보따리요,
아무것도 가치가 없는 것을 너희는 소
중한 보물이요, 보석이 쌓여 있는 것
처럼 달고 다니는 그와 같은 보따리가
되었음이니라.
19 나의 성경에 기록되어 있는 그 아름다
운 참진리의 뜻의 가치를 지니고 있는
것이 아니요,
20 다 썩어 있어 불면 날아가는 먼지의
보따리를 들고 다니는 것이 너희들의
행위이니,
21 나의 성경을 그와 같이 썩은 보따리로
만들어 들고 다니는 자, 너희들은 정
녕 구원을 얻을 수 없음을 알라.
22 어렵고 힘든 길을 십자가를 지고 가는
고통 속에서 그와 같은 마음 자세로
기도하고 경배할 때 너희들이 깨달음
을 얻을 수 있음을 알라.
23 나의 아들이 십자가를 스스로 지고 가
어쩔 수 없이 그 죽음의 길을 행했던
그 고통의 길처럼, 너희들이 너희 십
자가를 지고 가는 그와 같은 고통 속
에서 세상의 변화를 알며 깨달음을 얻
음이니라.
24 너희들이 고통이라는 것은 무엇이던
가?
25 어렵고 힘들게 거기서 벗어나고자 하
며 거기서 벗어나는 역사를 이루고자
하여 너희들이 노력하고 생각함이니,
26 너희들이 그와 같은 속에서 참진리의
믿음을 볼 수 있는 것이니라.
27 그리하여 너희들이 깨달음을 얻을 수
있다는 뜻이니라.
28 세상의 향락에 젖어 있으면서 향락 속
에서 모든 즐거움 속에서 너희들의 생
각과 너희 자신의 마음 자세를 다스리
지 못하며 광분하고 흥분하는 그 속에,
29 너희들의 마음이 거기에 팔려 있는 속
에서 너희들이 나 여호와를 부르고 나
에게 기도하며 광분의 소리를 지르고
있으나,
30 그는 절대 너희들이 볼 수 없기 때문
이며, 그와 같은 백성은 나와 아무런
관계가 없다 하였음이니라.
31 그러나 너희들이 기도하며 경배하며

나를 찾는 장소는 과연 어떠하던가?
32 너희들이 다락방에서 조용히 세상의 이치를 깨달으며 너희들의 죄를 회개하며 반성하는 시간을 얻을 때, 그 속에서 너희들은 깊고 아름다운 것을 깨닫는다 하였음이니라.
33 그러나 너희들은 기도하는 장소가 호화롭고 웅장하며 교회라는 그곳에서 지금 믿음의 길을 가고 있는 그 행위요, 기도하는 것은 무엇이며 공부하는 것은 무엇이냐?
34 아수라장 속에서 너희들은 소리 지르고 악을 쓰고 있음이니라.
35 너희들이 자기 자신이 위대한 사람이요, 자기 자신만이 지도자라 하여 부르짖는 그 연설의 장소요, 많은 백성에게 묘기를 부리는 극장이라는 곳의 그 무대에 있는 것 같으며,
36 종교 지도자는 그 배우며 너희들은 관중처럼, 그저 화려한 의식 속에서 아우성을 치고 소리를 지르며 믿음의 길을 가고 있는 그와 같은 형국이니,
37 너희들의 지금의 믿음의 자세가 바로 서지 아니하면 아니 될 것이니라.
38 너희들은 나 여호와에게 기도하고 경배함이 아니요, 나에게 영광을 드리며 축복을 얻고자 함이 아니요, 너희들이 그 길을 가고자 하는 것이 아니며,
39 나를 만나고자 나의 음성을 듣고자 나에게 오고자 하는 것이 아님을 너희들은 알아야 할 것이니라.
40 그저 너희들이 형식에 치우쳐 많은 사람 앞에서 연설하며 강론하며 그저 광란의 짓을 하고 있는 것이 너희들이 지금 기도하는 장소이니,
41 경배한다 하여 나의 성경을 놓고 교리라 하여 가르치는 그와 같은 집단이 하고 있는 짓은 나와는 관계없음이니라.
42 화려하고 웅장한 그 교회 속에서 연극을 하고자 하며 쇼를 하고 있는 것이 너희들이니라.
43 나의 피조물 만백성의 눈을 가리며 귀를 막으며 그저 재물만을 거둬들이기 위해서 묘기를 부리는 광대와 같이,
44 먹고살기 위해서 광대와 같은 짓을 하는 것이 종교 지도자며, 그를 보고 웃고 즐기는 것이 하늘에 오르는 길이라 착각하고 있음이니,
45 그는 육의 세상에서 너희들의 눈을 즐겁게 하며 듣는 귀를 즐겁게 하는 하나의 인간의 연극에 지나지 아니하는 것이니라.
46 너희들이 하늘에 오르는 길이요, 구원의 길이요, 나에게 오르는, 다시 태어나 영원히 사는 축복을 받고 못 받는 그 인생의 소중함을, 연극 배우가 웃기고 울리는 그것을 보고 눈시울을 적시는 그와 같은 백성이 되지 말라.
47 나 여호와의 참진리요, 하늘에 오르는 길을 보고 웃고 울며 깨달음을 얻는 그와 같은 인생을 살아야 하는 것이 너희들이니,
48 어찌하여 너희들이 그 소중한 인생을 함부로 버리는가?
49 지금처럼 너희들이 정당의 연설장이요, 극장의 무대요, 그저 화려한 속에 의식에 의하여 찬란히 진행되는 인간의 그와 같은 행사의 역사 속에서 너희들은 아무것도 얻을 수 없음이니,

50 그곳에 나 여호와가 존재하지 아니하며, 나에게 그것이 들리지 아니하며, 내 마음을 거기에 두지 아니하며.
51 내가 거기 있는 백성을 기억하지 아니함이니라.
52 나 여호와가 없는 교회라는 곳에서, 성령이 떠나 버린 곳에서 너희들이 아무리 떠들어도 아니 되느니라.
53 나 여호와가 없는 그 교회라는 곳은 이미 성령이 떠나 버린 곳이며, 내 마음이 떠나 버린 곳이며, 내 뜻이 떠나 버린 곳이니, 그와 같은 곳이 오락의 장소밖에 무엇이 되겠는가?
54 나 여호와가 같이하며 나 여호와의 성령이 충만한 곳이 너희들이 축복을 받으며 하늘에 오르는 길이요, 진정한 기도의 장소이니라.
55 너희들이 지금 각종 인간 집단의 지혜에 의해서 떠들고 갖은 쾌락을 즐기는 그와 같은 아비규환 같은 장소 속에는 내 마음이 떠나 있음이니,
56 거기는 놀고 즐기는 오락의 장소밖에 아니 됨이니라.
57 너희들 스스로 도취해 울고불고 광란의 짓을 하는 것은 인간의 육의 스트레스를 풀기 위함이요, 너희들이 지치고 힘들었던 그것에 잠깐 휴식과 즐거움을 얻는 그와 같은 장소일 뿐이니,
58 지금 너희들이 하늘에 오르는 길이요, 축복의 길이요, 영광의 길을 가고 있다는 그 믿음의 장소가 너희들이 잠깐 지치고 힘든 것을 휴식하며 눈을 즐겁게 하며 귀를 즐겁게 하는 그와 같은 인간이 가르치는 장소이며,
59 인간의 교육 장소를 벗어나지 못한 그 곳에서 하늘에 오르는 것이 없음이니,
60 너희들이 참진리요, 하늘에 오르는 그 장소에서 기도하는 것은 너희들이 조용히 기도하는 것이며, 가족 단위로 기도하는 것이며,
61 조용히 회개의 눈물을 흘릴 수 있는 그와 같이 너희들의 마음을 다스리는 것에 나 여호와가 같이하고 있음을 알라.
62 아무것도 아님을 이제 너희들은 알았을 것이니라.
63 그와 같이 너희들이 정당의 연설이요, 자기 자신을 피력하고자 하는 그 장삿속이요, 먹고살기 위해서 무대에서 배우가 온갖 묘기를 보이는 것처럼,
64 그와 같이 연극의 배우로서 그 쇼를 하고 있는 종교 지도자들의 그 형태가 얼마나 추하고 그 이면이 더러운 것인가 그를 들여다보도록 너희들은 그리하라.
65 무대에서 너희들에게 묘기를 보이는 그 인기 배우가 무대를 내려왔을 때 얼마나 힘들고 초라한 모습인가?
66 그는 자신을 지탱하기도 힘들고 어려운 것이니라.
67 종교 지도자들이 바로 그와 같은 형태로 흘러감이니,
68 그를 보고 너희들은 앞에 서 있는 그들이 설교하는 것, 세 치 혓바닥으로 너희들을 유혹하는 인간 세상에 살아가는 세속의 법도를 가르치는 거기에 광분하여 눈물을 흘리며 '아멘! 할렐루야!' 하며 나 여호와요, 나의 아들의 이름을 찾지 말라, 불쌍한 나의 백성들아!

4,881 번째 하나님 말씀

2003년 2월 8일 06시 08분

1 사랑하는 나의 아들아!
2 "네, 아버님! 말씀하옵소서."
3 너희들이 나를 위하여 나에게 오르고
자 기도하고 경배하며 회개하는 곳은
광란의 장소요, 정당의 연설장이요,
그와 같은 극장의 먹고살기 위하여 배
우의 재능을 보며 관중이 울고불고 손
뼉 치는 그와 같은 장소가 아니라 하
였음이니라.
4 조용한 곳에서 기도하고 회개하며 나
여호와의 뜻을 기리며, 나 여호와가
원하는 것을 생각하며, 내가 이루고자
하는 것을 너희들이 생각하며 나로부
터 받은 그 모든 은혜에 감사하는 마
음의 기도를 드리는 것,
5 그리고 그와 같이 기도를 드리고 겸손
한 자의 그 기도 소리는 내가 들으며
나에게 들리는 것이며, 너희들이 나를
위하여 정녕 기도하는 것이라 그리하
였음이니라.
6 하물며 종교 지도자가 저 자신을 위하
여 제가 구원을 받고자 기도하는 자,
그리고 만백성을 구하며 만백성에게
복음을 전한다 하는 신도들이요, 그리
고 직분을 가지고 있는 신도들이요,
평신도 그들이 저 자신을 위해서 기도
하는 자는 깨달음이 없기에 그는 나와
관계없는 자라 그리하였음이니라.
7 믿음의 길을 가는 자, 만백성을 구하
는 백성이라면 정녕 남을 위하여 기도
하는 것이 너희들이 가는 길이라 하였
음이니라.
8 그러나 지금의 종교 지도자들은 저희
들 자신이 구원의 확신이 없으며 깨달
음이 없으니,
9 그들 또한 저 자신을 위하여 기도하는
자의 모습이라면, 얼마나 그것이 잘못
된 것이며 추한 모습이던가?
10 저 자신을 위하여 기도하는 것도 부족
하여, 저희들이 아무것도 모르며, 저
자신이 하늘에 오르는 길인지 그 이치
도 모르면서,
11 그들이 나의 피조물 만백성으로부터
소중히 관리하는 재물을 긁어모으며
그를 거둬들이는 데만 연연하여 가는
믿음이라면 과연 너희들은 어찌하겠
는가?
12 재물을 모으면 믿음이 없는 자라 내가
그리 말하였음이니라.
13 재물을 탐하는 자, 재물을 생각하는
자, 저만을 위하여 기도하는 자는 진
정한 진리를 알 수 없으며, 나의 뜻을
알 수 없으며,
14 믿음의 길을 가는 것이 아니요, 나의
피조물 만백성을 지옥으로 이끄는 자
라 하였음이니라.
15 진리의 길을 가지 않는 지도자라 말하
였으며, 그들은 정녕 나와 관계없는
자임을 너희들은 알아야 할 것이니라.
16 저 자신을 위하여 육신의 삶을 위하여
재산을 모아 두는 종교 지도자는 위로
는 나를 보지 못하며 아래로는 욕심이
가득 차 있는 그와 같은 사람이라 하
였음이니라.
17 그러니 그 우매한 자가 어찌 종교 지
도자가 되며 만백성을 인도한다 할 수
있는가?

18 종교 지도자는 진리의 말씀을 전하며
그를 깨우치는 것이지, 재물을 모으는
임무가 아님을 너희들은 알아야 할 것
이니라.
19 그러나 지금의 종교 지도자들은 그들
이 가는 인무요, 그들이 해야 할 대명
이 뒤바뀌어 있음이니라.
20 참진리를 깨우치는 것은 뒤로 밀어붙
였으며 그리고 숨겨 놓았으며,
21 오로지 재물과 모든 금화와 은화를 거
둬들이는 데만 지금 정신이 팔려 있으
며, 나의 신도들을 노예처럼 종처럼
부리고자 하며 군림하고자 하는 거기
에만 몰두해 있는 것이 지금의 종교
지도자들의 형태이며, 그 집단들이 가
고 있는 짓이니라.
22 재물을 모으고자 한다면 재물의 노예
가 되는 것이요, 그 재물의 종이 된다
는 것을, 너희들은 어찌 그 이치를 모
르는가?
23 너희들이 재물을 모으고자 발버둥치
며 금화와 은화를 거둬들이고자 하면
재물과 금화와 은화의 노예가 되며,
그 종으로서 그들에게 부림을 받는 것
이라는 것을 어찌 모르는가?
24 그와 같이 재물의 노예요, 종이 된 자
가 만백성을 구한다 하겠는가?
25 그는 정녕 구원할 수가 없으며,
26 지금의 종교 지도자들이 진리를 깨우
지기 위해 노력하고 힘든 길을 가며
진리가 마음에 가득 차 있는 자라 하
여도 나의 피조물 만백성을 가르치며
바른길을 가며 바른길을 인도하기가
힘들고 어렵거늘,
27 지금의 모든 종교 집단들의 그 가슴속
에 나의 진리는 저희들이 꽁꽁 묶어
감춰 놓았으며, 그리고 오로지 재물을
거둬들여 저희들의 몸이 편하고자 저
희들의 집단을 육성하고자 하는 그와
같은 종교 지도자의 길을 가고 있음이
니라.
28 그러니 그들 속에는 욕심만이 그득 차
있는 자들이니, 너희들 스스로 다락방
에서 기도하고 깨우침만도 못함이니
라.
29 어찌하여 너희들은 아름다운 길이요,
참진리의 길을 갈 수 있는 것, 다락방
에서 기도하며 내가 내린 십계명을 지
키고 살아가고자 하는 것이 구원의 길
이요, 편안하고 간단한 그 길을 놔두
고 어찌하여 너희들은 어렵고 힘든 길
을 가는가?
30 오죽하면 내가 너희들에게 말하였는
가?
31 너희들에게 설교하고 가르치는 종교
지도자가 과연 몇 년을 공부해서 너희
들에게 지도자로 서는가?
32 나로부터 명한 임명장을 받은 것도 아
니요, 인간 저희들의 스승으로부터 받
은 그 임명장을 가지고 너희들에게 그
만용을 평생 부리고 있음이니,
33 그 종교 지도자가 공부한 기간보다도,
그 공부한 머리의 깨우침보다도 너희
평신도들이 더 유능하고 더 깨우치며
앞에 가는 자가 수없이 있다 하였음이
니,
34 지도자가 되기 위해 저희들이 공부한
그 기간 이상 그 종교 집단에서 붙잡
고 있는 것은 너희들을 우롱함이요,
너희들을 잘못 가르침이요, 지옥으로

보내는 행위임을 너희들은 알아야 할
것이니라.
35 내가 너희들에게 말하여 깨우치지 아
니하였더냐?
36 높은 산에 올라가는데 지금 정상에 거
의 가 있는 백성을 보고 땅 밑에 있는
자가 저를 따라야 정상에 오를 것이라
하며 그들 보고 내려오라 악을 쓰며,
37 그들이 올라가 있는 것을 괴로워하며
고통스러워하며 제 앞에 있는 것을 보
지 못하는 그 사악한 자의 심리이니라.
38 저 자신이 깨우침도 없는 자가 깨우침
이 높이 가 있는 그 백성에게 무조건
저희들의 집단이요, 저희들의 복음을
들으며 저희들의 설교하는 것을 듣는
것만이 구원을 받는 길이요, 정상에
오를 수 있다 하나,
39 너희들은 이미 정상의 팔부 능선에 가
있는 자에게, 거의 다 간 자에게 어찌
하여 내려오라 하는가?
40 너희들은 아직 올라가지도 못하고 오
를 수도 없는 자들이 그와 같이 사악
한 방법으로써 올라간 자까지 끌어내
리는 그 죄를 짓고 있는 것이 지금의
종교 집단 너희들의 작태이니 그리 알
라.
41 지도자 너희들보다 높은 자, 높이 깨
달은 자가 수없이 있음을 알라.
42 그러한 백성을 역으로 가르치고자 하
는 그와 같은 행위를 하고 있는 것이
너희들이니, 너희들은 나의 진리를 모
르며, 나의 뜻을 모르며, 내가 역사함
을 모르기 때문이니라.

4,882 번째 하나님 말씀

2003년 2월 8일 06시 16분

1 사랑하는 나의 아들아!
2 "네, 아버님! 말씀하옵소서."
3 종교 지도자요, 만백성을 지도하는 자
들은 참진리를 깨우치며 나의 뜻을 깨
우쳐 만백성이 바로 서며 바로 갈 수
있도록 가르쳐야 하거늘,
4 지금의 모든 종교 지도자들은 재물을
탐하는 지도자로 전락되었으며, 그리
하여 그들은 재물을 모으고자 하며 재
물을 관리하는 데 온갖 정성과 모든
마음을 다 거기에 바치고 있음이니라.
5 그리하여 재물을 모으고자 하는 자,
성전의 호화로움을 위하여 저희들의
모두를 다 바치니,
6 자신의 풍요로운 삶을 지키기 위하여
그들은 어떠한 길을 가는가?
7 그들은 스스로 지어 놓은 호화로운 성
전이요, 그 비대한 것을 관리하기 위
하여 어떠한 방법과 수단을 가리지 아
니하고 재물을 거둬들이지 아니하면
존재할 수 없고 그 자리에 지탱할 수
없게 되어 있음이니,
8 재물이요, 저희들이 호화롭게 지은 그
성전의 노예요, 종이 되어 가고 있음
을 그들은 모를 것이니라.
9 종교 지도자라는 자는 재물을 탐하는
것이 아니요,
10 참진리요, 아름다움이요, 세상에 살아
가는 것이요, 나에게 오며 하늘에 오
르는 길을 가르치는 것이 그들의 본분
이나, 그들은 재물을 모으는 데만 연
연하고 있으니,

11 주객이 전도된 그와 같은 형국이 된
것이 지금의 너희들의 형태이니라.
12 너희들이 성전이라 말하는 그곳에서
지금 너희들이 행하는 그 모두는 주인
과 객이 바뀌어 있는 거꾸로 된 형국
이니라.
13 진리 하나를 깨우쳐 주는 것이 아니
요, 그저 호화롭게 지은 성전이요, 궁
전보다도 더 방대하게 지은 그 성전을
관리하고 유지하기 위하여, 그곳에 거
미줄을 치지 아니하기 위하여 어떠한
방법으로든 그저 재물을 보면 긁어모
아야 하며,
14 그를 거둬들이는 그와 같은 행위를 하
지 아니하면 너희들은 존재할 수 없게
되어 있음이니,
15 지금까지 너희들이 이룬 과정에서는
나 여호와의 뜻이요, 성경 구절의 가
르침을 전할 시간이 있다 하나,
16 앞으로는 이제 그것마저도 너희들에
게 허용되지 아니하며, 너희들이 깨우
치고자 하는 백성 앞에 재물을 긁어모
으는 그 시간을 많이 할애하게 됨이니,
17 이제는 성서의 한 구절을 읽는 것마저
도 하지 못하는 그와 같은 웃지 못할
형국으로 변화되는 것이 현주소임을
알아야 할 것이니라.
18 그들은 말하느니라.
19 이 세상의 모두는 나 여호와의 것이
요, 너희들이 또한 그 재물만이 아니
라 이 세상에 존재하는 것이 나의 것
이요, 너희들 자신과 목숨까지도 너희
들은 나 여호와의 것이라 그리 가르치
며 그리 깨우치고 가라 말하느니라.
20 너희들은 나누며 살라, 또 그리고 사
랑을 베풀며 살아야 한다며 그리 말하
고 그리 전하느니라.
21 너희들의 목숨까지도 너희들 자신까
지도 나 여호와의 것이라 말하며, 모
두는 나 여호와의 것이라 그리 말하면
서 그리하여 너희들은 나누며 살며 남
에게 베풀며 살라 그리하는 것이니라.
22 너희들이 쌓아 놓는 것은 거짓된 것이
요, 그리하여 부자는 천국에 오를 수
없다는 말까지 너희들이 그리 가르치
고 있지 않은가?
23 그러면서 어찌하여 너희들은 거둬들
이는 행위를 하는가?
24 그리고 너희들은 나의 피조물 만백성
에게 나누어 주라, 그리고 바치라 하
며, 많이 바치는 자 천국에 가서 받음
이니, 그는 나눠 주는 나의 뜻을 행하
는 백성이라 그리 말하며,
25 너희들은 어찌하여 뒤로는 거둬들이
고 쌓아 놓으려 하며,
26 그리고 쌓아 놓는 것도 부족하여 곳간
에 그득히 챙겨 둬야만 마음이 편안한
너희들이니,
27 그 행위를 위하여 지금 얼마나 갈취를
하며 사악한 행위를 하며 협잡꾼 짓을
하고 있는가?
28 나의 뜻은 모든 백성에게 골고루 나눠
주는 것이요, 나의 백성이 평등하게
사는 것이요, 다 같이 나눔을 가지고,
가진 자가 어려운 자를 도와주며 사는
것이거늘,
29 너희들은 가진 자, 없는 자 할 것 없이
그저 너희들이 호화롭게 지은 성전이
요, 그 방대한 성전을 관리하고 유지
하기 위하여 거둬들이기에 바쁘니,

30 너희들은 나눠 주고 분배해 주어야 하
는 것이 너희들이 행해야 하는 길이거
늘, 그와 같은 행위를 역행하는 것이
너희들이니라.
31 너희들은 앞에 놓아두고자, 네 앞에
쌓아 두고자 그저 그와 같이 거둬들이
는 것이며,
32 너희들의 창고를 채우기 위하여 남의
어렵고 힘든 것을 볼 수도 없으며, 돌
아다볼 것도 없으며,
33 더군다나 나눔이라는 것은 감히 생각
도 못 하고 거둬들이니,
34 너희들이 말하는 칼만 들지 않은 강도
요, 도둑과 같은 자들이 너희들이니라.
35 그러면서 너희들은 또 무엇을 인용하
여 거둬들이는가?
36 우리 부자의 이름을 팔아 너희들이 거
둬들이고 있으니, 나 여호와의 재산을
훔치는 자들이, 나를 속이는 자들이
나의 아들과 나의 이름을 팔아서 그와
같은 흉악한 행위를 하고 있음이니,
너희들이 그와 같이 모질고 포악한 행
위를 하고도 과연 구원을 받을 수 있
다 생각하는가?
37 너희들은 여기서 깨우쳐야 할 것이니
라.

4,883 번째 하나님 말씀

2003년 2월 8일 06시 26분

1 사랑하는 나의 아들아!
2 "네, 아버님! 말씀하옵소서."
3 이 세상에 존재하는 그 모두는 나 여
호와의 주관하에 역사하여 이루어지
며, 그 모든 것 또한 나 여호와의 재산
이라 그리 말하였느니라.
4 그리고 너희들이 또한 그리 믿고 그리
전하지 아니하는가?
5 그렇다면 이 세상에 존재하는 것은 다
여호와의 재산이라면,
6 많이 가지고 있는 자든, 적게 가지고
있는 자든 나의 피조물 만백성 너희들
은 즉, 관리자여야 되지 않는가?
7 너희들은 관리자라 하였음이니라.
8 그리하여 좀 더 많이 가지고 있는 자
는 많이 관리하는 자이며, 적게 가지
고 있는 자는 적게 관리하는 자이니라.
9 그래서 내가 너희에게 무어라 말하였
느냐?
10 나누어 주며 베풀며 다 같이 균등하게
사랑하고 사는 것이 나의 뜻이라 하였
음이니, 관리자로서 그리하라 내가 전
하였음이니라.
11 그러나 너희들은 어찌하는가?
12 나의 것을 가지고 너희가 지금 관리하
며 통제하고 있으면서도 나누어 주지
아니하는 것이 너희들이니라.
13 그리하여 너희들은 나누어 주며 베풀
며 사는 것이 아니라, 어찌하면 너희
들이 개인의 재산으로 만들어 움켜쥐
고 살며 그렇게 변화하는 삶을 살 것
인가 그리 생각하고 지금 살아가는 것
이 아니던가?
14 내가 너희들에게 나누어 주며 사랑을
베풀며 같이 살라 하였으며, 나의 재
물을 관리하는 너희들에게 그리 살라
하였으나, 너희들은 그리하지 못하면
서 사느니라.
15 나의 재산을 많이 관리하는 자는 적게
관리하는 자에게 그 어렵고 힘듦을 덜

어 주며 사는 것이 사랑이라 하였거늘,
16 너희들은 어찌하여 나의 것을 가지고
내가 나누어 주라는 것도 나누어 주지
못하고 사는가?
17 그것은 바로 무엇이더냐?
18 욕심이니라.
19 그리하여 죄를 짓게 되는 것이니라.
20 너희들은 욕심 때문에 죄만 가중되는
것이 지금의 삶이니,
21 가진 자 나누어 주라.
22 내가 무어라 했느냐?
23 내가 많이 가진 자 천국에 오를 수 없
다 하였으니,
24 너희들은 나의 재물을 관리하는 자로
서, 내가 많이 관리하라 한 것을 과감
히 나눠 주며 베풀며 살지 못하는 것
이, 그게 바로 너희들이 죄를 짓고 있
는 것이니,
25 너희들은 어찌하여 그 이치를 모르는
가?
26 이 세상의 모든 재산의 책임자요, 모
든 것은 다 누구의 것이라 했느냐?
27 나 여호와의 관리하에 나의 주관하에
이루어지는 것이라 하였으니,
28 모든 것의 주인은 나이니라.
29 주인이 관리하는 자에게 나의 재산을
남들에게, 많은 백성에게 나누어 주며
살라 그리 간곡히 말해도,
30 주인이요, 창조주 나의 말을 듣지 아
니하는 것이 너희들이 지금 살아가는
것이니,
31 어찌하여 너희들은 남의 재물을 가지
고 그리 욕심을 부리는가?
32 그러니 너희들이 어리석은 삶이니라.
33 나누어 주면 되는 것을, 그 주인이 나
누어 주라는 것을, 주인의 재산을 가
지고 이웃에게 나누어 주라는 것을,
사랑을 베풀라는 것을 너희들이 사랑
을 베풀지 못하며 그를 움켜쥐고 있음
이니,
34 결국 그 주인은 어찌하던가?
35 말을 듣지 않는 종을 그는 버려야 함
이요, 그런 관리자는 바꿔야 하며, 그
관리자를 버려야 하며 내쫓아야 하니,
나의 품에서 떨어져 나가는 것이니라.
36 너희들은 지금 이제 다시 깨우치라.
37 많이 가진 자는 나 여호와로부터 많이
관리하는 자이니, 주인이 나눠 주라면
나눠 주라.
38 그를 나눠 주지 아니하고 움켜쥐는 것
은 바로 무엇이던가?
39 너희들의 욕심이니라.
40 그리하여 부자가 천국에 오를 수 없다
는 것이 무엇이냐?
41 많이 관리하는 자가 남의 재산을 가지
고 있으면서 나눠 줄 줄 모르니 그것
이 죄악이요,
42 가장 큰 죄 속에서 제가 허덕이고 살
아간다는 것을 잊지 말라.
43 너희들은 모두가 나의 백성이요, 나의
재산을 관리하는 자이니라.
44 그러니 주인이 나눠 주라 하였으니 나
눠 주면 되는 것이니라.
45 만백성에게 나누어 주라 하였거늘, 어
찌하여 너희들은 나눠 주지 아니하는
가?
46 너희들 자신이 구원을 받기 위하여 악
의 온상이요, 너희 손으로 지은 성전
에서 구원의 표를 사기 위해 거침없이
바치며 거기에다 갖다 들이미니,

47 그게 바로 너희들이 나의 재산을 잘못
쓰는 것이며,
48 이웃에게 아무도 모르게 나눠 주며 그
를 도우라는 나의 뜻을 따르지 아니하
니,
49 너희들 또한 그곳에서 더 죄만 가중됨
이니라.
50 작든 크든 나 여호와의 재물을 가지고
있는 자, 너희들이 나를 믿는다면, 나
여호와가 존재함을 믿는다면, 너희들
은 나누며 살라.
51 나누어 주지 아니하며 마음을 베풀지
아니하는 자, 그는 곧 나의 뜻을 거역
하며, 내가 다스리는 것을 거역하며,
죄를 스스로 짊어지는 그와 같은 삶을
사는 형국으로 가는 자들이니, 그 두
려움을 알라.

4,884 번째 하나님 말씀

2003년 2월 8일 06시 35분

1 사랑하는 나의 아들아!
2 "네, 아버님! 말씀하옵소서."
3 나의 백성 너희들은 들어야 할 것이니
라.
4 지금의 종교 집단은 저희들이 하늘에
오르는 길이라 하여 나의 피조물 만백
성을 이끌어 가고 있으나 그들은 한
발짝도 하늘을 향하여 오르지 못하는
백성이며 종교 지도자들이니라.
5 그리하여 그들의 집단과 믿음에 속하
지 아니한 자, 그들은 저희들을 따르
지 않는 자는 구원을 받을 수 없다 감
히 그리 말함이니,
6 그들이 단 한 발짝의 경지에라도 올랐
다면, 그 한 발짝의 경지에 오르는 길
이 얼마나 힘들고 고통스러운 것을 안
다면, 그들은 감히 저희들의 집단에
속하는 자, 저희들과 같은 믿음의 길
을 가는 자만이 구원을 받을 수 있다
그리 말할 수 없음이니라.
7 너희들이 한 발짝의 경지를 나에게 오
르고자 하며, 그 한 발짝의 고통과 시
련이 얼마나 어렵고 힘든가를 알면,
그 멀고도 먼 나에게 오르는 길을 오
를 수 있다며 그 자격을 주는 자들처
럼 감히 그리 말할 수 없음을 알라.
8 구원을 받을 수 있다 말하는 자, 그를
마음대로 쉽게 말하는 자, 정녕 그들
이 정녕 어리석은 백성이며, 구원의
그 '구'자 자체도 모르는 자들이 그들
이니라.
9 내가 그들을 바라보기는 장마철에 내
리는 빗줄기를 보고 그 빗줄기를 따라
하늘에 오르겠다고 그저 뛰어오르는
개구리 형국과 똑같음이니라.
10 아무리 개구리가 뛰고 뛰어도 제가 오
르는 그 이상 더 오를 수 없음이니, 뛰
면 뛸수록 그는 지쳐 땅에서 더 오르
지 못하는 것이니라.
11 지금 나의 피조물 만백성, 하늘에 오
르는 길이요, 천국에 가고자 하는 백
성 너희들이 세월이 가면 갈수록 지쳐
서 더 뛰지 못하는 개구리와 같이 너
희들 자신이 그리 지옥으로 전락됨을
알라.
12 이 무서운 현실을 너희들은 들여다봐
야 할 것이니라.
13 내가 나의 아들을 통하여 너희들에게
가르치는 이 뜻이 너희들이 이해하기

가 어려우며 받아들이기가 어렵다면,
14 내가 그리 실천하라 강요하는 것이 아
니니, 다만, 너희들 자신을 돌아다보
며 지금의 현 위치를 점검해 보라는
뜻이니라.
15 개구리가 쏟아지는 빗줄기를 따라 하
늘에 오르려고 뛰고 뛴다면, 계속 뛰
다 결국 지쳐서 뛰지 못하게 될 것이
니,
16 지금 너희들이 가는 믿음이 그러하니
라.
17 하늘에 오르는 길이라 하여 광분하는
짓으로 뛰고 또 뛰나 너희들은 지옥으
로 가는 그와 같은 지금의 그 쇠사슬
이 점점 무서워짐이니, 너희들이 걷지
도 못하는 그와 같은 형국으로 가고
있는 자들이니라.
18 어찌하여 초등 교육도 받지 못한 자가
지금의 고등 교육을 마친 사람에게 그
를 깨우쳐 준다 하며, 그 문자를 가르
쳐 준다 그리 말하는가?
19 너희들은 지금 바로 까막눈을 가진 자
와 같은 자들이니라.
20 고등 교육을 받은 자를 보지 못하는
자들처럼, 초등 학문을 받고 초등의
기초 학문을 간신히 뗀 자가, 고등 교
육을 받고 또 차원 높은 그 깊이를 연
구하는 그에게 글을 가르쳐 준다 하니,
21 '너는 까막눈이니 너는 나를 보고 따
르라'는 그와 같은 웃지 못하는 형국
이 되어 있음이니라.
22 초등 학문을 배우라 그리 소리 지르는
자, 이미 고등 교육의 고등 학문을 마
친 자에게 그리 깨우쳐 주겠다 나서는
자들이며, 그에게 공부할 시간을 저희
들에게 바치라 말하는 그와 같은 웃지
못할 형국으로 지금 가고 있는 것이
종교 집단이요, 너희들이 흘러가는 형
태임을 알아야 할 것이니라.
23 이와 같이 내가 지금 세상에 내려보내
는 것을 나 여호와가 정확하게 너희들
에게 맥을 짚어 하나하나 가르쳐 줌이
니,
24 너희들은 그리 행하라는 것이 아니며,
그리 행하고자 하는 것보다도,
25 너희들은 내가 전하는 법전을 읽고 이
법전의 뜻이 과연 무슨 의미인가,
26 그리고 왜 나 여호와는 새로운 성경이
라 만들어, 나의 아들을 통하여 너희
들을 심판하는 법전이라 하여 세상에
내려보내고 있는가,
27 그리하여 그 뜻이 무엇인가, 거기서
원하는 것이 무엇인가를 너희들이 한
번 찾아보고 분석을 해 보라.
28 그렇다면 나의 새로운 성경이요, 나의
법전이 너희들에게 전하는 그 내용이
얼마나 무서운 내용이요, 얼마나 진실
한 내용인가를 알 것이니라.
29 너희들은 그저 기초 학문도 안 되는
이야기를 여기다 기록하여 너희들에
게 전한다 하나,
30 너희들이 그를 행하고 그리 살아가는
변화를 이루었을 때는 세상의 어떤 글
보다도 무서우며, 어떤 문자보다도 무
서우며,
31 어떠한 성인의 가르침이라는 것도 감
히 그 깊이를 따를 수 없으며, 너희들
인간 세계의 학문으로써는 도저히 터
득하고 알 수 없는 그 깊은 내용이 여
기에 담겨 있음이니,

32 너희들이 하나를 보고 이를 깨우쳐 하
늘에 오르는 길을 바라볼 수 있다면
세상에 나온 모든 문자를 다 읽는 것
보다도 위대한 것이 나의 법전의 한
줄을 읽어 너희들이 깨우치는 것이니,
33 그 길에서 좌절하지 말며, 기회를 잃
지 말며, 지옥으로 가는 자가 되지 말
며, 하늘에 오르는 길의 영광을 보라.
34 나의 법전의 뚜껑을 열어 한 구절을
읽어 너희들이 깨우치면 세상사를 다
얻는 그와 같은 영광을 너희들은 어찌
하여 저버리며 행하지 아니하려 하는
가, 불쌍한 나의 백성들아!
35 이제 종교 집단들이 잘못 가고 있는
그것을 너희들은 알았을 것이니라.
36 그러니 거기서 너희들이 뛰쳐나오는
백성이 되어야 함을 알라.
37 내가 오죽하면 부자는 하늘에 오를 수
없다는 그 뜻까지 설명해 주지 않더냐?
38 부자는 나의 재산을 좀 더 많이 가지
고 관리하는 자인데, 내가 창조주요,
주인이 나눠 주라는 것을 거역하고 듣
지 않고 역행하는 자들이기에, 그들은
정녕 하늘에 오를 수 없다는 그 간단
한 이치 하나를 너희들이 깨우치면,
이 법전이요, 새로 내리는 성경이 나
의 뜻이요, 내가 만백성을 구하기 위
하여 마지막 심판의 가르침이라는 것
을 너희들이 스스로 보고 알 수 있거
늘,
39 어찌하여 그 구절 하나를 암송하지 아
니하며 보지 않으려 하는가?
40 나의 사랑하는 아들딸들아!
41 너희들이 지금 가고 있는 믿음을 내가
어찌 표현했더냐?
42 장마철에 내리는 빗줄기를 따라 하늘
에 뛰어오르겠다고 개굴개굴하며 뛰
고 있는 개구리이니,
43 그는 뛰고 뛰다 보면 더 이상 뛰지 못
하고 점점 지쳐 쓰러짐이니,
44 그것이 너희들의 믿음이 깊으면 깊을
수록 헤어날 수 없는 지옥의 열차를
타고 지옥으로 내닫는 형국이라 내가
깨우쳐 말하였으니, 한 번 더 이를 들
여다보라.
45 쏟아지는 빗줄기를 따라 하늘에 오르
겠다고 뛰고 뛰다 지친 개구리처럼 스
스로 지쳐 쓰러지는 그와 같은 형국으
로 가고 있는 것이 너희들의 믿음이라
하였으니,
46 이를 들여다보고 너희들이 그 속을 바
라보며 그리하여 깨우침을 얻으며 바
로 서도록 하라.
47 그리고 나의 성경에서 너희들에게 전
하는 그 뜻이 참진리가 아니라면, 너
희들이 나의 법전을 덮어도 될 것이니
라.
48 여기는 가장 낮은 데에 위대한 진리가
있는 것이며, 너희들을 하나하나 깨우
쳐 주는 그 나의 뜻이 여기에 있음이
니,
49 이를 보고 구원을 받도록 하라, 사랑
하는 나의 백성들아!

4,885 번째 하나님 말씀

2003년 2월 8일 06시 44분

1 사랑하는 나의 아들아!
2 "네, 아버님! 말씀하옵소서."
3 초등 학문을 간신히 마치고 눈을 뜬

자가 고등 교육을 받은 자를 다스리고
자 하며, 그를 제압하고 다시 배워야
한다 그리 말한다면, 과연 그는 어찌
그를 받아들이며 생각할 수 있는가?
4 지금의 모든 종교 집단들이 제 틀에서
벗어나지 못하며 저희들만이 구원받
는다, 구원받았다 하며,
5 누구든지 그렇게 저희들의 성전에 와
기도하지 아니하며 저희 뜻을 따르지
아니하면 구원을 받지 못한다 그렇게
말하고 있음이니, 그들이 얼마나 어리
석은 자들인가?
6 남으로부터 배워 고등 교육의 학문을
깨우친 자는 남으로부터 배운 교육은
아무 쓸모가 없으며 그는 사탄이요,
사악한 자의 가르침이니,
7 오로지 저희들이 전하는 그 초등 학문
을 다시 시작하는 것만이 구원의 길이
라 그리 말하는 어리석고 불쌍한 것이
지금의 종교 집단이요, 지도자들이니
라.
8 그리하며 나를 따르라 소리 지르는 자,
9 많은 대중 앞에서 예수를 믿는 자 구
원을 받으며, 믿지 않는 자 지옥으로
간다 그저 울부짖는 자,
10 저 자신의 서 있는 자리도 모르며 그
와 같은 어리석은 행위를 하고 있는
자이니, 얼마나 지금의 종교 집단이
잘못 가고 있는가?
11 저희들보다도 높은 경지에 와 있는 나
의 사랑하는 백성이요, 나 여호와의
뜻을 따라 만백성을 지도하며 묵묵히
가는 그러한 백성까지도 저희들에게
와서 배워야 한다 함이니라.
12 걷고 달리는 사람에게 걷지도 못하는
주제에 그 걸음마를 저한테 와서 기초
부터 다시 배워야 한다, 그리하지 않
는 자 너희들은 걸을 수도 없고 달릴
수도 없다 말하는 자이니,
13 이미 걷고 달리는 자에게 그와 같은
말을 한다 하여 과연 그 백성이 거기
와서 다시 배우겠는가?
14 지금의 종교 지도자들이 그러하니라.
15 이제 나의 피조물 만백성 너희들은 나
의 계명을 지키며 아름답게 살아가는
마음을 갖고 부끄러움 없이 사는 자는
16 지금의 종교 지도자요, 그 집단보다도
너희들이 더 높이 깨우쳐 있는 자이
며, 나에게 가까이 와 있으며 높이 와
있는 자임을 알아야 할 것이니라.
17 그저 저희들만 따르면 구원을 받는다
는 그와 같은 형국의 형태가 종교 집
단이니라.
18 그러니 그 종교 집단을 내가 무엇에
비유하여 말할 수 있는가?
19 그저 간신히 눈을 떠 세상을 처음 본
강아지가 범 앞에 서 있으면서 무서움
을 모르며 범에게 대드는 그와 같은
형국이라 내가 너희들에게 말하고자
함이니라.
20 금방 눈을 뜬 강아지가 세상의 무서움
을 어찌 아는가?
21 그렇게 아무것도 모르는 강아지이니
범에게 대들 수 있으며 범을 공격할
수 있는 것이 아니던가?
22 그리고 그 앞에서 제가 버티고자 하는
것이 아니던가?
23 그러나 그 어미와 아비 개는 그 범의
무서움을 알기에 꼬리를 내리고 숨고
도망갈 것이니라.

24 지금의 모든 종교 집단이 바로 눈도
못 뜬 강아지처럼 너희들이 무서운 줄
모르며, 나의 진리요, 하늘에 오르는
그 뜻이 얼마나 어렵고 힘든 길이며
매서운 것인가를 모르기 때문에 함부
로 많은 백성을 구원의 길로 인도했다
며 저희들이 구원을 받도록 인도했다
하는 것이니라.
25 그리고 간단히 저희들이 손으로 지은
그 성전에 와 재물을 바치며 기도하고
울고 웃으면 그것으로써 구원을 받는
다 그리 말함이니,
26 하룻강아지 범 무서운 줄 모르는 자같
이 앞을 못 보는 자이니라.
27 그곳에 가 너희들은 구원을 받겠다 그
리 안달하며 너희들의 모든 것을 다
바치는 짓을 하지 말라.
28 그것이 지옥으로 가는 길이니라.
29 혼자 다락방에서 기도하라.
30 그리고 내가 내리는 나의 계명을 암송
하며 그 계명의 뜻에 따라 너희들이
하나하나 지키고 산다면, 그게 나의
뜻을 공부하고 나의 뜻대로 살아가는
것이니, 어찌하여 너희들이 나의 백성
이 아니던가?
31 내가 오죽하면 너희들에게 말하였느
냐?
32 열 자식 중에 다섯이 잘살며 다섯이
잘못 간다 하여 그 다섯이 자식이 아
니라 하지 않듯이,
33 너희들은 조용히 나의 뜻을 깨우쳐 그
리고 아름답게 살며 나누며 살아가는
그와 같은 삶을 실천하라.
34 그것이 너희들이 위대한 것이니라.
35 너희들의 손으로 지은 정당의 연설장
이요, 연극 배우가 쇼하는 그와 같은
그 모든 관중 앞에서 손뼉 치고 소리
지르는 그 속에서 진정한 깨달음이요,
기도를 할 수 없다는 것을 내가 가르
쳐 주었음이니,
36 가르쳐 주었으면 그대로 실행해야 하
는 것이 너희들이니라.
37 이 모든 종교 집단이 저보다 높은 경
지에 있는 자에게 내려와 저를 따르라
하니, 주제 파악을 못 하며 저 자신의
위치도 모르는 것이 지금의 종교 집단
이요,
38 그를 부끄러운 줄 모르고 악을 쓰고
소리를 지르는 것이 종교 지도자들이
니라.
39 그러면서 저희들이 재물을 거둬들이
고자 하니, 팔아먹을 것이 없어 그를
팔아먹고자 하여 너희들을 내려오라
하는 것이며,
40 그와 같이 너희들에게 가르칠 자격도
없으며 능력도 없는 자들이 그를 가르
쳐 재물을 거둬들이고 그 대가를 거둬
들이고자 하는 것이 지금 무엇인지 알
겠는가?
41 '예수 천국, 불신 지옥'이라 써 들고
외치는 자들이니라.
42 그리고 그와 같은 행위를 하는 자들이
니라.
43 저들은 아래만 보지 위를 보지 못하는
자들이니라.
44 아래만 보는 자들이 어찌 위를 볼 수
있는가?
45 그리 어리석은 자요, 눈먼 자들이니라.
46 그리 눈먼 자들이기 때문에 지금 아무
나 보고 그저 저희들 앞에 와서 따르

라 소리 지르는 것이니,
47 사람의 형태요, 나의 백성의 깨달음을
알아 그들이 경지에 오른 것을 알고
있다면, 감히 너희들이 그리 말할 수
있는가?
48 너희들은 어찌하여 가르치는 선생 앞
에 와서 배우라고 하는 그 어리석은
제자의 행위를 하는가?
49 그는 눈이 멀고 귀가 없어 그가 스승
임을 보지 못하기 때문이니, 종교 집
단들이 하고 있는 짓이 그와 같은 형
국임을 알라.

4,886 번째 하나님 말씀

2003년 2월 8일 06시 51분

1 사랑하는 나의 아들아!
2 "네, 아버님! 말씀하옵소서."
3 신약의 시대요, 구약의 시대요, 지금
에 새로이 내리는 나의 성경이요, 법
전의 이 제3의 시대에도 너희들은 행
함이 얼마나 중요한 것인가를 알아야
할 것이며,
4 그를 강조하고 나누며 베풀며 사는 것
이, 자기희생이 얼마나 위대한 것인가
를 그리 가르치고 전했지만, 이는 왜
곡되게 가르쳐졌음이니라.
5 선을 행하며 행동함이 너희들에게 중
요함이 아니요, 그저 말로써 수다를
떠는 그것이 구원의 길이라 그리 가르
치고 있음이니,
6 이 얼마나 왜곡된 것이며 너희들이 지
옥으로 가는 길인가?
7 그리하여 내가 성경의 한 구절을 너희
들에게 다시 한 번 여기에 기록하여
전함이니,
8 너희들은 이를 보고 뼈를 깎는 그 아
픔으로 그리 행하는 삶을 살도록 하라.
9 '어떤 사람이 예루살렘에서 여리고로
내려가다가 강도를 만나매 강도들이
그 옷을 벗기고 때려 거의 죽은 것 같
은 자가 되어 그리 버리고 갔느니라.
10 마침 한 제사장이 그 길을 내려가다가
그를 보고 피하여 지나갔고,
11 또 이와 같이 한 레위인이 그곳에 이
르러 그를 보고 또 피하여 지나가더니,
12 어떤 사마리아인이 여행하는 중에 그
를 보고 그리 지나치지 아니하여 그를
불쌍히 여겨,
13 가까이 가서 기름과 포도주로 그 상처
를 붙이고 치료하여 싸매고, 자기가
타고 가는 그 짐승에 그를 태워 주막
으로 데려가 돌봐 주었으며,
14 그는 또 주인에게 이튿날 경비를 주며
경비가 부족하면 돌아와 제가 낼 테니
치료를 아끼지 말며 정성을 다해 달라
그리 부탁하고 갔느니라.'
15 그리하여 예수가 그 제자들에게 어찌
물었느냐?
16 '이 세 사람 중에 누가 강도를 만난 자
의 이웃이 되겠느냐?' 그리 말하였느
니라.
17 과연 너희들은 지금 어찌 살아가며 어
찌 행하고 있는가?
18 나 여호와가 구약과 신약이요, 나의
새로운 성경이요
19 나의 법전에 전하여 너희들에게 전하
기를, '이웃을 네 몸같이 사랑하는 것
이 하늘에 오르는 길이라' 그리하였거
늘,

20 너희들이 과연 너희들의 이웃을 네 몸
같이 사랑하는 지금의 형국이 되어 있
는가?
21 그 당시 나의 백성을 깨우치고자 함이
나, 오늘날 너희들을 깨우치고자 이
기준을 미리 기록하여 전하였거늘,
22 지금의 종교 집단이나 지금의 종교 지
도자 중에 그와 같이 사랑을 베풀고
쓰러져 가는 것을 보살피며 없는 자를
돌보는 그와 같은 행함이 하나도 없는
것이니, 나의 이 마음이 얼마나 아프
고 저리겠는가?
23 너희들에게 그렇게 몇천 년 동안 이웃
을 네 몸과 같이 사랑하라는 것을 가
르치고 또 가르쳤음이니, 너희들이 과
연 나의 뜻을 실천하는가?
24 너희들은 나의 뜻을 거역하며 나의 뜻
을 거역하고 사는 데도 부끄러움을 모
르며 두려움을 모르고 있는 것이 아니
던가?
25 너희들이 그와 같은 형국이니라.
26 그러면서 너희들이 어찌 구원을 받으
며 하늘에 오를 수 있다 생각하는가?
27 지금의 종교 집단이 말로써는 믿음이
며 말로써는 최상의 믿음으로 가며 그
누구도 너희들을 따라올 수 없다 그리
말함이니라.
28 그러나 너희들은 행함에서 조금이라
도 육의 손해를 보며 피해를 보며 그
와 같이 생각이 되고 계산되는 것은
행하지 않으며, 그것은 중요시 하지
아니함이니,
29 너희들이 행하지 아니하고 구원을 받
고자 하는 그 욕심의 두려움과 무서움
을 아직도 깨닫지 못하고 있으니, 이
를 너희들은 알아야 할 것이니라.
30 너희들은 이제 알아야 할 것이니라.
31 너희들은 나 여호와가 법전에 전했듯
이, 너희들은 믿음을 말로써 하는 것
이 아니요, 수다로써 역사하는 것이
아니요,
32 행함이요, 나눔이 얼마나 소중한 것인
가를 다시 한 번 깨우치라.
33 그리하여 내가 성경에 있는 한 구절의
행함을 여기 기록하여 너희들에게 전
함이니,
34 이를 읽고 깨우치는 나의 아들을 따르
는 제자들과 나의 법전을 읽고 깨우친
모든 백성은 이를 소중히 거울삼아 너
희들의 삶의 지표로 삼고 그리 행하며
살아가도록 그리하라.
35 그것이 너희들이 나에게 오를 수 있는
유일한 길임을 잊지 말라.

4,887 번째 하나님 말씀

2003년 2월 8일 16시 40분

1 사랑하는 나의 아들아!
2 "네, 아버님! 말씀하옵소서."
3 네가 나의 십계명을 암송하고 암송하
여 세상에 소리 질러 전함이니,
4 네가 암송하는 만큼 세상의 공기가 맑
아지며, 인간의 심성이 맑아진다 함을
너는 알겠는가?
5 네가 그와 같이 나의 계명을 지키고
만백성에게 전하고자 암송할 때마다
나의 피조물 만백성의 마음이 유해져
가는 그와 같은 영향을 받음을 알아야
할 것이니라.
6 너는 모르나 네가 부르짖는 그 십계명

이 세상을 덮어 나감이니,
7 너는 곧 나로부터 선택된 자요, 나의
아들이기에 네가 나의 명을 받아 행함
이니,
8 네가 그리 부르짖고 네가 십계명을 암
송하는 거기에 따라 이 세상에 썩어져
가는 그 모두가 조금씩 변화되며 깨끗
해져 가는 그와 같은 역사가 이루어지
기 때문이니라.
9 네가 아무리 힘들고 어렵다 하여도 나
의 십계명을 암송하는 것을 주저하지
말라.
10 만백성을 다스리고 가는 것이 네가 가
야 할 길이며 네가 이루어야 할 길이
니, 네가 하는 것이 다 거저 흘러가는
것이 없으며 버려지는 것이 없음을 알
라, 선지자야!
11 네가 나의 뜻을 따라 아들로서, 선지
자로서 그 대명을 다함이니, 네가 지
금 나의 법전이요, 나의 성령을 받아
세상에 전하는 것은 그 역사가 무엇이
던가?
12 네가 나의 뜻에 따라서 이게 장난을
하는 것도 아니요,
13 네가 심심풀이로써 이걸 기록하여 전
하는 것도 아니요,
14 너는 창조주 나 여호와의 뜻을 전하니,
15 그것을 네가 책으로 만들 때, 이것은
사악한 자를 길러 내는 것도 아니요,
악마를 기르는 것도 아니요,
16 천사와 같이 선한 백성을 만드는 그
역사를 이루기 위하여 네가 오늘 이것
을 받아 기록하지 않더냐?
17 그와 마찬가지로 이것은 만백성을 구
하는 기본이요, 근본이며, 만백성이
심판을 받을 수 있는 근본의 법전이
요, 책이니라.
18 그러니 네가 얼마나 위대한 일을 지금
하고 있는가?
19 그리고 네가 받아서 기록하는 것이 얼
마나 위대한 것인지 알겠느냐?
20 그러니 네가 하는 행동이 하나하나가
거저 되는 것이 없음이니라.
21 네가 사람들에게 아름답게 살라 말한
다면, 그것은 그 한 사람에게 네가 전
하는 것이 아니요,
22 네 그 음성은 영원히 멈추지 않고 세
상을 다 덮어 나가니,
23 자연의 식물이요, 동물이요, 만백성이
듣지는 못하나, 그 메아리가 그치지
않고 계속 전해져 감을 알라, 사랑하
는 나의 아들아!
24 이 세상에 천사와 같은 선한 마음으로
살아갈 수 있도록 네가 법전을 만들며
나의 성령을 뜻하여 전하는 것은 뭐라
말하였느냐?
25 한 인간을 선택하여 인간으로 하여금
받아 기록하여 책으로 만들어 전하여
야만 그것이 역사한다 하였지 아니했
던가?
26 네가 받아서 글로써 전하는 것처럼,
내가 너를 통하여 내리는 그 모든 말
은 네 것이 아니요, 나 여호와가 전하
기 때문에 그것은 영원히 죽지 않고
세상을 흘러나가 또 흘러가며 그리 전
하여진다는 것을 너는 알라.
27 그러니 네 행동과 네 자세가 얼마나
발라야 하는지 알겠느냐, 나의 아들아!
28 네가 악한 말 한마디를 하면 그 악한
소리가 세상에 멈추지 않으며 끝까지

전해지며 세상을 덮어 흘러감이니,
29 네가 행동을 어찌해야 하는지 알겠는
가?
30 말 한마디 하는 것이요, 행동하는 것
은 네 것이 아니니라.
31 그리하여 나 대신 누군가는 그를 받아
서 전하여야만 내 뜻을 역사하듯이,
내 음성이요, 내 생각이요, 그를 누군
가는 받아서 세상에 말로써 전하며 소
리로써 전함이니, 그것을 네가 하고
있지 않으냐?
32 그러니 네가 전하는 것은 하나도 멈춰
지는 것이 없고 끝이 없음이니라.
33 그리하여 그는 계속 전해지며 세상에
퍼져 덮어 가니,
34 나의 법전이 만백성을 위하여 덮어 가
듯이 네가 말로 전하는 것도 다 덮어
감이니라.
35 네가 강단에 서서, 나의 성전에 서서
너의 제자들을 위하여 강론할 때, 너
는 거기서 제자들이 듣고 거기서 그친
다 생각하나,
36 일반 사람들이 하는 말은 거기서 그칠
수 있으나, 너는 나의 아들이요, 나의
선택된 자요, 만백성을 구하는 선지자
요, 목자로서 하는 이야기는 그것이
그치지 아니하고 계속 메아리쳐 감이
니라.
37 그리하여 너는 농담을 해서도 안 되고
네가 쓸데없는 말을 해서도 아니 되
며, 네가 남을 욕하는 말을 해서도 아
니 되느니라.
38 그 말은 죽지 않고 영원히 살아 떠돌
기 때문이니 그를 알라.
39 네가 사악한 생각, 사악한 마음을 가
지고 전한다면 그 모두는 이 세상에
사악한 생각이요, 사악한 마음이 퍼져
가고 전해짐이니, 그리하여 그것이 나
의 아들의 소중함이며 귀함이며, 그것
이 다름이니라.
40 그리하여 네가 행동 하나 하는 것도
그 모두는 내가 하는 것이라 하였음이
니, 그 행동은 멈추지 아니함이니라.
41 네가 남들과 장난하며 시시비비하는
것도 네가 하는 것은 멈추지 아니하고
만백성에게 전하여 계속 그와 같이 퍼
져 감이니,
42 네가 세상사 인간 속에 어울려 그 향
락이요, 즐거운 행동을 해야겠는가?
43 네가 소리 지르고 노래 한 곡을 부를
때, 그 노래는 멈추지 않고 세상에 퍼
져 가며 들려 감이니라.
44 네가 사랑의 노래를 부를 때 네 제자
들이 부르는 것은 그치나, 네가 부르
는 그 사랑의 노래는 멈추지 아니하고
세상을 덮어 가니,
45 끝이 없이 흘러가야 많은 동식물이요,
인간이요, 이 세상을 정화하는 것이니
라.
46 그러니 네가 얼마나 행동을 조심하며
행동이 각별해야 하며 말을 조심해야
하는지 알겠는가?
47 네가 행동하는 것은 멈춤이 없음이니
라, 사랑하는 나의 아들아! 이를 네가
알고 깨우쳤으면, 오늘부터 네가 숨을
쉬는 것까지도 어찌해야 할 것인가를
알게 될 것이니라.
48 사랑하는 나의 아들아!
49 울지 말며 눈물을 거두라.
50 그리고 슬퍼하지 말라.

51 그것이 네가 가야 하는 길이며,

52 네가 나로부터 선택된 아들로서 모든 것은 네가 하는 것이 아니요, 나를 대신하여서 함이니, 그리하여 영원히 중단됨이 없으니,

53 네가 행동과 말함을 바르고 곧게 그리하라, 사랑하는 나의 아들아!

4,888 번째 하나님 말씀

2003년 2월 8일 16시 50분

1 사랑하는 나의 아들아!

2 "네, 아버님! 말씀하옵소서."

3 성경에 나의 아들 예수를 통하여 너희들에게 기록하여 전함이니,

4 예수가 '그 율법이나 선지자나 그 모든 지난 역사를 폐하러 온 것이 아니라, 예수는 그 모두를 완벽하게 하려 세상에 내려왔다' 그리 전하였음이니라.

5 그러니 너희들은 이 대목을 어찌 깨우치는가?

6 신약의 시대는 구약의 시대를 버려서는 아니 되며,

7 또한 지금의 제3의 시대, 나의 법전의 시대는 신약과 구약을 버려서는 아니 된다는 그 뜻이 여기에 담겨 있음이니라.

8 그러니 이는 하나의 계통으로서 흘러가며,

9 이는 나 여호와가 너희들에게 내린 나의 성령의 뜻은 변하지 아니하며 계속 계승되나, 너희들이 새겨 놓고 만들어 놓은 그 말의 너희들의 계명이요, 너희들의 생각을 저버린 모두는 엄격히 지켜지며 그 흐름이 있어야 한다는 것을 알아야 할 것이니라.

10 또한 '진실로 너희에게 이르노니, 천지가 없어지기 전에는 율법의 일 점, 일 획이라도 반드시 없어지지 아니한다.' 그리 말하였으니, 그 또한 마찬가지이니라.

11 너희들이 지어 삽입하여 넣은 것은 나의 아들의 제3의 시대에 모두를 추려 내 버릴 것이며, 내 뜻은 또한 영원히 계속된다는 것이며,

12 내가 너희들에게 이루고자 하는 그 뜻은 변질되지 않으며 반드시 이루어진다는 것을 너희들에게 일깨워 주고자 함이니라.

13 아무리 사탄이요, 사악한 자들이 이를 이루지 못하게 하며 이를 접어 두려 해도,

14 나 여호와가 신약과 구약에 기록된 그 역사요, 내가 진정 내린 성경이요, 내 성령이요, 내 뜻은 그대로 이루어짐이니라.

15 그러하니 제3의 시대에 내가 내리는 새로운 성경이요, 이 법전 또한 그대로 이루어진다는 것을 너희는 알아야 할 것이니라.

16 나 여호와가 이루고자 하는 것은 결코 중단이 없으며 이루어지지 못함이 없음이니라.

17 그리하여 그와 같은 뜻을 내가 기록하여 세상에 전하였음이니, 너희는 이와 같은 뜻을 깊이 알아야 할 것이니라.

18 내가 지금 나의 아들을 통하여 너희들에게 기록하여 전하였느니라.

19 나의 아들이 하는 그 말은 영원히 지

워지지 아니하며 그 행동은 영원히 남
는다 하였음이니,
20 이는 바로 나의 아들이 하는 그 모든
행동은 사탄이 이를 시비하며 비평할
것이며 그리고 평가할 것이며, 천사들
이 또한 그 행동을 평가하여 바라본다
내가 그리 말하였음이니라.
21 영원히 변하지 아니하는 것이 나의 아
들이 너희들에게 전하는 그 뜻이니,
너희들은 내가 나의 아들을 통하여 전
하는 그 모두가 역사하고 이루어짐을
잊어서는 아니 됨을 알아야 할 것이니
라.
22 내가 너희들에게 전하여 내리며 나의
아들을 통하여 내리는 그 모든 새로운
성경의 역사는 영원히 변화되지 아니
하며 영원히 지워지지 아니하기에 그
는 반드시 이루어지고 역사함을 너희
들은 알고, 두려워하며 겁먹지 말라.
23 지금 나의 아들을 따르는 제자들이요,
선택된 백성 너희들이 직위가 없다 하
여, 지위가 높지 않다 하여, 명성이 없
다 하여, 남으로부터 존경받는 사람이
아니라 하여 부끄러워하지 말라.
24 너희들이 재물이 없다 하여, 가진 것
이 없다 하여 절대로 부끄러워하며 너
희들 자신을 낮게 평가하지 말라.
25 나의 법전을 접하고 나의 뜻을 알며
나의 뜻을 따라 너희들이 가고자 하는
것이 무엇이던가?
26 모든 나의 피조물 만백성이 그리 갈구
하고 원하는 구원의 길을 너희들은 바
로 가고 있으며 그 길을 달려가고 정
도로 가고 있지 않은가?
27 지금 캄캄한 밤중에 헤매는 그 백성에
비하면 너희들이 얼마나 위대한 백성
인가?
28 인간 세속에서 더 가지고 있고 더 위
대한 것, 그와 같은 것을 따지지 말라.
29 너희들이 나의 아들을 통하여 내리는
성령의 내 뜻의 강론을 들으며 나의
법전을 읽고 깨우치는 것보다 더 소중
한 것이 없으며 그보다 위대한 것을
가지고 있는 백성이 없음이니라.
30 너희들은 아름답고 거룩하며 나의 요
구에 순종함이 위대함이니,
31 이는 나로부터 선택된 너희들의 그 축
복과 영광임을 알아야 할 것이니라.
32 너희는 아름다운 마음을 갖고 나의 뜻
에 순종하며 살아가고자 하는 백성이
니, 그게 바로 나의 아들딸이니,
33 그 누구도 너희를 따를 수 없으며, 그
길을 가는 것보다 소중한 금은보화는
세상에 없음을 알라.
34 너희들이 가장 부러운 자요, 가장 높
이 있는 자요, 가장 행복한 자요,
35 이 세상 모두는 너희를 따를 자가 없
다는 것을 알라.
36 오늘에 재물이 없으며 명성이 없다 하
여 그를 부끄러워하지 말며 두려워하
지 말며,
37 능력이 없다, 재능이 없다, 그리고 역
사할 수 없다, 너희는 변할 수 없다는
그와 같은 생각을 하지 말라.
38 모두는 너희들이 노력하며 변하고자
하는 만큼 내가 거기에 상을 내림이니,
39 그 누구도 역사할 수 없는 길을 갈 수
있는 것이 너희들임을 잊지 말라.

4,889 번째 하나님 말씀

2003년 2월 8일 17시

1 사랑하는 나의 아들아!
2 "네, 아버님! 말씀하옵소서."
3 모든 백성, 나의 피조물 만백성이 그 생명이 존재하는 세속의 삶에 무엇을 생각하고 사느냐?
4 인간은 누구나 다 저 자신을 먼저 생각하며 살지 않는가?
5 저 자신을 생각하는 그와 같은 생각을 하며 살아가는 그 백성 중에 너희들은 너희들을 먼저 생각하지 아니하며 남을 먼저 생각하는 삶을 살라 나 여호와가 너희들에게 명함이니, 그 얼마나 아름다운 삶이던가?
6 너희들의 부모요, 형제를 생각하며 그들을 위해서 사는 것보다도,
7 너희 이웃의 부모요, 형제를 먼저 생각하며 나눔을 갖고 살라 하는 내 가르침이 과연 무엇이 잘못되었는가?
8 그 아름다운 가르침이 얼마나 너희들의 마음을 흐뭇하게 바라볼 수 있게 하는가?
9 너희들이 너희 가정이요, 그와 같은 것을 바라보지 말며, 너희들의 이웃을 먼저 사랑하며 이웃을 생각할 수 있는 그 마음을 갖고 살라 함이니,
10 남들은 제 가정이요, 저를 위하여 무엇인가 이루고자 하니, 그 욕심 속에서 그들이 생활하며 행동을 함이니, 그들의 마음이 무거울 것이며, 남을 바라보기가 부끄러울 것이며,
11 저만을 위하여 살아가는 그와 같은 이기주의의 마음을 저 자신은 알지 않겠는가?
12 그러나 너희들은 그와 같은 마음이 아니요, 이웃을 위하는 마음으로 살아가는 너희들이 얼마나 가슴이 시원하며 마음이 평온하며 행복하던가?
13 내가 그리 살라 하는 것이 너희들이 손해 감이 아님이니,
14 그 말을 듣고 살아가고자 하는 너희들의 삶이 얼마나 아름답더냐?
15 너희들이 어떤 소속된 그 집단의 단체의 이익을 위하여 사는 것이 아니요,
16 많은 다른 집단을 위해서 생각할 수 있는 그 너그러운 마음을 갖고 살며 그리 살아가고자 노력하는 너희들의 마음이 얼마나 평온하며 아름다운가?
17 너희들이 믿고 있는 모든 종교 집단을 위해서 거기에 모두를 다 바치며 저만은 구원을 받겠다는 생각으로 그와 같이 기도하고 경배하며 재물을 바치며 살아가며,
18 세상사 인간관계의 모두를 다 저버리며 오로지 저만 구원받고 저만이 하늘에 나 여호와에게 오르겠다는 그 마음을 가지고 사는 너희들에게 내가 무어라 가르쳤느냐?
19 너희들이 아름답게 살아 지옥에 가 있는 너희 형제를 구원할 수 있는 그와 같은 마음으로 살며,
20 너 한 사람이 지옥으로 가서 그 지옥불에 있는 너희 형제요, 인간 하나를 구제할 수 있다면 너희들이 그리 갈 수 있는 마음을 갖고 살라 하였으며,
21 정해진 인원이 하늘에 오를 수 있다면 너희들이 마지막 사람으로서, 하늘에 오르는 길을 받지 못한다 해도,

22 마지막 나에게 구원을 받을 수 있는
그 표가 한 장 남았을 때, 그것을 네
손에 들었을 때, 그것을 남에게 주고
너희들이 천국에 오는 문을 들어오지
않는 그 마음으로 살라 내가 하였음이
니,
23 너희들이 얼마나 아름답고 고운 가슴
을 가지고 살라 하는 것이더냐?
24 나 여호와가 나의 아들이 죽어 가는
것을 건져 주지 아니한 그 마음이나,
25 나의 아들 예수가 그 고통스러운 고생
을 하면서 그 길의 선택함을 마다하지
않고 나에게 순종한 나의 아들 예수의
그 마음이나,
26 너희들이 그리 갈구하고 하늘에 오르
고자 몸부림치는 그곳에 너희들이 하
늘에 오를 수 있는 마지막 표를 두 손
으로 들고 있을 때,
27 그것도 몇십 년의 삶이 아니요, 영원
히 사는 그 천국의 표를 남에게 주겠
다는 마음을 갖고 사는 그 마음이 나
여호와의 마음이요, 예수의 마음이니
라.
28 만백성을 살리기 위하여 내가 나의 아
들 예수의 그 간곡한 기도를 들어주지
아니하며, 그에게 살릴 수 있는 비상
약을 내려 주지 않았던 너희들을 사랑
하는 그 마음이 나의 마음이니,
29 그와 같이 마지막 하나 남은 표를 남
에게 주고 그 천국행 열차를 타지 않
을 수 있는 너희들의 그 마음이 얼마
나 아름답고 행복한 마음이던가?
30 너희들은 이제 그 모두를 생각하고 살
아가는 백성이 되어 가고 있으며 그
길을 가고 있음이니라.
31 그리하여 새로 태어난 그 백성을 위하
여 나의 새로운 성경을 전하며 나의
법전을 전하는 그 역사를 하고 있는
너희들이 어떠한 사람이던가?
32 너희들은 이제 어떠한 일이든 저 자신
의 이익을 생각하지 않는 사람이요,
만백성을 위해 살아가는 아름다운 마
음을 가져 가는 백성이 되어 가고 있
음이니,
33 그것이 얼마나 너희들이 아름다운 것
이더냐?
34 너희들은 손해 가는 장사의 삶이 아님
을 알라.
35 너희들이 모두를 다 바쳐서 살 수 있
는 것을 너희들은 마음을 던져서, 생
각을 던져서 그 귀하고 값진 것을 구
하고 지금 살고 있지 않은가?
36 두려워하지 말며 불안해하지 말라.
37 세속에 살아가는 너희들 속에서 모두
는 사고파는 것이 있으며 그 사고파는
속에서 값이 형성되며 그 가격이 정해
진다 하지 않았는가?
38 그러나 너희들이 살아가는 속에서 환
경에 따라 너희들이 사고파는 물건의
가격이 달라지며 그 환경에 따라서 또
한 매겨지는 가격이 다르지 않은가?
39 어제의 가격과 오늘의 가격이 다를 수
있는 것이니라.
40 그러나 내가 지금 위에서 가르쳐 준
그 변화되는 마음, 너희들이 살아야
하는 마음은,
41 물건을 사고파는 사람들이 가격을 매
겨서 오늘과 내일과 모레가 변하듯이
너희들의 마음이 그리 변해서는 안 되
며 변질되어서는 아니 되는 것을 너희

들은 명심하여야 할 것이니라.
42 믿음의 길이란 모두를 다 던져서라도 사는 것이니, 나의 아들 예수를 통하여 너희들에게 가르쳐 주지 아니했던가?
43 그 밭에 보화가 있는 것을 그리하여 모든 재산을 팔아 그 밭을 사 그 보화를 취했다는 비유의 말이 있듯이,
44 너희들의 모두를 다 던지고 모두를 다 바쳐서 너희들이 하늘에 올 수 있는 그 보화요, 영광을 사는 것을 주저해서도 아니 되거늘,
45 너희들은 내가 위에서 말한 것같이 그와 같은 마음자리를 갖고 살면 그 모두를 살 수 있는 영광을 얻은 자이며, 또 그 길을 가고 있음이니,
46 너희들은 그 소중한 것, 이 세상에 없는 그 귀하고 귀한 모두를 지금 받아서 갖고 가지 않는가?
47 너희들 가슴에 그득히 내가 내린 그 성령의 보화를 가지고 살아가는 것이 너희들이니, 너희들이 얼마나 행복한 자들인가를 돌이켜 보도록 그리하라.
48 내 사랑하는 나의 아들을 따르는 제자들과 법전을 읽고 깨우친, 쳐다보기에도 아까운 나의 백성들아!
49 너희들의 마음을 말하느니라.
50 '너희들의 어린 자식을 눈에 넣어도 아프지 않다.' 하는 말이 있지 않은가?
51 그것보다도 더 천배 만배 더 너희들을 소중히 바라보고 있는 것이 나 여호와의 마음이니라.
52 눈에 넣어도 눈물이 나지 아니하고 아프지 아니한 것이 아니라,
53 그보다 더한 아픔으로써 더한 기쁨으로써 내가 너희들을 바라보니,
54 나 여호와의 뜻에 거역하는 일이 없도록 하여 너희들이 하늘에 오르는 길을 오르라.
55 그리하여 내가 너희들에게 명했던 그 마음을 그리 다스리며 살라.

4,890 번째 하나님 말씀

2003년 2월 8일 17시 06분

1 사랑하는 나의 아들아!
2 "네, 아버님! 말씀하옵소서."
3 너희들 인간이 살아가면서 하나의 재물을 모으기 위하여 너희들이 기회를 잡으며, 또 기회를 엿보기 위하여 노력하며,
4 기회가 왔다 할 때는 다음의 재산의 축적을 위하여 그 모두를 용기 있게 투자하며 던지는 자들이 있음이니라.
5 너희들은 그보다 더한 마음으로 나의 법전에 너희들의 모두를 다 던지고 투자하는 그와 같은 마음의 자세로써 너희들이 용기 있는 자가 되어야 할 것이며,
6 너희들을 던질 수 있는 그와 같은 자신 있는 백성으로 너희들이 변해 가야 함을 알아야 할 것이니라.
7 거기에 던지고 거기에 투자하는 그 용기보다 더 위대한 용기를 가진 자는 없음이니라.
8 너희들이 자신을 투자할 줄 아는 용기, 그것만이 너희들이 승자가 될 수 있다는 것을 잊지 말라, 사랑하는 나의 아들딸들아!
9 너희들이 재물을 모으는 데 투자하는

자, 그리고 재물을 모으는 자, 그와 같
은 능력이 있는 자 또한 훌륭한 장사
꾼이라 너희들이 말할 수 있으나,
10 그는 인간 세상에서 살아가는 장사꾼
이요, 용기 있는 자요,
11 그를 너희들이 위대한 자라 할 수 없
음이니라.
12 너희들이 나의 법전이요, 너희들의 영
혼을 구하는 데 너희들의 모든 것을
투자하는 그와 같은 용기를 가진 장사
꾼이야말로 가장 현명한 장사꾼이요,
훌륭한 장사꾼이요, 미래를 볼 수 있
는 장사꾼임을 너희들은 알아야 할 것
이니라.
13 이제 내가 나의 아들을 통하여 나의
법전에 성령을 가르쳤으며 너희들이
깨우쳤으니,
14 이제는 너희들이 너희 자신보다 남을
위하여 사는 삶을 살며, 너희 가정보
다 이웃을 먼저 돌아다보는 그와 같은
마음으로 살아갈 수 있는 변화되는 삶
을 살고 있는 너희들이니,
15 이제는 너희들이 여기서 두 주먹을 불
끈 쥐고 나의 법전에 너희 자신의 모
든 것을 태워 던지는 그 용기 있는 투
자자가 되어야 할 것이니라.
16 그리고 모두를 다 던져 투자하는 그
용기 없이는 너희들이 이 위대한 영광
의 역사를 이룰 수 없음을 알라.
17 어떠한 장사꾼보다도 현명한 장사꾼
이요, 미래를 아는 장사꾼이요, 훌륭
한 장사꾼이란 무엇이더냐?
18 나의 새로 내리는 성령이요, 나의 법
전이요, 나의 아들과 더불어 만백성을
구하는 그 역사를 이루는 너희들이 바
로 그와 같은 자가 되어야 함을 잊지
말라.
19 용기 있는 나의 백성으로서 다시 태어
나는 너희들이 되기를 바라는 것이 나
여호와의 간곡한 마음이니라.
20 무엇이 두려워 주저하며 무엇이 겁이
나 주저하는가?
21 너희들이 그와 같은 용기를 가지라.
22 내가 지금 너희들에게 전하여 모두를
다 던질 수 있는 용기를 가지라 함은,
너희들이 가지고 있는 재물을 바쳐 나
의 법전을 사라는 것이 아니요,
23 너희들이 가지고 있는 그 재물을 던져
나의 법전을 전하는 그와 같은 역사를
위해서 너희들의 모든 것을 투자하라
는 것이 아님이니라.
24 내가 너희들에게 모두를 투자하라는
것은 무엇이던가?
25 너희들의 악습을 버리며 남을 미워하
는 마음을 버리며, 인간으로서 잘못된
그 모두를 다 버릴 수 있는 그 용기에
투자를 하라 내가 너희들에게 말함이
니라.
26 내가 너희들이 평생 모은 그 재물을
갖다 나의 성전에 바치며, 나의 법전
을 구입하는 데 다 던져 투자하라는
것이 아니며, 그를 사라는 것이 아님
을 알라.
27 너희들이 아름다운 용기를 갖기를 바
라는 것이며,
28 너희들이 선을 행하여 매진할 수 있는
것,
29 너희들이 악에 굴하지 않고 선의 손을
들어줄 수 있는 그와 같은 용기 있는
마음,

30 그리고 너희들이 도저히 버릴 수 없는
그 악습들,
31 그리고 순간순간에 너희들이 천사가
되었다가 사탄이 되었다가 그와 같이
아침저녁으로 변하는 그 마음을 오로
지 천사가 되는 마음에서 굳건히 지킬
수 있도록 너희들의 추하고 더러운 생
각을 다 던져 버리라는 것이니라.
32 그것에 너희들이 투자하라 함이니라.
33 나 여호와의 뜻을 깊이 알았다면, 너
희들이 그 투자를 얼마나 자신 있게
할 수 있으며 용기 있는 자인지 알라.
34 내가 너희들에게 지금의 종교 집단처
럼 너희들이 재물을 갖다 많이 바치면
하늘의 축복을 받으며 영광을 받으니
그와 같이 재물이요, 너희들의 명예를
갖다 버리고 바치라 함이 아니니라.
35 너희들이 추하고 더러운 생각을 순간
순간에 지우지 못하는 그것까지도 다
털어 버리라 함이니라.
36 이 용기에 너희들이 주저해서는 아니
되며, 여기에 너희들이 모두를 투자하
며, 그 힘과 용기를 여기에다 발휘하
라는 것이니,
37 이 나의 뜻을 깊이 깨우쳐 전하도록
그리하라, 사랑하는 나의 아들아!

4,891 번째 하나님 말씀

2003년 2월 8일 17시 19분

1 사랑하는 나의 아들아!
2 "네, 아버님! 말씀하옵소서."
3 육신을 가지고 사는 사랑하는 나의 백
성 너희들은 깨끗한 음식이요, 그 모
두를 섭취하여 에너지를 얻어 육을 지
탱하며 바른 정신을 가지고 살게 되어
있음이니라.
4 그러니 너희들은 먹어서 안 되는 썩은
음식을 먹었을 때, 너희들의 몸에서
탈이 나며 에너지를 발산할 수 없으
며, 지탱할 수 없는 것이 너희들이 아
니던가?
5 그와 마찬가지로 너희들이 구원의 길
이요, 생명이 다시 태어나며 영혼의
길을 가는 것은,
6 아름다운 나 여호와의 진리요, 내가
명하는 모든 계명을 지키고 사는 그것
이 너희들이 싱싱한 음식이요, 너희들
의 영혼을 구하는 그 힘의 에너지를
발산할 수 있는 그와 같은 것이 아니
던가?
7 그러나 지금 너희들이 가고 있는 그
믿음은 살아 있는 믿음이 아니요,
8 썩어서 먹을 수 없는 음식을 먹는 것
처럼 믿어서는 안 되고 가서는 안 되
는 그와 같은 믿음으로 가고 있는 것
이 지금의 너희들의 형국이니라.
9 너희가 선과 악을 행하는 그 길에서
악을 버리고 선을 선택하는 그와 같은
삶을 살아가는 것이 너희들이 산 음식
을 먹는 자와 같으며 산 믿음을 믿는
자이니라.
10 너희들이 선을 행하지 못하며 악을 행
하는 자는 썩은 음식을 먹는 자와 같
이 썩은 믿음이요, 죽은 믿음을 믿는
자이며,
11 고여서 흐르지 않는 그 믿음을 믿는
자임을 너희들은 알아야 할 것이니라.
12 너희들은 선을 행함이 위대하고 소중
한 것이거늘, 행함을 뒤로 접어 둔 채

13 나와 나의 아들, 우리 부자의 이름을
부르며 그저 너희들은 믿음을 향하여
달려가며, 그리하면 구원을 받는다 생
각하며,
14 나에게 올라와 우편에 앉아 있는 예
수, 나의 아들이 재림하여 죽지 않는
영원한 나의 나라요, 하늘에 너희들이
산 채로 그 모습 그대로 들림을 받으
며 구원을 받을 것이라는 그 믿음의
환각 속에서 깨어나지 못하며,
15 그날을 위하여 너희들이 찬송하고 부
르짖으며 재물을 바치며,
16 너희들만이 구원을 받겠다는 그 욕심
을 버리지 못하고 살다 너희들이 어디
로 가는지 아는가?
17 하늘나라가 아니요, 지옥의 나라로 너
희들이 감이니라.
18 수천 년 동안 그 많은 나의 백성이, 그
와 같이 너희 조상들이 그리 믿다 지
옥으로 갔으며, 오늘날 너희들 또한
그와 같은 믿음 속에서 지옥으로 가고
있는 것이니,
19 너희들 후손까지도 대대손손 하늘에
오르는 길이 아니라 지옥의 그 어렵고
힘든 무서운 길로 가고 있음이니, 너
희들은 과연 알고 있는가?
20 너희들의 행함이 소중하며, 사랑을 베
푸는 것을 이웃을 네 몸처럼 사랑하며
살아가는 것이 너희들이 하늘에 오르
는 길이라 하였음이니,
21 그 이웃을 네 몸과 같이 사랑하는 것
은 말로만 하면 되는가?
22 너희들의 행동이 필요함이니라.
23 행함이 소중하나, 너희들은 행함을 접
어 두며 그저 말로써만 모두를 한다
하니,
24 너희들은 공메아리를 하며 공수표를
세상에 쓰는 것이지,
25 실질적으로 행사할 수 있는 알찬 그
모든 것을 너희들이 쓰고 기록하는 것
이 아니며, 배우고 행하는 것이 아님
이니라.
26 너희들이 행함은 하지 아니하고 말로
하는 것은 무엇이던가?
27 그득한 욕심을 버리지 못하며, 그 욕
심 때문에 너희들은 말로써는 하나,
행함은 하지 아니함이니라.
28 너희들에게 손해 가는 것, 너희들이
남으로부터 손해 보는 듯한 행위요,
그리고 남을 위해서 사는 행위를 하지
못하는 것이니라.
29 너희들은 아무런 이해관계가 없으며
너희들이 손해 보는 것이 없어도,
30 남을 위해서 하는 일, 남을 돕는 일은
하지 않으려 하며, 생각조차도 하지
아니하려는 사악한 자들이 있음이니,
31 이와 같은 너희들의 마음이 다 욕심에
서 비롯됨이니,
32 나를 위하여 진정한 믿음이 아니요,
33 죽은 믿음이요, 썩어져 간 그 믿음으
로 가고 있는 것이 지금의 너희들이니
라.
34 너희들이 그와 같은 욕심을 버리지 못
하고 아무리 울부짖고 나에게 찬송하
며 기도하며,
35 너희들이 번 그 재물을 사악한 종교
지도자 앞에 바치고 그것이 하늘에 쌓
일 것이라 그리 생각하며,
36 그리 많이 쌓았을 때 너희들이 구름을
타고 하늘에 올라와 그 창고 앞에서

문을 열 때,
37 너희들이 갖다 쌓아 놓은 재물이 그득 하니, 너희들은 과연 아름답게 살았다, 구원받았다 그리 생각할 것이나,
38 하늘에는 그런 창고도 없으며, 너희들이 쌓아 놓은 것도 없으며, 그와 같은 형태를 보지도 못함이니라.
39 다만, 너희들이 구원을 저 혼자만이 받겠다는 그 욕심으로써 살아온 그 죄만이 너희 몸을 감고 있으니,
40 썩은 믿음 속에서 썩은 믿음에 허덕이다 지옥으로 그대로 가는 것이 너희들이니,
41 이제 나의 법전을 읽고 이 모두를 돌이켜 너희들이 스스로 행하며 선함도 베풀며 살라.
42 내가 너희들에게 뭐라 하였느냐?
43 어려운 자, 가난한 자를 도와주되, 네 같은 육신도 모르도록, 그저 아무도 모르게 도와주고 그리 격려하며 위로하며 살아가는 것이 너희들이 사랑을 베풂이라 하였거늘,
44 하나를 하면 열 마디의 칭찬을 받고자 하는 것이 너희들이니, 그게 욕심이고 죄가 아니고 무엇이던가?
45 거기에 선이 어디에 있으며 사랑이 어디에 있는가?
46 썩은 음식을 나의 아들딸에게 지금 먹으라고 권장하고 소리 지르고 있는 것이 너희들이니라.
47 '불신 지옥'이라 높이 쳐들고 예수를 믿지 않는 자 지옥이라 소리 지르고 있는 자,
48 너희들이 그와 같이 하고 있는 것이 바로 무엇이더냐?
49 그저 평범히 살아가는 나의 사랑하는 아들딸, 나의 백성까지도 썩은 음식을 먹어야만 산다 하여 그와 같이 너희들이 복음을 전한다 하고 있음이니라.
50 그러면서 지금 너희들은 어찌하는가?
51 내가 만백성을 구하고자 내린 이 새로운 성경이요, 나의 법전을 보지 못하게 찢어 버리며 태워 버리며,
52 이는 지옥으로 가는 길이라고 너희들이 그리 악을 쓰고, 나의 아들까지도 존재하지 못하도록 지금 그리하고 있음이니,
53 너희들은 성경에 기록되어 있는 그 무서움을 알지 못하는가?
54 어떠한 행위도 너희들이 용서를 빌고 나에게 용서받을 수 있다 하였음이니라.
55 너희들이 잘못한 것의 열 배로 갚으며 열 배 이상으로 노력했을 때, 그 죄를 덜 수 있다 하였음이니라.
56 그러나 너희들이 성령을 훼방하는 것, 나의 복음을 훼방하는 것은 내가 용서치 못한다 하였거늘,
57 어찌하여 너희들은 나의 참진리요, 새로운 성경이요, 나 여호와의 법전이 세상에 내려가는 것을 훼방하고 너희들이 이를 방해하는 것이 얼마나 무서운 죄인지 알지 못하며,
58 너희들은 그리하는 것이 나로부터 축복받으며 하늘에 오르는 너희들의 영광이요, 은혜를 받는 것이라 하여 그리 행동하는가?
59 너희들은 어찌하여 그 무서운 죄를 짓고 있는가?
60 너희들은 절대로 구원받지 못한다는

것을 알아야 할 것이니라.
61 너희들은 '성령을 위배하며 성령을 훼
방하는 자, 구원받지 못하며 용서받지
못한다.'는 그 구절을 암송하며, 너희
들이 듣기 싫도록 듣고 들으면서도,
62 어찌하여 그것 하나 지키지 않으며,
그 뜻까지 거역하고 살아가며,
63 그것이 얼마나 무서운 죄인지 모르며,
나 여호와를 능멸하며 나를 욕되게 하
는 그 죄를 어찌하여 짓는가?
64 남들에 의해 지금 세상에 나오는 것은
다 무엇이라 말하느냐?
65 네 것만이 옳은 것이 아니요, 남의 것
도 소중한 것이 있음이니라.
66 이 세상의 모든 존재하는 것은 내 것,
네 것 할 것 없이 여호와의 뜻에 의하
여 세상에 존재한다 하였음이니,
67 너희들이 성경을 공부하며 너희들의
종교 지도자의 가르치는 그것을 그리
듣고 가면 될 것이지,
68 너희들이 무슨 심판의 자격이 있으며
다스릴 자격이 있기에, 내가 내리는
새로운 성경이요, 이 세상의 모두는
나 때문에 존재하며 내가 주관하는 것
을, 사탄이요, 이단이라 태워 버리고
찢어 버리고 그와 같은 성령의 훼방을
하고 있는가?
69 너희들이 그와 같이 죄를 짓고 사는
어리석은 자들이니라.
70 그리 광란의 죄를 짓는 것이 나를 위
함이라 생각하지 말라.
71 너희들이 그와 같이 생각한다면, 나의
아들 예수가 그 고통스럽게 전하고 깨
우쳤던 대로 너희들이 사는 자는 한
형제라 그리 말하였음이니,
72 내가 성경에 기록하여 전한 그것만이
라도 바로 지키고 그대로 행하고 사는
마음의 자세를 갖고자 노력하지도 못
하며,
73 하물며 너희들이 그와 같은 삶을 살지
도 못하는 자가 내가 내리는 성령까지
감히 훼방하는 그와 같은 사악한 자로
전락했으니,
74 너희들이 사탄이요, 마귀요, 사악한
자의 자식이 아니던가?
75 남의 손에 들고 있는 것이 얼마나 값
지고 위대한 것인지도 모르면서, 그것
은 썩은 것이요, 쓸모없는 것이요, 병
균을 전파하는 그와 같이 흉악한 것이
라 그리 말하는 자와 너희들이 똑같음
이니,
76 이 이치를 너희들이 깨우쳐 구원을 받
도록 그리하며,
77 말을 삼가며 행동을 삼가도록 그리하
라.

4,892 번째 하나님 말씀

2003년 2월 8일 17시 26분

1 사랑하는 나의 아들아!
2 "네, 아버님! 말씀하옵소서."
3 내가 너희들에게 육을 위한 삶을 살지
말라 하였음이니라.
4 오죽하면 나 여호와가 너희들에게 말
하기를, 몸뚱이를 위하여 사는 그와
같은 믿음으로 가지 말며,
5 그를 위하여 너희들의 모든 것을 바치
는 삶을 살지 말라,
6 그리고 너희들이 사후의 세계요, 그
세상을 위하여 바로 볼 수 있는 눈을

뜨라 했겠는가?
7 너희들이 성령에 의한 믿음을 가며 성
령을 위한 믿음을 가라 내가 그리 부
르짖고 있건만,
8 어찌하여 나의 피조물 만백성 너희들
은 그를 들으려 하시 아니하며 보려
하지 아니하는가?
9 나 여호와가 나의 아들을 통하여 너희
들에게 수없이 전하지 아니했던가?
10 내가 세상에 너희들을 내려보낼 때,
너희들에게 처음에 심어 준 그 성령의
마음이 있으니,
11 그 아름다운 속마음을 너희들이 찾아
살면 된다 내가 그리 말하지 아니하였
던가?
12 그 천사와 같은 마음의 근원은 너희들
의 마음속에 있음이니라.
13 내가 너희들을 세상에 내보낼 때 너희
들에게 그 아름다운 마음을 심어 세상
에 내보냈음이니라.
14 그러나 너희들은 그 마음을 잘 기르고
가꾸는 것이 아니요,
15 그는 접어 두고 사악한 마음을 너희들
가슴에 심어 너희들이 변화되었으니,
16 어찌 내가 내린 마음을 갖지 아니하고
사는 백성을 나의 자식이라 말할 수
있겠는가?
17 너희들의 지금의 믿음은 인간 세속의
향락을 위하여 가고 있는 그 믿음이
아니던가?
18 그러니 너희들이 이 세상에 살아가면
서 어찌하든 그 악한 마음을 버리며,
내가 너희들에게 내린 그 원심을 찾으
라 그리 가르치거늘,
19 이 세상에 지금 그 누구도 그를 가르
치는 자가 없음이니라.
20 그를 가르치는 선생이 제대로 정답을
가르치지 못하고 제대로 가르치지 못
하면 그는 너희들의 스승이 아니지 않
은가?
21 하물며 지금 너희들의 생명이 새로 태
어나는 역사요, 영원히 사는 나의 나
라에 인도하고 가르친다는 그 종교 지
도자들이
22 지금 나의 참진리요, 나의 뜻을 모르
고 그저 저희들 임의대로, 생각대로,
저희들의 교리대로 그 계명을 만들어
가르친다면,
23 그는 너희들의 생명을 구하는 종교 지
도자가 아니지 않은가?
24 선생이 스스로 가르치지 못하며 종교
지도자가 제대로 진리를 가르치지 못
한다면,
25 그들은 선생이 아니요, 종교 지도자가
아니요, 협잡꾼이요, 사기꾼에 불과하
지 않은가?
26 남을 속이는 것이 사기 짓 하는 것이
아니던가?
27 남에게 거짓되게 하여 피해를 주는 것
이 사기꾼이며 거짓된 자들이 아닌가?
28 만백성이 생명을 구하기 위하여 너희
들 앞에 재물을 바치며 기도하며 울부
짖는 그 많은 세월을 너희들이 바로
하늘에 오르는 길로 인도하며 가르칠
그와 같은 자격도 없으며,
29 그 길이 무엇인지도 모르는 자들이 그
들로 하여금 '하늘에 재물을 바치면,
천국 문을 열었을 때 쌓인 만큼 구원
을 받는다, 그저 바치라, 바치는 곳에
마음이 있느니라.' 하며 그와 같이 나

의 피조물 만백성을 가르치고 매도하
여 끌고 가니,
30 그것이 너희들 종교 집단이요, 지도자
가 협잡꾼이요, 사기꾼 집단으로 전락
했다는 것임을 알라.
31 그와 같이 협잡꾼으로 전락된 그 종교
집단에서 구원받고 무엇인가를 얻고
자 울부짖는 나의 사랑하는 백성 너희
들은 이제 꿈에서 깨어나야 함을 알라.
32 내가 너희들에게 깨우쳐 주었거늘, 어
찌하여 너희들은 그리도 모르는가?
33 너희들은 아름다운 마음으로 살라.
34 너희 자신보다도 이웃을 사랑하는 마
음으로 살라.
35 그리고 내가 다시 너희들에게 전함이
니, 내가 너희들을 세상에 내보낼 때
심어 줬던 원심의 그 아름다운 마음,
그 마음을 찾으라.
36 그 마음의 싹은 너희들의 가슴속에서
지금 너희들이 키워 주기를 바라고 있
는 것이니라.
37 그리고 문을 열어 그 마음의 싹을 너
희들이 키워 주며 세상에 내보내기를,
지금 너희들 가슴속 가장 깊은 곳에서
그 아름다운 나의 원심의 마음은 지금
너희들이 찾아 주고 열어 주기를 몸부
림치고 기다리고 있거늘,
38 어찌하여 너희들은 그들을 내보내지
아니하며, 세상에 보이지 아니하며,
그를 가꾸려 하지 아니하는가?
39 마음 하나 열면 그들이 활활 타오르는
불꽃처럼 살아날 것이며, 그 마음으로
하여금 너희들이 구원을 받는 그 길을
올 수 있다는 것을 잊지 말라, 사랑하
는 나의 백성들아!

4,893 번째 하나님 말씀

2003년 2월 8일 17시 38분

1 사랑하는 나의 아들아!
2 "네, 아버님! 말씀하옵소서."
3 구약 시대의 나의 백성은 과연 어떠한
행위로써 그들의 마음의 불화를 표현
했으며, 속에 있는 그들의 생각을 표
현했던가?
4 그 많은 광야의 역사요, 모세의 기적
을 보고 깨우치는 백성은 그들의 울분
이요, 그들의 마음속에 있는 것을 어
찌 표출했던가?
5 저희들이 우상을 만들어 그와 같은 행
위를 했음이니,
6 그 집단을 이끌어 가고 우상을 만들며
그와 같이 광란의 짓을 한 그 백성이
제정신이요, 바른 자들이 했겠는가?
7 협잡꾼과 같은 자들이 그와 같은 행위
를 했느니라.
8 살인자보다도 더 무서운 자들이 그와
같은 행위를 하지 아니하였던가?
9 그리하여 신약 시대는 과연 어찌했더
냐?
10 나의 아들 예수가 나의 성령을 받아
그 고통의 길을 간 것을, 신약 시대는
왜 열었겠는가?
11 너희들이 나를 믿으며 나를 경배한다
하여 너희들이 지은 그 성전이요, 그
곳에서 행하는 모든 것이 나의 뜻이
아니요,
12 도저히 그대로 놔둘 수 없으며 그대로
흘러갈 수 없기에 그를 바로잡고자 하
여 나의 아들을 세상에 내보냈음이니
라.

13 그리하여 나의 아들은 너희들이 지은
그 성전의 벽돌 하나 흔적을 남기지
아니하고 그를 쓸어버릴 것이라 하였
음이니,
14 그들이 거기에서 나의 아들의 가르침
을 받아들여 깨우치는 그 변화의 역사
를 이룬 것이 아니라,
15 그를 적대시했으며, 저희들의 기득권
을 침해하며 안락하고 행복하게 살아
가는 그 육의 삶을 송두리째 빼앗아
가려 하는 그를 그들은 용서하지 아니
하고 그를 죽게 하였음이니,
16 그 시대의 그 백성 또한 어떠한 짓을
했는가?
17 협잡꾼의 짓을 했으며, 사기 짓을 했
음이 아니던가?
18 나의 아들을 내려보내 저희들이 들을
수 있으며 깨우칠 수 있는 참진리의
뜻을 전했거늘, 나의 백성이요, 나의
뜻을 가르친다면서 그를 듣지 아니하
고 버린 자들이 과연 어떠하던가?
19 너희들이 그와 같이 사악한 짓, 협잡
꾼의 짓을 하지 않았다면, 내가 제3의
시대에 나의 새로운 성경이요, 나의
법전이라 하여 지금 나의 아들을 통하
여 너희들에게 내려보내지 아니할 것
이니,
20 2천 년 전 나의 아들이 너희들이 지은
그 성전이요, 교회라는 곳에 벽돌 하
나 흔적을 남기지 아니한다 하였음이
니,
21 지금 내가 나의 아들을 통하여 너희들
이 지은 교회라 하여 성전이라 부르는
그곳에 거미줄을 치게 하며 그 문을
닫게 하며,
22 그를 지금까지 잘못 끌어온 너희들을
단죄한다 내가 나의 아들을 통하여 책
으로 기록하여 전함이니,
23 예수가 벽돌 하나 남기지 아니하겠다
는 그때의 그 가르침과 지금이 무엇이
다른가?
24 2천 년의 세월이 흘러오면서 예수가
그 성전을 근거도 없이 하고자 했던
그 사악했던 너희들의 뿌리가 지금이
더 심하며 무섭게 변질되어 왔으니,
25 그때의 역사가 지금에 똑같이 이루어
짐이니,
26 이를 보는 나 여호와의 마음이 과연
어떠하며 얼마나 아픈지 너희들은 아
는가?
27 예수 시대의 그 믿음은, 지금의 종파
들처럼 교회요, 성전을 짓고 예배하며
역사했던 그들이 기득권을 버리지 아
니하려 나의 아들 예수를 죽였음이니,
28 이제 내가 제3의 시대에 새로운 성경,
나의 법전을 내려보내니,
29 지금의 기득권을 가지고 있는 종교 지
도자 너희들은 이를 보고 깨우쳐, 예
수를 죽였던 그 너희들의 뿌리처럼 사
악한 행위를 하려 하지 말라.
30 내가 그를 용서하지 아니하며 그를 그
리 두지 아니할 것을 미리 경고하여
나의 법전에 기록하여 전함이니, 너희
들은 알라.
31 여기에 도전하는 자, 이를 무너트리고
자 하는 자, 내가 용서하지 아니할 것
이니라.
32 나의 아들이 그 성전이요, 교회라는
곳을 근거도 없이 쓸어버리고자 했던
그 마음을, 내가 나의 아들을 통하여

너희들이 거미줄을 치고 문을 닫는다
하였음이니,
33 너희들이 정녕 참진리요, 위대한 것이
라면 거미줄을 치지 않을 것이며 그
문을 닫지 아니할 것이니,
34 너희들은 이와 같은 내가 가르치는 그
뜻에 대하여 거부하고 거역하며 나를
능멸하는 행위를 하지 말라.
35 두 번 다시 이를 내가 용서하지 아니
함이니라.
36 지금의 나의 법전이요, 새로운 성경을
죽이는 자, 그와 같은 자는 나의 아들
딸이 아니며 나로부터 선택된 백성이
아님이니라.
37 내가 명한 종교 지도자가 아니며, 너
희들은 협잡꾼이라는 것을 알라.
38 너희들은 사기를 치는 그와 같은 사악
한 자임을 알아야 할 것이니라.
39 그리하여 그들은 나 여호와의 자식이
아니며, 나와 관계없는 백성이라 하였
음이니,
40 너희들은 영원히 인간의 자식으로서
너희들이 육이 존재하는 동안 살며,
41 너희들의 육은 한 줌의 흙으로 썩어져
가며 너희들의 영혼은 그때부터 나의
자식이 아니라 지옥 불로 가는 나를
거역한 백성이니, 그리됨을 알라.
42 너희들이 지금 종교 집단이라 이끌어
가는 것은 나의 백성을 구원하며 하늘
에 오르는 그 참진리를 가르치는 종교
집단으로써 존재하는 것이 아니라,
43 인간의 모임의 집단이요, 몇몇 사람의
향락을 위하여 협잡꾼이 지금 협잡질
을 하고 있는 집단이라는 것을 내가
나의 법전에 기록하여 전함이니,
44 너희들이 바르고 아름답게 살며 하늘
을 향하여 한 점의 부끄럼이 없는 종
교 집단이라면, 내가 너희들에게 전한
것을 거부해도 될 것이니라.
45 너희들이 부끄러운 행위를 하면서도
스스로 부끄러운 줄 모르고 산다 하
면, 너희들은 이 말에 거부하지 말라.
46 그를 알면서 제가 죄지은 것, 제가 잘
못한 것을 덮어두기 위하여 또다시 무
서운 죄를 짓는, 나의 아들 예수를 죽
인 그와 같은 역사를 반복하려 하는
자, 내가 정녕 용서하지 아니할 것이
니라.
47 너희들은 나의 아들이 너희들을 깨우
쳐 가르치고자 했던 그 성령을 배워
가르치는 것이 아니라,
48 사악한 자들이 예수를 죽였던 그 사악
한 행위만을 너희들이 또 답습하려 하
는 그와 같은 무서운 사악한 백성으로
전락되는 자가 없도록 그리하라.

4,894 번째 하나님 말씀

2003년 2월 8일 23시 08분

1 사랑하는 나의 아들아!
2 "네, 아버님! 말씀하옵소서."
3 네가 십계명을 암송하고 암송하는 그
소리는 죽지 않으며 끝이 없으며 계속
세상에 퍼져 나가고 또 퍼져 나가 동
식물이요, 만백성을 정화하는 그와 같
은 기초요, 기본이 된다 하였음이니라.
4 그리고 네가 하는 그 모든 말과 행동
은 지워지지 아니하고 영원히 존재하
며,
5 네가 사악한 말을 했을 때 그는 악에

힘을 신는 것이며, 선한 말을 했을 때
네가 선을 행하는 그와 같은 것은 지
워지지 않는 것이라 하였음이니,
6 네가 이 세상에 말 한마디를 하는 것
도, 네가 하나의 행동을 하는 것도 열
번, 백 번 얼마나 생각하고 또 생각해
서 행하여야 하는 것인가를 네가 스스
로 알고 깨우쳤을 것이니라.
7 너희들이 하늘에 오르는 길이요, 믿음
의 행하는 길은 바로 무엇인 줄 알겠
는가?
8 알면서 말로써 행하지 아니하는 것이
아니라,
9 너희들이 알고 깨우치면 그것을 행함
이 중요함을 알아야 할 것이니라.
10 세상사 말로는 안 되는 것이 없으며
너희들이 말로써는 못 할 것이 없듯이,
11 나에게 행하며 하늘에 오르는 길은 너
희들이 배우고 깨우친 대로, 너희들이
깨우치고 배운 것이 소중한 것이 아니
요,
12 그와 같이 바로 행하고 실천하는 것이
가장 소중한 것이며,
13 행하고 실천하지 아니하면 아무런 의
미가 없으며 가치가 없다는 것을 너의
제자들에게 전해 주어야 할 것이니라.
14 그리하여 너희들은 나의 십계명을 지
키며, 나의 새로운 성경인 나의 법전
을 지키며, 내가 지키라 명한 그 모든
것을 철저히 지키고 살아가는 그와 같
은 삶을 사는 그 길만이 너희들이 나
에게 오를 수 있는 길임을 알라.
15 내가 너희들에게 이웃을 사랑하라 하
였거늘 이웃을 사랑하지 아니하며,
16 사랑을 베풀고 나누며 살라 하였으나
너희들이 그리 나누며 살지 않는다 하
면,
17 그는 곧 나를 거역함이니, 너희들이
나를 모르느니만 못함이니라.
18 내가 이 세상 만백성 너희들에게 전하
여 말하기를, 부자가 천국에 가기는
어렵다 하였음이니, 이는 무엇이라 내
가 너희들에게 깨우쳤던가?
19 부자라는 것은 나의 재산을, 내 것을
많이 관리하는 것뿐이니,
20 그가 나의 것을 관리하면서 창조주요,
주인인 내가 너희들에게 어려운 자,
힘든 자에게 나눠 주며 살라 그리 명
했거늘,
21 내 재산을 가지고 너희들을 통하여 나
눠 주라 하거늘,
22 너희들은 내 말을 듣지 아니하며 주인
의 말을 듣지 아니하고 그를 나누어
줄 줄 모르며 사랑을 베풀지 못하기
때문이니,
23 그리하여 가진 자가 천국에 올 수 없
다는 그 뜻을 알겠는가?
24 지금 내가 나의 아들을 통하여 나의
법전을 세상에 전하며 이를 책으로 만
들어 기록하여 만백성을 구하라 함이
니,
25 나의 아들이 이를 듣고도 행하지 아니
하며 역사하지 아니한다면, 나의 법전
이요, 나의 성령이 세상에 나올 수가
있겠는가?
26 나올 수가 없는 것과 마찬가지니라.
27 내가 나의 아들을 통하여 내리고자 하
나, 나의 아들이 이를 듣고 내가 책으
로 만들어 전하라는 그 역사를 하지
않을 때, 너희들을 구원이요, 심판이

요, 하늘에 오르는 길로 인도하는 나
의 새로운 성경이요, 법전은 세상에
나올 수 없듯이,
28 너희들이 바로 듣고 깨우치면서도 행
하지 아니하면 이와 같은 무서운 결과
를 초래하는 것과 같음이니라.
29 감히 창조주 나 여호와가 나의 아들을
통하여 책으로 엮어 만백성을 구하라
는 그 역사하라는 것을 행하지 아니할
때, 나의 아들이 얼마나 무서운 죄를
짓고 사는 것인지 알겠는가?
30 그는 나에게 와 용서를 받을 수 없음
이니라.
31 너희들이 그와 같음을 생각하면 될 것
이니라.
32 너희들의 행함이 소중함이라 하였으
니,
33 너희가 듣고 깨우치는 것은 경지가 높
다 하나, 행함은 인색하며 행함을 하
지 않을 때, 나의 아들이 나의 성령을
받아 책으로 만들지 않는 그 죄나 너
희가 범하는 죄나 별로 차이 없음을
알아야 할 것이니라.
34 이제는 너희들이 깨우친 것을 행하는
것만이 구원을 받는 길이요, 하늘에
오름이니,
35 네가 오늘 나로부터 그와 같은 명을
받았음이니, 너는 그와 같이 행하고
살아갈 것이며, 또한 너의 제자들에게
전하라.
36 너의 제자들은 저희들과 관계없으며
나의 아들 너만이 관계되는 것처럼 그
리하지 말라 하라.
37 내가 법전에 너의 제자들도 그리 지키
라 전해야만 그를 지키고 저희들 몫이
라 생각하는 그 어리석은 너의 제자들
에게,
38 또한 이것도 너희들이 지키는 것이며,
나의 아들에게 내리는 그 모두는 너희
들에게 직접 지키라 내가 명하는 그
뜻임을 알라 이르라.
39 내가 한 장의 법전에 두 가지 뜻을 전
할 필요가 없음이니,
40 나의 아들에게 명하여 지키라 하는 것
은 너희들 제자들이 바로 지키고 행하
여야 하는 것임을 잊지 말도록 그리
깨우치라.

4,895 번째 하나님 말씀

2003년 2월 8일 23시 12분

1 사랑하는 나의 아들아!
2 "네, 아버님! 말씀하옵소서."
3 내가 너희들에게 틈이 날 때마다 기도
하고 경배하라 하였으며,
4 또 틈을 내어 기도하고 경배하라 그리
명하였음이니라.
5 이는 나 여호와를 너희들의 가슴에 심
고 간직하며 살아가야 하기 때문이니
라.
6 너희들이 인간으로서 깨우치고자 노
력하며 변하고자 하여도 인간의 생각
이 있고 삶이 있기 때문에, 어렵고 힘
든 그 변화의 고통을 내가 덜어 주고
자 함이니, 나의 뜻이 여기에 있음을
알라.
7 너희들이 변하고자 아름답게 살고자
하나 인간의 의지가 있으며, 세상사
부닥치는 것이 있으며 깨달음이 있음
이니, 너희들이 나 여호와와 같이 변

할 수는 없음이니라.
8 나의 아들 예수도 또한 나 여호와와
같이 그리 변하지 못하며, 선한 자 세
상에 나 여호와 창조주밖에 없다 그리
하지 아니했던가?
9 그리하여 예수를 선한 자라, 선한 선
생이라 붙이는 것을 그리 부르지 못하
도록 예수가 나의 피조물 만백성 너희
들에게 가르쳤듯이,
10 너희들이 완벽히 선한 백성으로서 설
수 없으며 그리 변하기는 힘들고 어려
우니라.
11 그러나 너희들은 그 길을 가야 함이니
라.
12 그리하여 너희들이 선한 지도자요, 선
한 백성으로서,
13 나의 아들 예수가 창조주 나 하나밖에
없다는 그 선한 마음이요, 선한 지도
자로서 너희들이 살아가고자 한다면,
14 너희들이 그 길이 어렵고 힘들 때, 나
여호와를 찾으며 나에게 기도하고 경
배하는 그와 같은 마음을 갖고 살 때
너희들이 존재할 수 있음을 알라.
15 나 여호와가 죽어 있는 여호와요, 너
희들이 성경을 들여다볼 때만 존재하
는 여호와요, 구약의 시대에 존재하는
여호와라 그리 착각하고,
16 멀리 있으며 흘러간 세월 속에 나 여
호와가 존재하는 것처럼, 너희들이 기
억하지 아니하려 하며 잊고 살아가는
것이 지금의 너희들이 살아가는 모습
이나,
17 너희들은 이를 깨우쳐야 할 것이니라.
18 나 여호와는 너희들과 항상 같이하고
있으며 너희들 옆에 있으며 살아 있는
여호와며,
19 너희들이 움직이는 그 모든 것 하나하
나를 내가 바라보고 지켜본다는 그와
같은 생각을 하고 살아야 할 것이며,
20 잠시라도 그와 같은 생각을 지워서는
아니 됨을 알라.
21 너희들이 나 여호와가 지금 살아 존재
하며 너희들과 같이하고 있다는 생각
을 하지 못하며,
22 흘러간 그 성경 속에 나오는 나 여호
와 하나님이요,
23 그리고 이제는 권능이 없으며 기적을
이룰 수 없는 하나님이요,
24 너희들을 심판할 힘까지 없는 하나님
이라 하여 너희들이 그저 잊어버리며
지우고 살아가며 생각하지 않으려 하
며 살아감이니라.
25 그리고 먼 동화 속에 나오는 나 여호
와인 것처럼, 그리고 달나라에만 존재
하는 나 여호와인 것처럼 너희가 그리
생각하며,
26 천국만을 다스리며 천국에서 지배하
는 나 여호와라 생각하니, 그리 생각
하지 말라.
27 나는 너희와 항상 같이하며, 살아 있
는 여호와로서 같이 행하고 숨 쉬고
있다는 것을 잊지 말라.
28 내가 너희의 일거수일투족을 다 보고
있으며 너희와 같이하고 있다는 것은
엄연한 사실이요,
29 그 무서운 사실을 너희가 잊고 지우고
살아서는 아니 됨을 알라.

4,896 번째 하나님 말씀

2003년 2월 9일 07시 26분

1 사랑하는 나의 아들아!
2 "네, 아버님! 말씀하옵소서."
3 이 세상의 모든 생명체를 가지고 있는
동식물은 다 각자 그들의 삶이 있느니
라.
4 그러니 동물의 세상에서 동물이 살면
서 인간 너희들이 사는 세상을 알 수
없으며, 너희들이 사는 그 삶을 살 수
없는 것이 그들이 아니던가?
5 또한, 너희들은 나로부터 선택된 백성
이요, 인간이요, 인간으로서 도리를
다하고 사는 것은 기본이요, 근본이며,
6 생각할 수 있는 지혜를 주었으며 판단
할 수 있는 능력을 너희들에게 주었음
이니,
7 너희들은 오늘의 인간의 삶이 아니라
다음의 차원 높은 하늘의 삶을 살아야
너희들이 하늘에 오를 수 있는 것이
나의 뜻임을 내가 깨우쳐 주고자 함이
니라.
8 인간으로서 인간의 삶을 지키고 정도
로 살 때 인간의 삶으로써 그 모두를
다하는 것이요,
9 그러나 너희들은 욕심이라는 것을 버
리지 못하여 인간의 근본인 삶 그 자
체도 살지 못함이니,
10 너희들이 지금 가고 있는 형국이 그러
하니라.
11 그러나 너희들은 인간의 삶이 아니요,
나에게 오르고자 한다면 하늘의 삶이
요, 신의 삶이요, 천사가 사는 삶을 너
희들은 보고 알며 그 세상을 알아야
할 것이니라.
12 그리하여 너희들이 인간 세상의 삶을
마치고 천사들이 존재하며 나 여호와
가 존재하는, 너희들이 말하는 하늘나
라에 오르고자 한다는 것은 인간의 도
리를 다하고 그 인간의 도리를 다하는
자에게 내가 너희들에게 깨우치며 하
늘에 오르는 길이요, 그 모두를 내가
너희들에게 내려 줌이니,
13 인간으로서 인간의 자세를 하고 살라
하는 것을, 그것을 지키지 아니하고
살지 못하고 있는 것이 너희들이니라.
14 그러니 너희들이 내가 십계명이라는
것을 내리며 계명을 내리며 내가 새로
운 성경을 너희들에게 내려 이리 살
라, 저리 살라 상세히 세세히 너희들
에게 가르쳐 주는 것은 인간의 도리를
다하고 살라는 것이니라.
15 그러나 너희들이 인간으로서 인간의
도리를 다하지 못함이니, 어찌 너희들
이 다음의 세상이요, 다음 세상의 삶
을 볼 수 있겠는가?
16 너희들은 여기서 하나 깊이 깨우치라.
17 내가 내린 계명을 지킬 수 없다 그리
말하며, 내가 내리는 나의 새로운 성
경대로 살 수 없다는 것은, 너희들은
인간의 도리요, 기본을 하고 살 수 없
다 하는 자이니라.
18 그러기에 스스로 짐승이 되어 그 세계
로 내려가기를 바라며,
19 너희들이 한 차원 더 높은 세상을 보
고자 하는 것이 아니며,
20 인간의 기본인 그 자리를 지키고 있는
것까지도 지키지 못하는 자이며, 지키
지 아니하겠다는 자이니,

21 그러한 백성이 어찌 하늘에 오를 수
있으며, 나에게 오를 수 있으며, 다음
의 차원 높은 세상을 들여다볼 수 있
으며, 그리 올 수 있다 생각하는가?
22 내가 너희들에게 말하기를, 어린아이
와 같은 마음으로 살라 하였으니,
23 나의 법전을 가지고 가서 읽은 자, 그
리고 깨우친 자에게 그 순간부터 어린
아이의 마음으로 세상에 살라는 것은,
24 내가 너희들에게 세상에 내려 준 그
마음이 어린아이요, 아기의 마음이니,
25 그 인간의 본연의 삶을 살라는 것이지,
26 너희들이 육을 가지고 있는 세상에서
천국의 삶이요, 천사의 삶을 살라 내
가 너희들에게 강요하는 것이 아니니
라.
27 너희들에게 인간 자세의 삶을 살라 ,
본연의 삶을 살라 하는 것이니라.
28 그 본연의 삶을 너희들이 착하고 아름
답게 살 때, 너희들은 다음 세상을 올
라올 수 있는 것이 아니던가?
29 너희들 인간 세상에서도 너희들이 변
화되는 것은 노력한 만큼 세월에 따라
직급이 올라가며,
30 또한 평사원으로부터 중간 간부요, 지
휘관이 될 수 있으며 책임자가 될 수
있듯이, 그와 같이 너희들 인생이 전
진하듯이,
31 나는 너희들에게 인간 본연의 자세요,
인간 근본인 도리를 지키고 살라 하는
것이니라.
32 그리하였을 때 너희들이 구하고자 하
며 원하는 것을 나 여호와가 들어주며
인도해 준다 하며, 내가 너희들에게
내린 그 빛을 볼 수 있다 하는 것이거
늘,
33 이것이 나 여호와의 욕심이요, 내가
너희들에게 무리하게 부탁하는 것이
며,
34 공의의 하나님이요, 창조주가 하는 것
이라 너희들이 생각하지 아니함이니,
그것이 잘못이니라.
35 내가 어찌 창조주요, 공의의 하나님으
로서 너희들에게 지키지 못할 것을 하
라 하겠는가?
36 인간의 형체를 가지고 있는 너희들이
인간의 세상에서 도리를 하고 살라 함
이니,
37 너희들이 어찌하여 그와 같은 도리를
못 하고 사는 것인가?
38 그러면서 그것이 잘사는 것이요, 아름
답게 삶이요,
39 인간의 도리를 하지 못하고 사는 너희
들이 금화와 은화요, 부귀영화를 누리
는 것이 영광이라 생각하며 오로지 너
희들은 그와 같은 마음의 자세로 살아
감이니,
40 내가 나의 아들을 통해서 내려보낸
160권이요, 내가 내린 성경이요, 그
모든 지금까지 구약과 신약을 통틀어
서 모든 선지자요, 예언자들이 가르치
고 전했던 것이 무엇인가 보라.
41 그 모든 것이 인간의 도리를 다하고
살라는 것이니, 아무것도 아니지 않느
냐?
42 인간이 인간의 도리를 하고 살라 함이
니라.
43 사람이 사람다운 삶을 살라는 것이 나
여호와의 뜻이거늘, 어찌하여 너희들
은 사람이 사람답게 살 수 없다며, 그

러고도 다음의 세상을 볼 수 있다 하
는가?
44 너희들은 첫 단계에 올라서지 않으면
다음 단계를 오를 수 없음이니라.
45 이와 같은 이치를 깨우치라.
46 너희들이 나에게 오를 수 있는 첫 단
계는 인간의 도리요, 인간의 자세를
다하고 사는 것이니,
47 그런 다음에만 너희들이 다음 단계를
오를 수 있는 변화의 역사가 이루어진
다는 것을 잊지 말라.
48 이제 사랑하는 나의 아들을 따르는 제
자들과 나의 법전을 읽고 깨우친 백
성, 너희들은 어렵고 힘들다 생각하지
말라.
49 너희들이 너희들보다 못한 짐승의 세
상의 삶으로 추락하여 살기를 원하는
가?
50 그렇지 않으면 너희들이 인간의 도리
를 하고 살며, 그리고 하늘에 오르는
천사들이 사는 나의 나라요, 나의 품
에 오를 수 있는 길을 위하여 변화되
는 삶을 살겠는가?
51 이제 너희들이 선택할 때가 되었음이
니,
52 나의 진리요, 나의 뜻이요, 내가 너희
들에게 가르치는 것을 어렵고 힘들고
이행하기 어렵다 그리 생각하지 말라,
사랑하는 나의 아들딸들아!

4,897 번째 하나님 말씀

2003년 2월 9일 07시 33분

1 사랑하는 나의 아들아!
2 "네, 아버님! 말씀하옵소서."
3 진정 깨우친 백성이요, 진정 변화된
백성은 세상사 살아가는 데 말이 필요
없다 하였느니라.
4 마음을 비운 자요, 마음을 비운 사람
은 서로 보지 아니하여도 그리 알 수
있으며,
5 서로 너희들이 만나지 아니하여도 그
리 알 수 있으며,
6 멀리 떨어져 보지 않아도 그를 알 수
있다 하였음이니라.
7 아무리 강하고 강한 장벽이 가로막아
너희들을 떼어 놓는다 하여도, 바다가
가로막아 너희들을 떼어 놓는다 하여
도 너희들은 서로 그를 알 수 있으며,
그 뜻을 읽을 수 있다 하였음이니라.
8 그것이 마음을 비운 자요, 깨우친 자
의 위대함이니라.
9 그리하여 내가 너희들에게 마음을 비
우며 살라 하였느니라.
10 너희들이 서로 갑론을박하며 형제지
간에 서로 밉고 고운 자를 말하며, 밉
고 고운 것을 말하는 것은 마음을 비
우지 아니하였음이며, 아직도 깨달음
이 없기 때문이니라
11 사랑하는 나의 아들을 따르는 제자,
너희들은 들어야 할 것이니라.
12 내가 나의 아들에게 말하였느니라.
13 나의 아들이 하는 말은 악한 말이든
선한 말이든 지워지지 아니하며,
14 나의 아들이 하는 행동은 선한 행동이
든 악한 행동이든 지워지지 아니하고
영원히 존재하니,
15 나의 아들이 한마디를 할 때 천 번을
생각해서 말하며, 한 번의 행동을 할
때 천 번을 생각해서 행하라 그리하였

음이니라.
16 그것이 나의 아들이 가는 길이요, 그
가 가야 하는 길이니라.
17 그를 따르는 제자 너희들 또한 그리해
야 함이니라.
18 깨우치며 마음을 비운 백성이요, 나
여호와를 경배하는 백성, 너희들이 한
발짝이라도 나에게 더 올라온 깨우침
을 얻은 백성은 만백성 중에서 나에게
가까운 백성이니,
19 너희들이 하는 행동은 영원히 지워지
지 아니함이니,
20 너희들이 하는 행동이 지워지지 아니
할 때, 그것을 너희들은 모르나 만백
성이 보고 배우며, 모든 동식물에 그
영향을 미친다 하였으며,
21 너희들이 말 한마디 사악한 말을 하면
그것은 영원히 지워지지 아니하고 사
탄에게 힘을 주는 것이요,
22 영원히 이 세상을 오염시키는 행위를
함이니라.
23 너희들이 선한 말을 하면 그 말 또한
지워지지 아니하며, 세상을 정화하며
모든 동식물의 생명력이 된다 하였음
이니,
24 너희들이 앞으로 행동을 알아서 하라
내가 하였음이니라.
25 그와 같이 하는 것이 너희들이 살아가
는 행동이거늘,
26 남을 비방하며 남을 욕하며 서로 갑론
을박하며 남을 평가하는 그와 같은 말
을 하는 자들은 한 발짝도 깨우침이
없는 자요, 나에게 오르지 못한 백성
이라 하였음이니라.
27 나의 아들이 눈물의 세월로써 가고 있
음을 너희들은 알아야 할 것이니라.
28 너희는 밖에서 보이는 눈물만이 눈물
이 아님이니라.
29 너희들은 나의 아들 예수가 그 어렵고
고통스러운 십자가에 못 박혀 죽을 때,
30 그가 눈물을 흘리지 아니하며 피눈물
을 흘리지 아니하였다 하여 그가 고통
을 모른다 생각하는가?
31 너무나도 고통이 심하고 강하기에 그
는 감히 눈물이요, 피눈물을 흘릴 수
없었듯이,
32 나의 아들이 지금 가고자 하는 그 마
음의 길 또한 눈물을 보이지 않는다
해서 그가 울지 않고 가는 줄 아는가?
33 그는 몸부림을 치며 울고 있음이니라.
34 그는 알고 있느니라.
35 그가 한마디 하는 것이 세상에 없어지
지 아니한다는 그 무서움 때문에 그는
몸서리치고 눈물 속에서 지금 살아가
고 있다는 것을 너희들은 알아야 할
것이니라.
36 어찌하여 그를 따르는 제자들이 변하
지 못하며, 서로 시시비비하며 갑론을
박하는 그와 같은 행위를 나의 아들
앞에서 하는가?
37 그 모두는 너희들이 나의 아들을 쓰러
지게 함이며, 나의 아들을 도와줌이
아니니라.
38 60평생을 인간의 도리로 살아온 나의
아들이 바로 설 수 있도록, 그리고 세
상을 볼 수 있도록 너희들이 다 한 가
지씩 갖춰지고 갖춰서 비춰 주는 선생
이라 내가 하였거늘,
39 너희들이 그와 같은 선생으로서 자리
를 지키지 못한다면, 이는 가고자 하

는 나의 아들에게 고통을 너희들이 더
가중하게 함이니라.
40 무거운 짐을 지고 가는 나의 아들을
가볍게 덜어 줌이 아니요,
41 너희들이 무거운 짐을 더 얹어 주는
그와 같은 제자들이 되어서는 아니 됨
을 알아야 할 것이니라.
42 정녕 마음이 비워지지 않았기 때문에
너희들이 말이 필요하며,
43 서로 남들이 봐서는 안 될 그와 같은
행위를 하며,
44 남들의 마음을 상하게 하는 그와 같은
행위를 하느니라.
45 너희들이 천만금을 사람에게 주었다
한들 무엇하겠는가?
46 그 사람의 인격을 무시하고 그 사람의
마음을 상하게 하며 그를 모독하는 그
와 같은 행위로써 너희들은 주는 것보
다 잃는 것이 더 많음을 알라.
47 너희들은 이제 깨우쳐야 할 것이니라.
48 마음을 비우고 사는 자는 멀고 가까운
것이 필요 없으며, 만나고 안 만나는
것이 필요 없느니라.
49 다 가까이 있는 것처럼 너희들이 느끼
고 서로의 마음을 알 수 있는 것이 마
음을 비운 자의 행동임을 알아야 할
것이니라.
50 이제 모든 마음을 다 비워라.
51 그리고 너희들이 한마디 하는 그 말은
영원히 지워지지 아니하며 세상에 떠
돌고 있음을 알라.
52 그리하여 너희들이 내가 만든 이 세상
을 오염을 시키느냐, 천국으로 만드느
냐 둘 중의 하나가 너희들에게 있음이
니라.
53 지금까지 너희들이 살아오면서 나쁜
행동을 한 것, 그리고 나쁜 말을 하고
산 것, 거친 언행을 한 것, 그것은 너
희들에게서 지워졌다 생각하나,
54 너희들의 몸의 주변에서 그들이 그득
히 쌓여 있으니,
55 너희 자신이 썩어 있으며, 네 주변이
썩어 있다는 그 무서운 사실을 알라.
56 너희들이 살다 사악한 짓, 나쁜 짓, 나
쁜 말, 나쁜 행동을 한 것이 너희 주변
을 떠나지 아니하며 지워지지 아니하
며, 너희들 주변에 항상 쌓여 있어서
너희들을 지금 썩게 하며 혼탁하게 만
들고 있다는 것을 알라.
57 그들을 다 지워 버리는 삶은 아름다운
말이요, 아름다운 행위요, 그와 같은
행동을 하고 사는 것만이 너희들 주변
에 그 썩어져 가는 추한 것들이 장막
을 치고 있는 그 장막을 걷어 낼 수 있
는 길이니라.
58 그를 헤치고 걷어 냈을 때, 너희들은
자연의 아름다움을 볼 수 있으며, 나
에게 오르는 길이 무엇인가를 볼 수
있으니,
59 그 영광을 얻도록 하라, 사랑하는 나
의 아들딸들아!

4,898 번째 하나님 말씀

2003년 2월 9일 12시 04분

1 사랑하는 나의 아들아!
2 "네, 아버님! 말씀하옵소서."
3 너의 제자들에게 바로 서지 아니하면
아무것도 이루어질 수 없음을 알라 하
라.

4 이 세상의 수십억 인구의 백성이 있음
이니, 너희들을 따르는 자는 하나도
없음을 알아야 할 것이니라.
5 너희들이 나의 법전이요, 나의 성령을
세상에 전해 만백성을 구하는 길이 왜
그리 힘들고 어려운 것인가를 어찌하
여 너희들은 그리도 모르는가?
6 지금의 모든 종교 집단에 가 저희들이
구원을 받는다 하며 재물을 바치며 나
의 아들 예수의 보혈로써 구원을 받고
쉽게 천국에 오른다 생각하는, 나 여
호와를 찾으며 하나님이라 나를 부르
짖는 그 백성은
7 이 법전이 이단이요, 사탄이기 때문에
이를 볼 수가 없다 하며 이를 찢어 버
리며 이를 보지 아니하는 것이니,
8 그들이 너희들에게 가장 큰 적이요,
그들을 깨우치기가 얼마나 어려운지
너희들은 알 것이니라.
9 그러나 또한 지금 믿지 않는 백성은
어찌 생각하는지 알겠는가?
10 '나는 하나님을 믿지 아니하며, 하나
님은 존재하지도 않는데, 내가 하나님
이라는 것을 왜 믿으며, 하나님이라는
책을 내가 왜 읽겠느냐?' 하면서 그들
이 또한 찢어 버리고 던져 버림이니,
11 나의 법전이 그와 같은 형국으로 되어
있음이니라.
12 믿지 않는 자들이 믿는 자들을 다스리
며 깨우친다는 그와 같은 것으로 알고
있기 때문에, 저희들이 또한 믿는 자
의 그 행위를 보고 지금까지 하늘에
오르는 백성이요, 나 여호와를 믿는다
는 백성이 행실을 잘못하며 행동이 잘
못되며,
13 믿지 않는 자가 보기에 저희들만큼도
못하고 살아가는 그들을 보고 왔기에
그들은 나 여호와가 존재하는 것을 믿
지 않으려 하며,
14 믿는 자들을 신뢰하지 아니하려 함이
니,
15 여기에 '하늘에 오르는 길'이요, '하나
님! 말씀하옵소서'라는 책의 표지를
보는 그들은 바로 이것은 하나님이요,
나 여호와가 내린 것이며, 하나님을
믿는 자를 위한 책이라 생각하여 믿지
않는 자들이 이 책을 또 보지 않고 찢
어 버리고 던져 버림이니라.
16 그러니 너희들이 지금 어디에 서 있는
백성인 줄 알겠는가?
17 인간으로 말하면 허리와 같은 역할이
요, 가운데 중심에 서 있는 너희들이
니라.
18 나의 법전을 읽어서는 안 된다며 사탄
이요, 이단이요, 말세에 거짓 선지자
가 와 지옥으로 이끌어 간다 그리 말
하는 자들을 오른손에 잡고,
19 또한 '이것은 하나님의 뜻이니 우리는
관계없으며 나는 하나님을 믿지 않는
다.' 하여 거부하는 자들을 왼손에 잡
고 있는 것이 지금의 형국이니라.
20 한쪽에 치우친다면 두 손으로 버티고
싸움을 할 수 있으나,
21 양팔을 잡고 양쪽에서 찢으려 하니 너
희들이 이리 갈 수도 없고 저리 갈 수
도 없는 형국이니,
22 너희들의 찢어지는 그 몸의 아픔이 과
연 어떻다 생각하는가?
23 그러하니 나의 법전이 세상에 뿌리를
내리기가 힘들고 어려운 것이니라.

24 또한 인간사 그러하니라.
25 있는 자는 이를 보지 아니할 것이며,
없는 자는 또 살기 바빠 보지 않듯이,
중간의 역할에서 지금 중심을 잡아가
는 것이 너희들이니,
26 너희들이 중심을 잘 잡아 믿지 않는
자들의 당기는 그 손에서 그를 조종하
며, 믿는 자들이 너희들을 핍박하는
것을 잘 조종하여 그 균형을 이루어
양쪽을 다 흡수하며 양쪽을 구원하는
것이 너희들이니라.
27 지금은 너희들이 양쪽의 핍박을 받아
견디기 어려우며, 나의 법전을 전하기
어려우며, 나의 백성을 깨우쳐 하늘에
오르는 길에 인도하기가 마음이 아프
나,
28 너희들이 어느 정도 균형이 잡혀 갔을
때, 그 모두는 너희들의 양팔에 딸려
와 너희들의 품 안에 들어올 날이 머
지않았음이니라.
29 이것이 나 여호와가 역사를 이루고자
함이니,
30 지금 서로 당기는 그 속에서 너희들이
고통스럽다, 가슴이 아프다 그리 통곡
하며 후회하며, 용기 잃으며 주저앉는
백성이 되지 말라.
31 너희들이 버티고 인내했을 때, 찢어지
지 않는 너희들의 그 강인함을 봤을
때,
32 믿는 자도 너희들 앞에 고개 숙일 것
이며, 믿지 않는 자도 이는 나 여호와
의 뜻이라 하여 너희들 앞에 고개 숙
여 무릎 꿇고 너희들을 경배하는 날이
반드시 있을 것이니라.
33 정녕 너희들은 찢어지는 고통을 겪지
아니할 것이니라.
34 나 여호와가 그들을 잡고 있으며, 너
희들의 양팔을 내가 잡고 있으니,
35 그 줄은 어떠한 힘으로도 자를 수가
없으며, 끊어질 수가 없음을 너희들은
알라.
36 너희들이야말로 얼마나 중요한 자들
인가를 알라.
37 지금 중심선이요, 중앙에 서 있음이니
라.
38 오른팔에는 나 여호와의 백성이라 하
여 나를 핍박하며 나를 능멸하며 나의
새로운 성경을 욕하며 그를 찢어 버리
는 그와 같은 사악한 자들이요,
39 왼쪽에는 하나님이 존재하지 아니한
다 그리 말하는 자들 속에, 그 중심에
서 너희들이 지금 잡고 있으니,
40 너희들이 끈을 놓을 때 이쪽과 저쪽
백성이 다 지옥 불로 떨어지는 것을
알아야 할 것이니라.
41 지금 오른손에 잡혀 있는 자들이 나의
새로운 성경이요, 법전을 읽고 깨우쳐
저희들이 구원을 받지 아니하면 지옥
으로 갈 것이며,
42 나 여호와가 존재하지 아니한다 부르
짖는 너희들의 왼손에 잡혀 있는 그
백성, 너희들이 그 끈을 놓고 손을 놓
을 때 그들이 지옥 불로 가게 됨이니,
43 너희들이야말로 얼마나 나에게 소중
한 나의 아들딸인가 그를 잊지 말며,
너희 자신을 소홀히 생각하지 말라.
44 너희들은 내가 나의 아들을 통하여 너
희들에게 전함을 명심하라.
45 너희들이 행하는 모든 악하고 선한 것
은 이 세상에서 지워지지 아니하며 영

원히 남아 있으며,
46 그는 나에게 심판을 받을 때 너희들의
짐이 됨을 알라.
47 그리고 너는 나의 아들이요, 너희들은
나로부터 하늘에 오를 수 있는 축복과
영광의 기회를 가지고 있는 소중한 너
희 자신임을 잊지 말고, 그리 용기 잃
지 말며 살도록 그리하라.

4,899 번째 하나님 말씀

2003년 2월 9일 21시 34분

1 사랑하는 나의 아들아!
2 "네, 아버님! 말씀하옵소서."
3 너희들이 나에게 오르는 길은 사랑이
요, 그 사랑을 실천하고 행하기 위해
서는 너희들 자신의 마음을 비워야 한
다 하였음이니라.
4 나의 법전을 읽고 나의 강론을 직접
듣는 너의 제자들이 지금 어느 경지에
와 있으며 과연 얼마나 변해 있는가?
5 너희들 스스로 변하는 것이 얼마나 힘
들고 어려운가, 그리고 변하는 사람의
그 모습이 과연 어떠한 것인가를 지금
점검할 때가 되었음을 알라.
6 정녕 남의 앞에 있는 떡이요, 남의 밥
그릇이 크게 보이지 아니하는가?
7 남이 가지고 있는 것이 더 소중하며,
네 것보다 더 귀하고 소중한 것은 과
연 없는가?
8 너희들은 나를 생각하기 전에 이웃을
생각하며 남을 과연 얼마나 생각하고
사는가?
9 그와 같은 간단한 삶의 기초를 내가
수없이 너희들에게 깨우쳐 주며, 그리
살며 행동하라 전하였음이니,
10 과연 너희들은 지금 얼마나 변해 있으
며 얼마나 변화된 생활을 하고 있는가?
11 그것을 너희들은 점검해 봐야 할 것이
니라.
12 너희들이 변하는 것은, 너희들이 바로
서는 것은, 악을 행하지 아니하고 선
을 행하는 행위는 뭐라 말하였더냐?
13 너희들이 끓는 물에 손을 넣었다가 뜨
거워 놀라 손을 빼듯이,
14 너희들이 악을 봤을 때의 마음이 그와
같은 자세로 항상 긴장되지 아니하였
을 때, 너희들은 바로 설 수가 없음이
니라.
15 너희들이 잠시만 마음을 놓으며 마음
을 돌려도 너희 스스로 무너짐이니라.
16 내가 오죽하면 그 뜨거운 것에 손을
댔을 때 뜨거워서 놀라 손을 빼듯이,
17 악을 보고 악을 행할 때 너희들이 항
상 그와 같은 마음으로 가지 아니하면
바로 설 수 없다 하여
18 내가 나의 법전에 처음에 너희들에게
깨우쳐 전해 준 그 뜻을 너희들은 과
연 얼마나 느끼고 얼마나 행하고 살아
가는가?
19 너희들은 나의 법전이 간단하며 쉬운
내용이며 너희들이 다 알고 있는 그와
같은 것이라 그리 말하느니라.
20 그렇다면 너희들이 나의 법전에 기록
된 모든 내용이 기초적이요, 초등 학
문이요, 가장 쉬운 것이며, 너희들이
다 알고 있는 것이라 하면,
21 너희들은 과연 그를 얼마나 지키고 행
하고 살고 있는가?
22 가장 쉬운 것이며 알기 쉬우며 가장

기초적이요, 기본인 것을 나 여호와가
너희들에게 가르친다 말하며, 나의 법
전에 기록하여 너희들을 깨우친다 하
나,
23 너희들은 과연 가장 기초적인 것이요,
가장 초보적인 그것을 얼마나 지키고
살아가고 있는가 한번 너희들 자신을
돌아다보도록 그리하라.
24 너희들이 가장 쉽다는 기초적인 나의
법전이요, 새로 내리는 이 성령의 뜻
을 너희들이 그리 쉽게 평가하고 쉽게
말하니,
25 과연 가장 쉬운 것을 얼마나 행하는가?
26 너희들이 그리 행하지 못한다면 너희
들은 가장 기초를 벗어나지 못했음이
니,
27 너희들이 한 발짝도 나를 향하여 일어
섰다 할 수 없지 아니하는가?
28 그것이 너희들의 실정이요, 너희들의
마음이니라.
29 그리하여 내가 너희들의 마음에 남이
가지고 있는 것이 더 소중하며 커 보
이며 남의 밥그릇이 더 커 보이지 않
는가 너희들 마음을 한번 점검해 보라
그리함이니라.
30 너희들 말대로 너희 스스로 말하기를
법전은 기초적이요, 가장 쉬운 것이
며, 너희들이 다 알고 있는 것을 나 여
호와가 가르친다 하니,
31 그를 너희들이 행하지 아니하였다는
것은 가장 기초적인 것을 너희들이 그
선을 넘지 못했음이니, 너희들이 첫
번째 관문도 통과하지 못한 것이 아니
던가?
32 그 관문을 너희들이 통과하지 못하기
에 두 번째의 관문이요, 세 번째의 관
문을 너희들에게 내가 명할 수 없음이
니,
33 너희들은 기초의 쉬운 것을 놓고 열여
섯 권의 법전이 쉽고 간단하다 그리
말하지 말라.
34 너희들이 학문을 배울 때, 웃으면서
들어가 눈물을 흘리며 고생하며, 그래
도 깨닫지 못하는 인간 세상의 학문이
있듯이,
35 나의 법전 또한 너희들이 가장 쉬우며
가장 기초적인 것부터 시작하나, 너희
들이 열여섯 권을 깨우치고 터득했을
때 내가 너희들에게 그 깊은 의미요,
깨달음을 전하고자 하나 너희들이 기
초도 깨닫지 못하고 있음이니,
36 한 발짝도 뛰어오른 자들이 못 됨이니,
37 너희들이 긴장을 풀며 지금 웃고 즐기
며, 인간 세상에 사는 사람들 속에서
너희들이 같이 육신의 삶의 즐거움을
느낄 수 있다 말할 수 있는가?
38 너희들이 외형적인 행동은 변했다 하
나, 과연 내면의 본심을 들여다보라.
39 그 본심이 얼마나 변해 있는가?
40 의식적으로 악을 뜨거워하며 의식적
으로 선을 달게 맞이하는 그와 같은
너희들 생활의 방식이 얼마나 바뀌어
있는가?
41 나의 법전대로 너희들이 행하고 실천
할 때, 그저 첫 계단에 올라서는 것이
니,
42 가장 쉬운 기초를 너희들이 행하지 못
한다면 그 이상의 높은 것을 내가 어
찌 주고 어려운 것을 너희들에게 깨우
쳐 주겠는가?

43 너희들은 그 자신을 알라.

4,900 번째 하나님 말씀

2003년 2월 9일 21시 41분

1 사랑하는 나의 아들아!
2 "네, 아버님! 말씀하옵소서."
3 내가 나의 법전에 너희들에게 기록하
여 깨우쳐 주기를, 너희들 인간, 나의
백성이 똑같이 살아가는 그 삶 속에서
도 정품의 인생의 삶을 살아가는 자가
있는가 하면, 비품의 인생의 삶을 살
아가는 자가 있다 하였음이니라.
4 이는 바로 정도의 길을 살아가는 자와
정도의 길을 살아가지 아니하는 자를
내가 말함이니,
5 내가 너희들에게 무엇을 원하고 요구
하는가?
6 너희들은 공의의 하나님이요, 사랑의
하나님이요, 베푸는 하나님인 나 여호
와가 너희들에게 어렵고 힘든 것을 요
구하며 그 길을 가라 그리 가르친다
말하며,
7 그리하여 너희들은 어렵고 힘든 그 길
을 갈 수 없으며 행할 수 없다 그리 말
하나,
8 나 여호와는 너희들이 정품의 인생처
럼 지키고 살아갈 수 있는 정도의 그
길을 살라 너희들에게 말함이니라.
9 그러나 지금 나의 피조물 만백성 너희
들이 정도의 길이 아니요, 흐트러진
길을 가는 것을 즐겨 하며, 그것이 인
간의 낙이라 하며,
10 그와 같은 행위를 하는 것이 똑똑한
자며, 유능한 자며,
11 그리고 너희들이 정도의 길이 아니요,
정도가 아닌 비품의 길을 가면서,
12 너희들이 남에게 지지 않는 삶을 사는
그것이 똑똑한 것같이 생각하며 제가
약은 것같이 생각하고 사는 것이 나의
백성 너희들이 아니던가?
13 남들이 지키고 가는 그 법을 너희들이
스스로 어기면서 그 지키는 자를 어리
석다 말하며 바보같이 생각하는 자가,
14 모든 사람이 지키고 살아가는 질서의
그 법을 위반하는 것이 얼마나 무서운
죄인 줄 모르며,
15 제가 그 법을 위반했을 때 제가 약은
자요, 똑똑한 자요, 영리한 자처럼 그
리 착각 속에 살아가는 것이 지금 너
희들의 삶이니,
16 과연 이를 무엇으로써 바로잡을 수 있
다 생각하는가?
17 이는 어떠한 방법으로써도 너희들을
가르칠 수 없음이니라.
18 하늘에서 천둥과 같은 음성으로 내가
너희들에게 전해 준다 하여도 바로 하
루가 지나서 그를 다 잊어버리며 생각
지 못하고 사는 것이 너희들이니,
19 내가 천둥 같은 음성으로써 너희들에
게 깨우쳐 전했다 하여도 너희들의 다
음 후세들은 그 천둥과 같은 소리를
직접 듣지 못했으니,
20 너희들이 들은 것을 말로써 전한다 하
여도 그들은 세월이 지나면서 그를 믿
으려 하지 아니하며 그 무서움을 모름
이니,
21 과연 내가 어떤 방법으로 너희들을 깨
우쳐 주겠느냐?
22 이는 내가 나의 백성을 통하여, 나의

아들을 통하여 책으로 만들어, 글로
만들어, 너희들의 문자로 만들어 너희
들이 읽고 또 읽어 너희들의 후손에게
전하는 이와 같은 방법이 아니면 너희
들이 살아갈 수 없음이니라.
23 내가 내린 새로운 성경인 나의 법전을
보며 너희들이 두려워하며 인간이기
에 행할 수 없다 하나,
24 이는 다 할 수 있음이니라.
25 비품의 인생을 살지 말며 정품의 인생
을 살라 함이니라.
26 바른 인생을 사는 그것이 바로 하늘에
오르는 길이요, 너희들이 그리 살아갈
수 있음을 알라.
27 지금 너희들이 수천 년의 역사가 흘러
오는 이 세월 속에 많은 종교의 집단
이요, 나에게 오르는 길을 역사한다는
그들이 잘못 가르쳤으며,
28 정품으로 살아가는 백성까지 그들이
끌어들여 인생이 무너지는, 그리고 지
옥으로 가는 그와 같은 삶으로 인도하
였음이니,
29 이를 내가 더 이상 볼 수 없기에 내가
그들을 구원하고자 한다 하였음이니
라.
30 내가 나의 백성이요, 나의 아들을 통
하여, 너희들 인간 중에 그 누군가가
나의 성령이요, 나의 뜻을 기록하여
전하듯이,
31 나의 피조물 만백성을 구하는 그 법전
을 전해 주며, 그들에게 바로 사는 것
이 무엇이며 하늘에 오르는 길의 백성
이 무엇인가를 보여 줄 자가 있으며,
또 보일 자가 있어야 함이니,
32 바로 너희들이 그와 같은 대명을 수행
하며 그와 같은 역사를 할 수 있도록
나에게 선택된 백성이니,
33 너희들이 가슴으로써 과연 얼마나 변
화되며 아름답게 살아가는가를 수시
로 점검하라 함이니라.
34 이를 어찌하겠는가?
35 내가 너희들과 같이한다 하였으며, 나
와 항상 대화하며 나에게 물어 대답하
라 하였으니,
36 너희들이 과연 살아가는 하루의 생활
속에 나 여호와가 같이 있음을 얼마나
의식하는가?
37 너희들은 잠깐잠깐 그리 잊어버리느
니라.
38 너희들이 음식이라는 것을 먹고 돌아
서면 무엇을 어찌 먹었는가 그 자체의
모두를 다 잊어버리는 것처럼, 그리
바로 잊어버리고 생각을 하지 아니하
고 사는 것이 나 여호와이니라.
39 너희들이 갈증이 나서 물 한 컵을 마
시고 나면, 그 갈증 났을 때를 생각하
지 아니하는 것보다도 더 쉽게 나 여
호와를 생각하지 아니하며 나를 망각
하며 나를 잊어버리고 사니,
40 그리해서는 아니 되느니라.
41 너희들이 갈증이 나서 물을 마실 때,
그 물이 소중한 것보다도 열배 백배
나 여호와를 생각하며 내가 같이 있음
을 알며, 그것이 너희들이 하늘에 오
르는 길이라 하였으니,
42 배고픔과 갈증은 몸으로 느끼나, 나
여호와를 멀리하며 나와 대화하지 아
니하는 것이 얼마나 무섭고 잘못 가는
삶인가?
43 너희들이 하늘에 오르고자 갈구하는

그 뜻을 이루는 것이 그 길이거늘,
44 어찌하여 너희들은 배가 고프며 갈증이 나는 것은 알면서, 나 여호와와 더불어 사는 것은 너희들이 실천하지 않으며 잊어버리고 사는가?
45 이를 깊이 깨우치도록 하라, 나의 사랑하는 백성들아!

4,901 번째 하나님 말씀

2003년 2월 9일 21시 56분

1 사랑하는 나의 아들아!
2 "네, 아버님! 말씀하옵소서."
3 사랑하는 나의 피조물 만백성 그들에게 전하라.
4 나 여호와 창조주가 이 세상의 모든 동식물의 그 아름다움을 너희들에게 주었거늘,
5 어찌하여 너희들은 그 아름다움을 느끼며 그 속에서 아름답게 살아가지를 못하는가?
6 내가 너희들에게 꽤 많은 은혜를 주었으며, 너희들이 자연 속에서 모든 들짐승이요, 날짐승이요, 그 모두와 더불어 모든 동식물을 관리하며, 그 속에서 자연의 위대함을 느끼며 아름답게, 내가 만든 성전에서 행복한 백성으로 살도록 요구하며, 내가 바라고 원하는 것이 그것이거늘,
7 어찌하여 너희들은 그를 바라보지 못하고 그리 살아가는가?
8 지금 너희들의 모든 삶을 송두리째 빼앗아 가며 황폐한 마음으로 만든 것이 과연 누구던가?
9 평범히 살아가는 그 이웃이 그리하였던가, 너희들의 형제들이 너희 마음을 그렇게 묶어 놓았던가?
10 지금의 모든 종교 집단이요, 종교 지도자가 아니었으면 너희들은 살얼음판을 걸어가는 그와 같은 인생의 삶을 살지 아니하였을 것이니,
11 아름다움 속에서 웃고 즐기며 행복한 그 삶을 살아갈 수 있는 너희들을, 깨지면 죽을 것 같은 그 살얼음판의 인생을 살아가도록 한 것이 지금의 종교 집단이니,
12 나의 백성의 웃음을 뺏어 갔으며 행복을 뺏어 갔으며 인간의 풍요로움을 뺏어 간 것이 그들이니라.
13 그러니 내가 그들을 용서할 수 없다 말함이니라.
14 너희들이 모든 자연을 즐길 수 있는 그 시간을 안식일이라 하여 기도하고 경배하는 시간이라 하며, 너희들이 새벽잠 자지 못하고 와서 또 기도하도록 하며,
15 그와 같이 너희들을 정신없이 끌고 가는 그와 같은 자들이 얼마나 사악한 자의 속셈인가?
16 너희들의 마음에 여유를 주며 풍요로운 삶을 살아가도록 너희들이 그리되면 너희들이 지금의 사악한 종교 지도자들 앞에 맹종하며 맹신하지 아니하며,
17 그저 구원을 받는다는 그 욕심 하나 때문에 죽기 아니면 살기로 그리 매달리는 그와 같은 삶을 살지는 아니할 것이니라.
18 너희들이 대자연이요, 세상의 아름다움을 느끼고 그 자연과 더불어 살라

하였거늘,
19 오로지 너희들은 나의 성경이라 하여
성경이요, 그저 기도하고 찬송하며 그
모두를 거기다 바치고 거기에 묶여 살
아감이니, 너희들이 자연의 아름다움
을 보지 못하니, 너희 마음이 너그러
울 수가 없으며 아름다움을 알 수가
없는 것이니라.
20 너희들은 사랑하는 마음을 가졌을 때,
사랑함을 알게 되며 사랑을 알게 되느
니라.
21 내가 너희들에게 뭐라 가르쳤느냐?
22 네 부모를 공경하며 네 부모를 사랑하
며 받들라 하였음이니라.
23 내가 왜 그리 가르치는가?
24 너희들은 육의 부모에게 바치는 사랑
이요, 그 공경함은 나 여호와와 비교
하면 작은 것이라 그리 말할 수 있으
며, 그리고 나에게 바치는 것은 큰 사
랑이요, 큰 공경함이라 너희들이 말할
수 있으나,
25 네 부모를 사랑하는 그 아름다운 마음
이 없이는 너희들이 나를 사랑할 수
있는 마음이 너희 마음속에서 나올 수
가 없기 때문이니라.
26 너희들은 서로 사랑하는 그 애절한 마
음속에서 아름다운 말을 구사할 수 있
으며, 서로 아름다운 단어가 나올 수
가 있으며, 사랑하는 속에 아름다운
시를 쓸 수 있는 것이 너희들 인간의
기초의 마음이 아니던가?
27 사랑하는 마음이요, 사랑할 줄 모르며
무엇이든 애절하게 사랑을 해 보지 아
니한 자는 사랑이라는 그 아름답고 애
절한 시를 쓸 수가 없음이니라.
28 그들은 그 단어를 알 수가 없으며 그
를 생각할 수 없기에 그 시를 쓸 수 없
음이니라.
29 사랑의 아름다운 그 시를 쓸 수 있는
것은 그가 돌을 사랑하든, 나무를 사
랑하든, 사람을 사랑하든, 연인을 사
랑하든, 부모를 사랑하든, 사랑하는
그 마음이 애절함의 극치에 달했을
때, 그는 그 마음을 아름답게 표현할
수 있으며 그를 글로 전할 수 있음이
니,
30 무엇이든지 사랑을 해 보지 아니하며
사랑하지 아니하는 자는 그 사랑의 단
어를 쓸 수 없으며, 그 사랑의 단어를
구사할 수가 없는 것이니라.
31 그리하여 너희들이 사랑하는 자가 시
를 쓸 수 있듯이, 사랑을 하라 함이니
라.
32 네 부모를 공경하는 자만이 나를 공경
할 수 있다 함을 너희들은 알아야 할
것이니, 너희들이 사랑하지 않는 마음
을 가지고는 사랑하는 글을 쓸 수가
없듯이, 너희들이 자연의 그 아름다움
속에 그 풍요로움에 빠지지 아니할
때, 너희들의 마음은 유하고 부드럽고
사랑하는 마음으로 온유한 마음으로
변할 수가 없음이니라.
33 그저 성서를 가지고 교리라 하여 가르
치고 또 가르치고 재탕하여 다람쥐 쳇
바퀴 돌듯이 가르친 것을 또 가르치고
또 가르치면서,
34 너희들은 마지막 그 모든 매일매일의
결론이 무엇이더냐?
35 재물을 많이 바치라 재물을 바칠 수
없으면 노동력으로써 몸으로 때우라

그와 같이 너희들이 가르치는 것으로 결론을 내는 것이 지금의 종교 집단이니, 얼마나 이기주의요, 사악한 자를 만드는가?

36 재물을 많이 바치는 자가 하늘에 오르며 그 창고에 많이 쌓아 놓는 자가 구원을 받는다 하니,

37 옆에 있는 사람보다 더 쌓아 놓기 위해서 갖다 바쳐야 하며, 옆에 있는 사람이 하늘의 창고에 더 쌓아 놓으면 제가 뒤지는 것 같은 그 욕심 때문에, 그 욕심이 목에까지 찼기 때문에 그저 저희 집을 팔아 저희 인생을 팔아 저희들의 의식주를 나 서버린다 하여도 그저 많이 바치고자 하는 그와 같이 어리석고 불쌍한 짐승만도 못한 백성이 세상에 우글거리고 사는 것이 아니던가?

38 저희들의 의식주는 관계없으며, 저희들이 몸담은 성전에서 공부하고 그 교리를 듣는 성전의 그 목사라는 자, 또 종교 지도자를 기쁘게 하며 그를 위해 모두를 다 바치면 구원을 받는 길이요,

39 부모에게는 불효해도, 가르치는 종교 지도자요, 저희들이 공부하는 성전에 가서 열과 성의를 다하면 나 여호와로부터 사랑을 받는다는 그와 같은 뒤죽박죽인 그 인생의 철학을 가지고 살아가는 불쌍한 너희들이 세상을 다 지배하며 덮고 있음이니라.

40 그러니 자연을 사랑하지 않는 그 백성은 아무것도 모르며 황폐한 땅이며, 거기서는 하나의 곡식도 자랄 수 없는 그와 같이 메마른 너희들을 만들어 감이니,

41 너희들은 자연을 보며 아름답게 살라 내가 내려 준 그 모두를 음미하며 그 속에서 너희들이 아름다운 마음이요, 풍요로운 마음을 가지고 살라.

42 너희들이 죽어 나에게 왔을 때 그 아름다움을 보지 못하고 산 것만큼 삭막하니, 그 죄를 너희들이 짓는 것이니라.

43 너희들은 나는 나비를 보며 그 황홀함을 볼 때 거기에서 아름다운 단어를 찾을 수 있고 아름다운 생각을 할 수 있음이니,

44 그 위대한 자연 속에서 너희들이 사랑하는 마음이요, 아름다움이요, 고귀함이요, 곱게 피어나 고개 드는 그 꽃봉오리를 보고 마음을 설레는 그가 어찌 나쁜 생각을 하며 나쁜 단어를 그 속에서 만들며 그가 흉악한 말을 할 수 있더냐?

45 아름답게 피는 그 꽃을 보는 그가 어찌하여 흉악한 말을 할 수 있는가?

46 아름다운 시적인 단어를 그는 구상할 것이며, 그와 같이 시적인 단어를 구상하고 구상할 때 그 가슴속에 아름다운 시적인 단어를 구상할 수 있는 것이 너희들이니,

47 너희들이 그 모두를 막아 놓았으며 그 모두를 짓이겨 놓았으며 그 모든 문을 닫아 놓았음이니라.

48 너희들의 마음은 아름다우니라.

49 아름다운 것을 보고 아름다움에 취하며, 귀한 것을 보며, 또 즐거움을 보며, 웃음을 보며 웃음에 취해 사는 그와 같은 마음을 가지고 있는 그 마음을 모두 짓이겨 놓았으며 닫아 놓았으

며, 그 철문으로써 그를 꿰매 놓은 것
이 지금 종교 지도자요, 종교 집단들
이 그리 가니,
50 불쌍한 나의 백성 너희들이 나에게 오
르고 안 오르고, 선을 행하고 악을 행
하기 전에,
51 자연 속의 아름다움을 보며 풍요로움
을 가지며 여유 있는 삶을 살라.
52 너희들이 피로할 때 쉬는 것이며 지쳤
을 때 쉬는 것이지,
53 너희들이 지친 몸, 힘든 몸을 끌고 너
희들의 성전에 나가는 시간, 기도하는
시간을 지키는 것만이 구원을 받는다
그리 생각하지 말라.
54 단, 어느 시간에 어찌 기도를 하든 너
희들이 기도하는 마음이, 경배하는 마
음이 나에게는 소중한 것이며, 무엇과
도 바꿀 수 없는 소중하고 귀하며 나
여호와를 기쁘게 하는 것이니 그를 잊
지 말라.

4,902 번째 하나님 말씀

2003년 2월 9일 22시 38분

1 사랑하는 나의 아들아!
2 "네, 아버님! 말씀하옵소서."
3 지금 굳어지고 굳어졌으며 두꺼워질
대로 두꺼워진 그 벽을 과연 어찌 넘
고 깨야 하는가?
4 지금의 종교 집단이 하루 이틀이 아니
요, 수천 년의 역사가 흘러오는 지금
그 믿음의 두께가 그를 깨기가 너무나
도 어렵고 힘드니, 네가 그 역사를 이
루기가 얼마나 어렵고 힘들던가?
5 아무리 깨도 깰 수 없는 것이 지금의
종교 집단이요, 그들이 가고 있는 믿
음의 길이니,
6 그들은 어떠한 변화요, 어떠한 역사에
도 다시 돌아다보지 아니하며, 좌우를
보지 아니하며,
7 새로운 것을 그들은 받아들이려 하지
아니하는 것이니라.
8 그리하여 저희들 것만이 위대한 것이
며 저희들 것만이 구원을 받는다는 생
각이 그 머릿속에 젖어 있으니,
9 저희들의 머리가 백발이 되어 죽어 가
는 그 순간까지도 그들은 그를 놓지
아니하며 그를 믿고 있고 그것에 매달
리고 있음이니,
10 그것이 구원의 길이 아니요, 지옥으로
가는 길을 가고 있다면, 과연 그를 아
는 나 여호와가 그를 놓아두어야 하겠
는가?
11 나의 아들딸이 지옥으로 가는 줄 모르
고 지옥 불로 가는 것을 그대로 놓아
둘 수는 없지 아니하던가?
12 그를 바로잡고 깨우칠 수 있는 것이
나의 법전이요, 그러면 나의 법전은
어찌하여 내려가는가?
13 나의 아들을 통하여 세상에 만들어지
며, 너희들을 통하여 그것이 전해지는
그 역사가 이루어짐이니라.
14 그러니 나 여호와가 그들을 구원하고
자 하는 그 마음이 얼마나 애절하고
간곡한 것인가를 너희들은 깨우치고
알아주기를 나 여호와가 바라는 것이
니라.
15 내가 내 자식을 살리고자 하는 마음을
너희들이 안다면, 오늘의 시련이요,
고통이요, 나의 법전을 밤늦도록 만드

는 그것이 고통이 아니고 영광이라 그
리 생각할 수는 없겠는가?
16 너희들 인간 세상에서도 죽어 가는 그
자식을 바라보는 부모의 마음이 얼마
나 애절하며, 그를 살리고자 하는 마
음이 어떠하던가?
17 그보다 열 배 더한 나 여호와의 뜻이
니라.
18 너희들이 육의 세상에 사는 것은 부모
와 자식 간에 서로 백 년의 인연을 맺
지 못하며,
19 그 백 년 속에서 모두가 다 덮이며 끝
나는 그 인생의 인연을 가지고도 너희
들이 그리 몸부림치지 아니하는가?
20 너희들 부모는 그 자식이 백 년이 되
도록 보지 못하며, 그 아들을 놓아두
고 죽어 가는 것이 너희들의 부모가
사는 길이며,
21 또한 그 자식이 제가 죽을 때까지 부
모가 기다려 주지 아니하며 육을 가진
부모가 살지 못함이니,
22 그 또한 제가 죽기 전에 그 부모가 먼
저 죽는 그와 같은 형국을 보는 것이
너희들이 아니더냐?
23 서로 반드시 헤어지며 서로 인연이 끝
나는 그 순간이 머지않은 육의 부모와
자식의 맺어짐도 그리 애절하며 그리
가슴 아파하는 것을,
24 영원히 사는 길이요, 나와 더불어 너
희들이 변하지 않고 영원히 사는 그
세상에 부자지간의 인연을, 또 부녀지
간의 인연을 맺은 나 여호와가 너희들
을 보는 마음이 과연 어떠하겠는가?
25 너희들의 육의 부모가 백 년을 살고
너희들과 헤어진다면 나 여호와는 영
원히 사는 너희들과 나의 인연이니,
26 백 년을 사는 부모가 너희들을 사랑하
는 마음보다 영원히 사는 내 마음의
깊이가 더 두텁고 뿌리가 깊지 아니하
겠는가?
27 그러하니라.
28 그와 같이 내가 너희들 육의 부모보다
너희들이 지옥 불로 가는 것을 더 가
슴 아파하고 내가 더 아파할 것이니,
29 그를 바라보는 나의 마음이 얼마나 아
프겠는가?
30 그리하여 그들을 구원하는 역사를 하
는 너희들이 나 여호와를 기쁘게 하며
나를 내신함이니,
31 너희들의 그 소중함을 알아야 할 것이
니라.
32 내가 너희들이 정도의 삶을 살다 나에
게 오르라 그리 부르짖고 애절하고 간
곡하게 부탁하건만, 너희들이 어찌하
여 이를 따르지 아니하는가?
33 내가 너희들에게 뭐라 하였느냐?
34 나의 성전에서 공부하는 너희들이 '사
랑'의 노래를 부르라 하였음이니, 그
믿음과 소망보다 가장 소중한 것이 사
랑이요, 그 사랑을 나 여호와가 추구
함이니,
35 그 사랑은 조석으로 변하는 사랑이 되
어서는 아니 됨이니라.
36 나 여호와요, 창조주가 너희들을 끝없
이, 한없이, 변함없이 사랑하는 그 마
음을 너희들은 나를 따라 실천할 수
있으며, 그리 과연 행하고 살 수 있는
사랑의 마음을 가질 수는 없는가?
37 너희들의 믿음이요, 사랑의 실천은 아
침저녁으로 수시로 변하는 그것이 너

희들의 삶이며, 그 수시로 변하며 그
변덕스러움은 가히 내가 바라볼 수 없
는 것이 너희들이니라.
38 너희들은 그렇다 말하지 아니할 것이
나,
39 하루에도 수십 번, 수백 번씩 변하는
것이 너희들의 마음이며, 너희들이 가
는 길이 아니던가?
40 그리하여 나의 아들 예수를 따랐던 그
제자요, 닭이 울기 전에 세 번 부인한
그 베드로를 보라.
41 그 또한 열 번, 백 번 변할 수 있는 것
이 그의 마음이니,
42 인간의 그 본성에서 그가 무슨 깨달음
을 얻었으며 무슨 변화를 했던가?
43 그가 천사처럼 변화된 마음이면 그와
같이 닭이 울기 전에 세 번 부인하는
그와 같은 역사는 아니 하였을 것이니,
44 그도 그와 같이 변하고 그와 같이 행
하지 못했음이니,
45 지금 너를 따르는 나로부터 선택된 백
성, 과연 그들은 어떠하던가?
46 그들도 열배 백배 더 변할 수 있다는
것을 알아야 할 것이니라.
47 너희들이 바로 서야 함을 알라.
48 나의 예수를 따랐던 그 제자들은 실패
했으며 그를 등지고 버렸음이니라.
49 그러나 너희들은 나의 법전을 읽고 깨
우쳐 스스로 하늘에 오르는 길을 터득
하며,
50 또한 나의 아들을 통하여 내가 직접
내리는 강론을 너희들이 직접 들음이
니, 그보다 더 큰 영광과 영화가 너희
들에게 없음을 알아야 할 것이니라.
51 그러한 너희들이 변하는 자가 되어서
는 아니 될 것이니라.
52 너희들의 마음이 나처럼 영원히 변하
지 않는 그와 같은 마음으로 살아가며
그와 같은 사랑을 정녕 할 수 없겠는
가?
53 그를 위하여 내가 너희들에게 법전을
내려보냄이니라.
54 너희들이 나의 법전을 정독하고 또 깨
우쳐 손에서 놓지 말라는 뜻이 여기에
있음이니라.
55 너희들이 나의 법전을 손에서 놓지 아
니하고 정독하고 깨우치고 또 깨우칠
때,
56 너희들은 어떠한 세상의 유혹과 어떠
한 세파에도 흔들리지 아니하고 나 여
호와처럼 변함없는 그 사랑을 할 수
있음이니라.
57 그 변함없이 사랑할 수 있는 것이 무
엇이던가?
58 너희들의 마음이 흔들리지 아니하며
어떠한 환란에도 넘어지지 아니하며
나를 향하여 달려올 수 있는 그와 같
은 마음이니라.
59 너희들이 사랑이 없으며 나를 경배하
는 마음이 없으며 내가 내리는 그 뜻
을 진실로 믿지 아니할 때, 너희들은
나에게 오는 길을 올 수 없음이니라.
60 이를 명심하여 너희들이 깨우치라.
61 영원히 나 여호와처럼 변하지 않는 사
랑, 그리고 끝없이 줄 수 있는 사랑,
그와 같은 사랑을 너희들도 행하여야
할 것이니 잊지 말라.

4,903 번째 하나님 말씀

2003년 2월 9일 22시 54분

1 사랑하는 나의 아들아!
2 "네, 아버님! 말씀하옵소서."
3 내가 성경에 기록하여 나의 아들 예수
가 그리 전하였느니라.
4 '네가 어찌하여 나를 선하다 일컫느
냐? 하나님 단 한 분 외에는 선한 이
가 없다.' 예수는 그리 말하였음이니
라.
5 나의 아들 예수가 너희들을 깨우치기
위하여 성경에 이와 같이 기록하였으
니,
6 진정한 창조주요, 참진리를 향하며 선
을 행할 수 있는 이는 나 여호와뿐이
라 그가 기록하여 너희들에게 전하였
음이니,
7 나의 아들 예수가 신처럼 나와 대등하
다 일컬어 가르치는 너희들이 과연 이
를 보며 무엇을 깨달으며 무엇을 생각
할 수 있겠는가?
8 나의 아들과 삼위일체요, 동등한 자라
말하며,
9 모든 역사는 나의 아들이 다 이룰 수
있으며 나를 능가하는 것처럼 너희들
이 그리 신처럼 받들며 나의 아들 예
수를 그리 부르짖고 있음이니,
10 과연 내가 여기에 나의 아들을 통하여
기록한 이 성경의 대목을 너희들은 어
찌 보고 어찌 깨우치는가?
11 너희들 머릿속에 변화를 이루지 못하
니, 너희들은 어떠한 형태로든지 나에
게 구원의 길이요, 나를 향하여 오는
길이 아님을 알아야 할 것이니라.
12 이제 내가 나의 아들을 통하여 너희들
에게 이를 전함이니,
13 너희들이 이 대목을 읽고 깊이 깨우쳐
세상에 널리 전하여야 함을 잊어서는
아니 될 것이니라.
14 이 대목을 너의 제자들이 읽고 또 읽
어 그들이 많은 백성에게 이와 같은
뜻을 전하도록 그리하라.
15 그리하여 지금 깨우치지 못하는 나의
백성을 바로잡아 그들을 바로 세워야
할 것이니라.
16 이 대목을 세상의 구석구석까지 만백
성에게 전하여, 예수를 창조주 아버지
와 같다 하는 그들에게 이 대목을 깨
우쳐 주도록 그리해야 할 것이니라.
17 그들이 이와 같은 깨달음의 변화를 이
루지 못하며 이를 계속 부르짖으며,
나의 아들을 나와 똑같다 말하며,
18 나의 아들의 이름을 부름으로써 모든
것이 다 이루어지며, 그 보혈로써 구
원을 받았다 그리 생각하는 것,
19 그와 같은 틀을 벗어나지 아니하면 너
희들은 아니 됨이니라.
20 내가 너희들에게 뭐라 일렀던가?
21 나의 아들 예수가 나의 명을 받아 세
상에 가 나의 뜻을 전한 것은 그때 나
의 모든 권한을 위임하였으며, 그가
나를 대신하여 역사하였음이니, 그가
나와 같다 너희들이 그리 말할 수 있
다 하였으며,
22 그러나 나의 아들 예수가 모든 기적이
요, 역사하는 것은 나로부터 하나하나
승인을 받아 나의 뜻에 따라 그 모두
가 이루어진 것을 너희들은 알아야 할
것이며,

23 나의 아들 예수가 임의로, 자의로 그
역사를 이룬 것은 아님을 너희들은 알
아야 할 것이니라.
24 지금 너희들이 너무나 잘못 가고 잘못
가르치기에, 나의 아들 예수가 나의
선지자, 지금의 나의 아들을 통하여
너희들이 예수를 너무나 신격화한 것
때문에 나의 아들 예수가 그 마음이
괴로움이니,
25 그와 같은 예수의 아픈 마음을 전해
달라 그리 너희들에게 간곡히 내린 것
을 내가 알고 있음이니,
26 이와 같은 뜻을 너희들이 거역하지 말
며 이와 같은 행위를 하지 말라.
27 너희들은 내가 기록한 성경은 한 획도
한 자도 더하고 빼서도 아니 된다 그
리 말하면서, 엄연히 여기에 기록되어
있음이니라.
28 나의 아들 예수가 뭐라 말하였느냐?
29 선하다 말하지 말며, 선한 자라 일컫
지 말라 하였음이니라.
30 오로지 선한 자는 나 여호와 창조주뿐
이며, 그 누구도 이룰 수 없다 그리 말
한 그 대목을 만백성에게 전하여 깨우
쳐 주도록 그리하라, 사랑하는 나의
아들아!

4,904 번째 하나님 말씀

2003년 2월 9일 22시 59분

1 사랑하는 나의 아들아!
2 "네, 아버님! 말씀하옵소서."
3 나의 법전이 세상에 나오며, 새로운
성경이라 하여 세상에 내려보내며,
4 너를 나의 아들이요, 나의 종이요, 나
의 선지자라 그리 불러 네가 나의 성
령을 받아 기록하여 대장정의 160권
의 법전을 세상에 내는 그 역사를 함
이니,
5 그들은 이단이요, 사탄이요, 사악한
자라 그리 말하며 너를 짓이기려 하
며, 나의 법전을 찢어 버리며, 태워 버
려 이를 버리고자 하니,
6 과연 너희들이 그리 광분하며 흥분할
필요가 무엇이 있는가?
7 너희들이 옳은 믿음이요, 하늘에 오르
는 길이라면, 너희들은 그 길을 그대
로 가면 될 것이니라.
8 그들이 너희들에게 밥을 달라 하는 것
도 아니요, 집을 달라 하는 것도 아니
요, 너희들의 성전을 뺏어 가고자 하
는 것도 아니거늘,
9 어찌하여 너희들은 아무런 관계도 없
으면서 그리 광분하며 흥분하며, 너희
들이 예수를 죽였듯이 그와 같은 짓을
하려 하는가?
10 너희들이 진정한 참진리라면 너희들
을 따르는 백성이 너희를 떠나지 아니
할 것이며, 너희들의 신도라는 자들이
너희 손으로 지은 그 성전을 떠나지
아니하며 등을 돌리지 아니할 것이니
라.
11 너희들이 진정한 참진리를 깨우치고
전한다면 그들은 불변일 것이며 마음
이 변할 수가 없는 것이니라.
12 지금 나의 아들을 따르는 제자들이요,
나의 법전을 읽고 깨우치는 그 백성이
어렵고 힘든 그 고통의 길을 마다하지
아니하고 지금 가고 있지 않은가?
13 그들은 오늘의 고통이요, 오늘의 시련

에 어렵고 힘든 그 인내 속에서 하나
를 깨우쳤을 때, 다음에 나의 아들이
또 하나를 깨우치기를 원함이니,
14 그들은 깨우치고 또 깨우쳐도 어렵고
힘든 그 깨우침이요, 변화되는 그 역
사만을 내가 그들에게 강요하며 요구
하고 있음이니,
15 내가 강권으로써 그들을 지금 깨우치
고 다스리고 있음이니,
16 그래도 그들은 그 고통스러운 것을 떠
나지 아니하며 버리지 아니하며 거부
하지 않는 것이 무엇이던가?
17 참진리요, 나 여호와의 뜻이요, 그들
은 가슴에 느낌이 있으며 와 닿는 것
이 있기에, 그들이 그와 같이 고통스
러운 길이요, 오늘보다 내일이 변화되
며 모레가 더 변하는 그 어렵고 힘든
길을 가라 해도 그들은 마다하지 아니
하고 가고 있지 않은가?
18 그렇다면 너희들이 참진리요, 진정한
길이요, 하늘의 구원의 길을 정통한
길로 가고 있으며 정도로 가고 있다면,
19 어떠한 것이 너희들에게 몰아친다 하
여도 너희들의 신도요, 너희들 자신이
흔들리지 아니할 것이며 두려워할 것
이 없거늘,
20 어찌하여 너희들이 그리 흥분하고 광
분하며 이단이요, 사탄이라 그리 악을
쓰는가?
21 그 자체가 너희들이 부끄러움을 알아
야 할 것이니라.
22 이는 예수가 나의 백성에게 전할 수
있는 그 모두를 너희들이 바로 받아들
였으며 나의 아들 예수를 그와 같이
고통스럽게 죽게 하여 내가 내리는 그
모두를 단절시키지 아니하였다면, 지
금의 이와 같은 역사는 이루어지지 않
았을 것이니라.
23 너희들의 종교 집단의 그 뿌리요, 너
희들의 조상이 나의 아들 예수를 그리
죽게 하여, 내가 예수를 통하여 만백
성을 깨우치는 나의 성령을 다 전하지
못하였으며 그를 이루지 못하였음이
니,
24 지금 내가 그를 이루고자 나의 법전이
세상에 나와야 했으며, 내가 세상에
내려보냄을 너희들은 잘 알고 있지 않
은가?
25 이를 통하지 아니하면 너희들을 일깨
울 수 없으며 다스릴 수 없기에,
26 내가 나의 아들 예수를 통하여 이루고
자 했던 그것을 지금 내가 너희들이
행하며 지키며, 그 역사에 의하여 심
판을 시작함이며, 마지막 시대를 열어
가고 있음을 너희들은 알아야 할 것이
니라.
27 너희들이 이제 나의 법전을 보고 시시
비비하지 말라.
28 너희들이 구약 시대요, 신약 시대에
잘못 살아온 것을 내가 제3의 시대,
새로운 성경의 시대에서 바로잡고자
함이니,
29 이후에는 다음의 시대가 없으며,
30 새로운 법전이요, 새로운 성경이라 하
여 이 세상에 내려오는 것이 없으며,
31 너희들을 깨우치는 나 여호와의 뜻이
라 하여 그 누가 기록하여 전하는 그
역사도 없음이니, 이를 너희들이 알아
야 할 것이니라.

4,905 번째 하나님 말씀

2003년 2월 9일 23시 11분

1 사랑하는 나의 아들아!
2 "네, 아버님! 말씀하옵소서."
3 내가 너에게 뭐라 가르쳐 전했던가?
4 무쇠는 불에 달구고 달구어 그를 두드
리고 또 두드려서 그와 같이 명검을
만들 수 있다 하였음이니라.
5 그 무쇠를 불에 달구는 것같이 너희들
자신이 그와 같은 그 무서운 달굼을
받고 지금 가고 있는가?
6 그리고 그 명검을 만들고자 불에 달궈
두드려 그를 만들어 내듯이, 너희들이
고통과 시련을 과연 지금 부딪치며 가
고 있다 생각하는가?
7 그 무쇠가 불에 달궈져 녹는 것처럼,
너희들 자신을 그리 녹였으며 너희들
자신을 다 태워 버려 너희들이 나를
향하여 달려오는 그 길을 지금 오고
있는가?
8 그리고 그 무쇠가 또 두들겨 맞고 맞
아 명검이 되듯이, 너희들이 부닥치고
시달리고, 이리 치이고 저리 치이는
그 고통 속에서 너희들이 과연 버티며
오늘에 견디고 나가는가?
9 너희들의 마음 자세가 과연 어디에 있
는가 돌이켜 보라.
10 나를 경배하는 마음이 어디에 있으며,
나에게 기도하는 마음이 어디에 있으
며, 나를 생각하며 살아가는 그 마음
이 어디에 있는가?
11 너희들 자신을 던져 과연 너희들이 그
믿음의 길을 달려가고 있으며,
12 목숨을 바쳐 나에게 오는 길을 가고자
하는 것이며,
13 그 믿음에서 내가 너희들에게 지키고
살라 하는 것을 그리 자신을 던져 지
키고 행하며 살아오려고 얼마나 노력
하는가?
14 불에 달구어져 녹는 그 무쇠처럼 너희
자신을 녹여서 그와 같이 인내하고 견
디는 그 마음으로써 삶을 살아오는가?
15 그렇지 아니하거든 너희들이 오늘의
가는 길을 힘들고 어렵다 그리하지 말
라.
16 너희들이 은혜를 받고자 하면 욥이 그
고통과 어려운 시련을 겪고 나에게 은
혜를 받았듯이,
17 너희들도 그와 같은 시련과 고통을 딛
고 일어났을 때, 나에게 그와 같은 배
의 영광을 받을 수 있다 내가 말하였
음이니라.
18 무쇠가 녹여지듯이 너희들 자신을 녹
여, 너희 스스로 얼마나 버티고 굳건
히 서 있으며 너희들이 얼마나 깨우침
의 길을 위하여 모두를 다 던져 가고
있는가를 너희들 스스로 한번 돌이켜
보라.
19 너희들은 너무나 안일한 방법이요, 너
무나 편안한 방법이요,
20 그리하기에 너희들이 변화를 모르며
변화되는 그 역사를 모르며,
21 내가 너희들에게 명한 작고 큰 그 명
이 얼마나 무섭고 위대한 것이며 소중
한 것인가를 깨우치지 못하고 가는 것
이 지금의 너희들이니,
22 이제 너를 따르는 제자들과 나의 법전
을 읽는 백성 너희들이 악을 제거하며
선을 선택하며,

23 내가 내린 그 모든 명령이요, 나의 십
계명이요, 나의 새로운 성경이요, 나
의 법전에 기록하여 내린 그 내용을
지키고 살기가 무쇠가 불에 달구어 녹
는 그 변화보다도 힘들거든 그를 지키
지 말 것이며,
24 그보다 못하다 생각하거든 너희는 지
키고 가야 할 것이니라.
25 그 불에 달군 무쇠를 망치로 두들기고
또 두들겨서 명검을 만들듯이,
26 너희들이 그와 같이 부닥치는 모든 역
경을 너희 스스로 인내하고 견뎌,
27 정녕 그리하여도 너희들 자신을 다스
릴 수 없으며 추하고 더러운 짓을 하
지 아니하며 남으로부터 저주받는 짓
을 하지 않고 살 수 없거든, 너희들이
나의 뜻을 따르지 말라.
28 그러나 너희들이 무쇠가 불에 녹듯이
녹이고 망치로 때리고 또 때려서 그
명검을 만드는 것처럼 너희들이 그와
같은 고통을 인내하고 버티는 삶의 역
사보다 더 힘들고 어려운 것이 있거든
너희들이 등을 돌리되,
29 그보다 고통스럽고 힘들지 아니하며
부닥치는 것이 어렵지 아니하거든 너
희들은 어렵다 말하지 말며,
30 십계명을 지킬 수 없다 말하지 말며
31 나의 법전대로 살 수 없다는 그와 같
은 말을 너희들이 두 번 다시 너희 입
에 담지 말라.
32 너희들이 편안한 마음이요, 여유 있는
마음이요, 아직도 안일한 마음속에 젖
어 있기에 '할 수 없다, 지킬 수 없다'
그리 말하는 것이니,
33 너희들이 그만큼 편안하며 여유 있으
며 유유자적한 생활 속에서 예수의 보
혈로써 구원을 받았다 하는 자들과 조
금도 다름이 없음을 너희들은 알라.

4,906 번째 하나님 말씀

2003년 2월 10일 07시 18분

1 사랑하는 나의 아들아!
2 "네, 아버님! 말씀하옵소서."
3 믿음과 소망과 사랑 중에 사랑이 제일
으뜸이라 하였으니,
4 모두는 내가 이루고자 하는 것이 참사
랑이라 하였음이니라.
5 그러니 참사랑의 마음을 비우지 못하
는 너의 제자들은 네 옆에 있을 수 없
으며, 만백성의 지도자라 그들이 설
수 없음이니라.
6 인간이 사랑하는 것같이 사랑을 베푸
는 것같이 마음을 가지나,
7 제 계산을 먼저 하며 저를 먼저 생각
하는 그와 같은 사람은 사랑하는 사람
으로 변할 수가 없으니,
8 정녕 사랑을 모르며 사랑을 베풀지 못
하는 자가 나의 법전을 가지고 만백성
을 다스릴 수 없으며, 그는 또한 나로
부터 선택받아 구원을 받을 수 없는
것이니라.
9 순수한 사랑이요, 순수한 마음으로써
변하는 그와 같은 백성,
10 정녕 저를 생각하지 아니하며 이웃을
먼저 생각하는 그와 같은 아름다운 마
음으로 변하는 그 백성이 바로 나로부
터 선택된 백성이요, 나의 아들딸이니
라.
11 나의 법전을 읽고 읽으면서 또 나의

강론을 들으면서 제가 인간 세상에 살
아가는 그 방향으로 저를 위주로 생각
하는 그와 같은 마음을 갖는다면, 이
는 내가 그를 받아들일 수 없으며 그
를 용서할 수 없음이니라.
12 그리하여 너에게 지금 많은 제자들이
왔다 가며, 또 많은 사람들이 와서 너
를 보고 공부하다 떠나는 자,
13 그들이 정녕 이 어려운 고비요, 사랑
을 베푸는 그것이 무엇인가를 깨우치
지 못하며,
14 사랑으로써 모두를 다스리는 것이 얼
마나 위대한 것인가 그 고비를 넘지
못함이니,
15 그리하여 네가 사람을 선별할 수 있는
마음을 내가 열어 주고자 함이니라.
16 정녕 사랑이라는 것을 가질 수 없는
자, 남을 위하여 자신을 희생하며, 이
웃을 네 몸처럼 사랑하며 살아갈 수
있는 그 마음을 정녕 가질 수 없는 자,
17 그와 같은 백성은 네 주변에 너와 더
불어 갈 수 없기 때문에, 그들을 내가
다 정리하며 그를 다스려 나감이니,
18 떠나는 제자를 보며 네가 그리 마음
아파하지 말라.
19 지금 남아 있으며 또 깨우침의 길을
가고자 하는 그 백성, 그들에게 거울
이 되며, 그들이 보고 깨우치며, 그리
고 상대방의 마음을 볼 수 있도록,
20 속과 겉이 다른 자의 마음이 얼마나
무섭고 사악한 것인가를 그를 다 보여
주고 깨우쳐 주고자 하여 그 변화의
역사의 소용돌이 속에서 감이니라.
21 내가 많은 희생이요, 많은 가르침을
가르쳐 한 사람의 그와 같은 똑바른
백성이 설 수 있다 하면,
22 너의 제자요, 내가 사랑하는 나의 아
들딸 중에 바로 서고 바로 가는 사람
이 있다면,
23 그로 하여금 만백성을 구하는 선생이
요, 지도자가 될 수 있음이니,
24 그를 위하여 내가 지금 너희들에게 훈
련과 훈련을 거듭하고 있음이니라.
25 그를 너는 마음 아파하지 말라.
26 모두는 다 저희들이 가지고 있는 그
근성의 마음을 뿌리째 뽑는 노력이 없
이는 아무도 너를 따라갈 수 없으며,
27 또 너를 따라 하늘의 나에게 오를 수
없음이며,
28 내가 그들을 받아들일 수 없음이니라.
29 너희들이 변하고자 몸부림치며, 새로
태어나고자 얼마나 몸부림을 치는가?
30 오늘의 실수를 눈물로 회개하며, 내일
의 실수를 또한 눈물로 회개하며,
31 하나하나 저희들이 살아오면서 버리
지 못하던 그 악습이요, 폐습이요, 생
활화됐던 그 습성을 고쳐 나가려면 단
시일 내에 되지 않음이니,
32 그러나 그 고통과 시련을 인내하고 견
디는 백성 그들이 나에게 오를 수 있
는 자들임을 잊지 말라.
33 오로지 내가 그들을 선별하며, 인내하
는 자를 내가 기다리고 있음이니,
34 너는 두려워하지 말며 걱정하지 말라,
사랑하는 나의 아들아!

4,907 번째 하나님 말씀

2003년 2월 10일 07시 25분

1 사랑하는 나의 아들아!

2 "네, 아버님! 말씀하옵소서."
3 창공에 떼 지어 날아가는 새가 바람
따라 그냥 날아가며 견디며 갈 수 있
다 생각하는가?
4 그 힘들고 어려움은 이루 말할 수 없
음이니라.
5 그러나 그들이 떨어져 추락하면 죽는
다는 이치를 그 새는 알고 있음이니라.
6 그리하여 날아가는 그 새는 온갖 힘을
다하여, 죽을 힘을 다하여 그저 동료
를 따라 목적지까지 날아가는 것이 그
들이 지금 살아가는 형국이니라.
7 너희들이 바라볼 때는 그저 바람 따라
자연스럽게 자연을 즐기며 날아가는
것처럼 생각하나, 그 고통은 이루 말
할 수 없음이니라.
8 지치고 힘든 날개를 접지 못하며 고통
속에 따라가는 그 새는 떨어지면 죽는
다는 것을 알고 있음이니라.
9 너희들이 지금 하늘에 오르는 길이요,
나 여호와를 따르며 구원을 받는다는
너희들의 가고 있는 마음 자세가 떨어
지면 죽는다는 그 새의 고통만큼, 그
이치를 알고 날아가는 그 새만큼의 고
통을 과연 이기고 견디며 나가는가?
10 너희들은 죄를 지으면 지옥으로 간다
는 것을 알며, 죄를 지으면 나로부터
벌을 받는다는 것을 알고 있음이니,
11 어찌하여 너희들은 죄를 짓지 않는 그
인내와 지혜를 못 가지며 그 노력도
못 하는가?
12 바로 떨어지면 죽는다 하여 날고 또
나는 그 새만큼도 노력하지 아니하면
서, 인간이기에 할 수 없다 그리 접어
둠이니,
13 얼마나 너희들이 안일한 방법으로써
노력 없이 대가를 얻으려 하는가?
14 그것이 바로 너희들이니라.
15 지금 구원을 받아 하늘에 오르고자 하
는 자요,
16 지옥 불로 가기를 원하는 자 하나도
없으며, 지옥 불로 가지 아니하려 오
늘의 삶을 살아가고자 노력하는 것이
아니던가?
17 그러나 너희들의 그 노력이 얼마나 비
쳐지는가?
18 단순한 이치이니라.
19 너희들이 죄를 짓고 사악한 생각을 하
며 그 사악한 마음으로 살아가는 그
순간에 너희들은 날개를 접고 떨어지
는 새와 같음이니라.
20 어찌하여 너희들은 그 새가 떨어지면
죽는다는 그 이치를 아는 것만큼 너희
들 자신이 죄를 짓고 사는 것은 지옥
으로 간다는 것을 생각지 못하고 잊는
가?
21 어찌하여 너희들이 그 어리석은 백성
으로서 그리 사는가?
22 그와 같은 마음을 가지고 살아서는 아
니 되는 것이니라.
23 너희들은 죄를 짓고 용서를 빌면 죄가
비워짐이니 오늘의 짓는 그 수없는 죄
가 항상 천사처럼 깨끗이 씻어진다 하
고 있음이니라.
24 그러나 나 여호와는 너희들에게 정확
히 깨우쳐 주었느니라.
25 아무리 씻고 씻어도 그 죄는 씻어지지
아니하며,
26 너희들이 나에게 와 심판받을 때, 그
죄의 무게를 달아 그때 그 모두를 다

한 번에 심판받는다 하였음이니,
27 너희들이 깨우쳐 간다는 것, 죄를 짓
지 아니한다 하는 것은 바로 무엇인
줄 알겠는가?
28 너희들이 기도하고 경배하면 그 죄는
씻어지는 것이 아니요,
29 너희들이 기도하고 경배하는 것은 그
죄를 두 번 다시 짓지 아니하며 그리
하여 깨우침을 얻어 너희들이 바로 살
아가기 때문에 너희들이 죄를 짓지 않
는다는 그 이치이지,
30 너희들의 죄를 용서받는 것은 아니니
라.
31 그 용서를 해 주고 안 해 주는 것은 나
여호와의 고유의 뜻이며 권한이니라.
32 너희들은 지은 죄를 스스로 눈물로써
기도하고 용서를 빌면 씻어진다 함이
니,
33 너희들이 죄인이 되며 너희들이 판정
관이 되니, 그보다 더 쉬운 재판이 어
디 있는가?
34 도둑에게 재판하라니, 누가 제 죄목을
낱낱이 얘기하며, 제가 죄인이라 그리
말하겠는가?
35 그는 무조건 무죄라 말할 것이니라.
36 지금 종교 집단이요, 종교 지도자들이
나의 피조물 만백성을 이끌어 가는 것
은 제가 죄인이 아니요, 제가 재판관
이라는 그와 같은 착각 속에 빠져 있
음이니라.
37 죄인은 엄연히 죄인이요, 재판하는 자
는 재판하는 자로서 다 그 직분이 다
르거늘,
38 어찌하여 도둑인 너희들이 재판관인
것처럼 하는가?
39 그러니 너희들은 항상 죄가 하나도 없
으며 무죄이며 깨끗하다 하느니라.
40 그러니 제가 죄를 짓고도 제가 제 죄
를 재판하는 제도가 되어 있으니, 그
와 같은 자가 어찌 죄가 두려운 줄 알
며 벌이 무서운 줄 알겠는가?
41 그러니 그와 같은 형국에서 너희들이
죄를 짓고 지으니, 그 늘어나는 것은
무엇이던가?
42 하늘에 오를 수 없이 너희들의 무게는
점점 너희들 발목을 잡고 있으며,
43 너희들은 나에게 와 심판을 받아 지옥
불로 가기 위한 그 죄의 죄목만 늘어
가고 있는 그와 같은 형국이니,
44 너희는 그와 같은 이치 속에서 사느니
라.
45 죽을 힘을 다하여 나는 새의 그 고통
을 알라.
46 떨어지면 죽는다는 그 이치를 알아,
그가 죽지 않으려 떨어지지 않고자 죽
을 힘을 다하여 날아감이니, 이는 바
로 무엇이더냐?
47 너희들이 목숨을 다하여 죄를 짓지 않
는 그와 같은 현명함을 알아야 할 것
이며, 그리 살아가야 함을 알라.
48 지금은 죄인이 재판한다는 그와 같은
종교 지도자요, 그를 믿고 따르는 백
성이 너희들이니라.
49 이는 바로 무엇이더냐?
50 편안하게 하늘에 오를 수 있다는 착각
을 하는 것은 도둑질하는 자가 재판관
의 역할까지 같이 할 수 있다 너희들
에게 그리 가르침이니, 많은 신도들이
지금 착각하고 가는 길임을 알라.

4,908 번째 하나님 말씀

2003년 2월 10일 07시 36분

1 사랑하는 나의 아들아!
2 "네, 아버님! 말씀하옵소서."
3 내가 나의 새로운 성경에 기록하여 너
희들에게 전하기를, 아무리 물속에서
빠르고 용맹한 물고기라 하여도, 그리
고 힘센 물고기라 하여도 그가 육지에
서는 맥을 쓸 수 없으며 그는 아무런
힘을 쓸 수 없다 하였음이니라.
4 그러니 여기서 내가 나의 아들을 통하
여 너희들에게 깨우쳐 전하기를, 아무
리 너희들이 울고불고하며 아무리 뭐
라 해도,
5 죄를 지은 자는 천국이라는 나의 나라
에 그를 내가 갖다 놓는다 하여도 숨
이 막혀 존재할 수 없다 하였음이니,
6 바로 용맹하며 날쌘 물고기가 지상에
서는 힘을 못 쓰듯이, 너희들이 아무
리 지금 살아가는 것이 세상의 부귀영
화를 다 누렸으며,
7 금화와 은화를 갖다가 내가 쓰라는 대
로 어려운 자 돕되 생색을 내지 않고
쓰는 그와 같은 행위를 하지 아니하며
나의 뜻을 거역하고 사는 자,
8 또 스스로 죄를 지은 자,
9 아무리 너희들이 나에게 온다 하여도,
내가 하늘나라에 갖다 놓는다 하여도
너희들은 숨이 막혀 스스로 존재하지
못하며 지옥 불로 기어 내려가는 그와
같은 것이 너희들이라 하였음이니,
10 바로 육지에서 맥을 못 쓰는 그 물고
기의 형국과 같음을 알아야 할 것이니
라.
11 그리하여 내가 너희들에게 죄를 짓지
말라 하였으며, 너희들이 행함을 소중
히 하라 그리 가르쳤음이니라.
12 너희들이 오로지 나의 나라요, 나에게
오를 수 있는 것은 말로써 모든 것을
이루는 것이 아니요, 행함으로써 이루
는 것이며,
13 스스로 죄가 두렵고 무서운 줄 알아
그 죄를 짓지 않는 것만이 너희들이
나에게 오를 수 있는 길이라 하였음이
니라.
14 그러나 내가 일찍이 너희들에게 깨우
쳤듯이, 지금 나의 사랑하는 피조물
만백성 그들에게 너희들이 뭐라 말하
느냐?
15 죄를 짓고 말로써 수다를 떨면 그것이
다 지워진다 하며, 재물을 바침으로써
그것이 다 사해진다 그리 말함이니,
16 이리하여 지금 나의 피조물 만백성을
다 지옥으로 이끌어 가고 있는 것이니
라.
17 여기서 너희들은 깨우쳐야 할 것이니
라.
18 너희들의 종교 지도자는 너희들이 손
으로 지은 성전에 재물이요, 금화와
은화를 바치고 눈물을 흘리며 광란의
짓으로써 찬송을 부르며 회개할 때,
너희들의 그 죄가 다 씻어진다 함이니
라.
19 그러나 창조주요, 심판을 하는 나 여
호와가 너희들에게 반드시 전했음이
니라.
20 너희들이 지은 죄는 지워질 수 없다
그리하였음이니라.
21 아무리 씻어도 씻어도 지워지지 아니

하기에, 너희들은 죄를 짓고 살아서는
아니 된다 하였음이니라.
22 아무리 용서를 빌어도 상대성이 있기
에 너희들이 그 죄를 용서받을 수 없
다 내가 그리 나의 법전에 기록하여
전했음이니,
23 너희들이 어느 길이 지키고 가기가 힘
들고 어려운 것인가를 먼저 생각하라.
24 너희들은 모두를 힘들고 어려운 길을
너희들 것으로 택하라 하였음이니라.
25 편안하고 이익이 되며 너희들에게 득
이 되는 그와 같은 방법으로써 모두를
해석하며 모두를 네 것으로 만들지 말
라 내가 너희들에게 그리 말하지 아니
했던가?
26 이제 너희들은 그와 같은 이치를 깨우
치고 터득해야 할 것이니라.
27 그리하여 나의 법전을 읽고 또 읽어
그리 공부할 때, 내가 내린 모든 그 이
치를 알게 될 것이며 내가 원하는 것
을 스스로 알게 될 것이니라.
28 그리하여 법전을 읽지 않는 백성은 깨
우칠 수 없으며, 그는 세상에 나 여호
와의 참뜻을 바라볼 수 없다 하였음이
니라.
29 내가 너희들에게 일찍이 나의 법전에
기록하여 전하기를,
30 너희들은 나의 법전을 읽고 깨우쳐 그
것에 살을 붙이고 뼈를 붙여 그를 볼
수 있는 지혜를 얻으라 하였음이니,
31 이는 너희들이 바른 마음으로 정독하
고 정독할 때 그 속에서 너희들의 마
음을 열어 주며,
32 나 여호와가 너희들이 대화할 수 있는
것을 열어 주며,
33 남들을 가르칠 수 있는 그 지혜를 내
가 너희들에게 내려 줌이니,
34 오로지 너희들이 그것을 읽고 또 읽으
라는 것이니라.
35 읽고 깨우치는 속에 너희들 마음대로
생각해서 그것을 깨닫는 것이 아니요,
36 그리했을 때 나 여호와가 뼈와 살이
될 수 있는 것을 전해 주고 깨우쳐 주
며 너희들에게 지혜를 줌을 잊지 말라.
37 내가 내린 모든 계명을 따라 너희들이
바르고 곱게 살아가는 그와 같은 너희
들 자신의 삶을 살라 내가 너희들에게
일렀듯이, 아무리 지상에서 뭐라 하며
세상을 다 얻은 것처럼, 그리고 세상
을 지배하는 것처럼 살아간다 해도,
38 죄를 짓고 사는 자는 어떠한 형국이라
도 나의 천국에 올 수 없으며,
39 내가 너희들을 올려놓는다 하여도 너
희들의 심장이 터지고 숨이 가빠 거기
에 살지 못한다 하였음이니,
40 바로 물고기가 지상에서는 맥을 못 쓰
는 그와 똑같은 형국이 되며, 그저 말
라 죽어 가는 그 형국이니라.
41 지옥 불로 가는 것 그 외에는 너희들
이 오갈 데도 없음이니라.
42 너희들 스스로 그 지옥 불로 내려감을
너희들은 알라.
43 이를 잊지 말라.
44 지금 너희들이 나에게 오르는 것을 그
저 죄를 짓고 용서를 빌면 구원을 받
는다 말함이니, 이는 너희들이 심판관
이요, 죄인이라는 두 가지를 다 양손
에 칼을 쥔 그와 같은 형국으로 지금
착각 속에서 살아감이니,
45 너희들이 나에게 왔을 때 또한 스스로

그 죄를 심판함을 알라.
46 정녕 나에게 왔을 때 너희들 자신이
심판함이니,
47 거기는 너희들의 의지대로 할 수 없으
며,
48 내가 명하며 정해 놓은 그것만을 너희
들의 그 죄목을 찾아 눈물을 흘리며
지옥 불로 흘러감이니,
49 그때 가서 너희들이 너희 자신을 또한
심판함을 잊지 말라.
50 네가 스스로 공정하게 재판을 할 때,
네가 지은 죄에 대한 그 뼈저린 아픔
이요, 후회하며 통곡하며 괴로워함은
너희들이 감히 상상을 할 수 없는 그
고통 속에서 너희들이 심판한 그 죄목
의 점수를 가지고 지옥 불로 가니,
51 거기서 너희들이 영원히 그 대가를 치
르고 사는 그 무서운 세상이 있음을
잊지 말라.

4,909 번째 하나님 말씀

2003년 2월 10일 07시 44분

1 사랑하는 나의 아들아.
2 "네, 아버님! 말씀하옵소서."
3 아무리 조각을 예쁘게 깎아 만들 수
있는 자, 그리고 또한 천재적인 그림
이라는 것을 그릴 수 있는 자,
4 그와 같은 자질과 능력을 갖추고 있다
하여도, 그에 대한 준비가 없을 때 그
는 역사할 수 없음이니라.
5 조각을 만드는 자, 그림을 그리는 자,
그들에게 그와 같은 역사를 할 수 있
는 모든 준비가 되지 아니하였을 때,
그를 만들어 낼 수 없으며 그릴 수가
없지 아니하는가?
6 지금 내가 나의 법전을 세상에 내려보
내어 너희들이 이 법전을 읽고 깨우쳤
음이니, 이는 바로 너희들이 무엇이던
가?
7 하늘에 오르는 그 눈을 뜨게 되며 귀
를 열게 되며 하늘에 오르는 길을 내
가 가르쳐 주었음이니,
8 이것이 바로 조각을 하고자 하는 자에
게 내가 그 조각을 할 수 있는, 체중에
맞는 망치와 도구를 다 너희들에게 주
었음이며, 그리고 그 작품을 만들라
하였음이니라.
9 그러니 그가 노력하고 또 노력하여 제
가 원하는 그 아름다운, 많은 사람이
감탄할 수 있는 그 조각품을 만들어
놓는 것은 얼마만큼 손이 부르트도록
노력하느냐 하는 것뿐이니,
10 그 노력하는 것이 지금 남아 있어 나
의 법전을 접하여 읽고 강론을 듣는
백성이니라.
11 또 그림을 그리는 자에게 모든 종이
요, 물감을 주었음이니,
12 너희들이 얼마만큼 노력하며 정성을
다하여 만백성이 감탄하는 그림을 그
려 내며 너희들의 자질을 살리느냐는
그것에 달렸지 아니하던가?
13 너희들이 몸으로 노력하며 몸으로 다
스리는 것만이 남아 있도록 내가 다
그 모두를 준비하여 너희들에게 주었
다 그리 말하지 아니하였던가?
14 지금 내가 나의 사랑하는 아들딸, 선
택된 백성, 나의 법전을 읽고 깨우치
며 나의 아들로부터 강론을 직접 듣는
너희들에게 그와 같이 모든 준비요,

가는 길이요, 너희들이 깨닫는 것을
다 가르쳐 주었음이니라.
15 이제 너희들이 지키고 살아가면 되는
것이니라.
16 내가 행하라 한 것을 행하고 지키는
것은 너희들이 얼마만큼 노력하느냐
에 달렸거늘,
17 너희들은 그 노력은 하지 아니하고 거
저 얻으려는 그와 같은 마음을 갖지
말라.
18 지금의 모든 종교 집단들이 그리 가느
니라.
19 내가 저희들에게 성경을 내려 주었으
며, 예수를 통하여 저희들이 살아가는
도리를 가르쳐 주었지만,
20 그들은 노력하지 아니하였음이니라.
21 그리고 그들은 다 짓이겨 버렸음이니
라.
22 그리고 육체의 고통이 싫어 너희들은
그저 말로써 다 그림을 그리며 말로써
조각품을 만든다 그리 말하니,
23 그 조각품이 하나도 남지 않았으며,
그림이 세상에 하나도 전해지지 아니
하였으니,
24 지금 그 아름다움을 볼 수 없게 한 것
이 너희들이니라.
25 나의 아들을 세상에 내려보냈으며 나
의 성령의 뜻을 보냈으며 그 기적의
역사를 보낸 것은 모든 조각이요, 그
림을 그릴 수 있는 완벽한 도구요, 자
료를 너희들에게 다 준 것이거늘,
26 너희들은 그를 짓이기고 뿌려 버리고
다 던져 버렸음이니라.
27 그리하여 지금까지 너희들이 말로써
그저 앉아서 그림을 다 그렸으며, 말
로써 조각을 다 하였으니,
28 조각품을 만들어 놓은 것이 하나도 보
이지 않으며 허공에 떠, 존재하는 것
이 하나도 없으며 그린 것이 또한 하
나도 없음이니라.
29 그것이 지금 너희들이 나의 피조물 만
백성을 그리 이끌어 온 것이니라.
30 육신으로써 행하고 지켜야 할 일, 해
야 할 일, 그려야 할 그 수고로움과 망
치질을 하여 손이 부르트도록 조각을
만드는 그 수고로움을, 그와 같은 것
을 너희들은 일체 말로써 다 때우면
된다 그리 나의 피조물 만백성을 가르
쳤으니,
31 한 사람도 조각품을 만든 사람이 없으
며, 한 사람도 그림을 제대로 그려 놓
은 자가 없으며,
32 한 사람도 그 몸으로 때워 노력하여
조각품을 만든 자가 없으며, 몸으로
노력하여 그림을 그리고 또 그려 완벽
한 그림을 그려 놓은 자가 한 사람도
없으며,
33 모두가 경탄할 만한 것을 만들어 낸
자가 없으며, 말로써 다 그려 놓고 말
로써 다 역사하였음이니,
34 그리하여 말로써 역사한 그 조각품은
남지 아니하였으며 그림 한 점이 없듯
이, 너희들이 한 사람도 구원을 받지
못했다 그리 말하였음이니라.
35 이제는 나의 사랑하는 아들딸이요, 나
의 백성 너희들에게 내가 다시 한 번
너희들이 그릴 수 있는, 그리고 조각
할 수 있는 모든 도구를 주었음이니,
너희들은 완벽하게 만들라.
36 너희 손이 부르트도록 너희 몸이 뒤틀

려 쓰러질 때까지 너희들이 완벽한 작품을 만들고자 노력하고 또 노력할 때, 빛이 나는 작품을 만들 수 있으며,
37 그를 보고 만백성이 영원히 감탄할 것이며 찬사를 보낼 것이니라.
38 그와 같은 것을 만드는 수고로움을 아끼지 말라.
39 그것이 바로 너희들이 행함이요, 육으로써 역사함이라는 것을 잊지 말라, 사랑하는 나의 아들딸들아!
40 그와 같은 마음으로 살라.
41 그것이 바로 무엇인 줄 알겠는가?
42 나 여호와의 뜻을 따라 너희들이 나에게 오르고자 한다면,
43 나의 뜻대로 사는 그 노력이면 그것이 진정 진실한 믿음이요, 나에게 오를 수 있는 길이라 너희들에게 깨우쳐 준 것이니라.
44 내가 만들라는 장비와 도구를 가지고 조각품을 만들며 그림을 열심히 그리는 것이 나의 뜻을 알 수 있는 것이며, 나의 뜻대로 살아가는 것이니라.
45 그리하여 완성된 제품을 만들어 놓은 그 백성의 노고를 내가 사랑하며 거둬들임이니,
46 너희들이 행함을 바로 하여 바로 설 수 있을 때, 내가 너희들의 영혼을 내 가슴에 안음이니, 이를 잊지 말라, 나의 사랑하는 아들딸들아!

4,910 번째 하나님 말씀

2003년 2월 10일 08시 08분

1 사랑하는 나의 아들아!
2 "네, 아버님! 말씀하옵소서."
3 아무리 내가 완벽한 것을 주었다 해도 너희들이 그를 바로 갈고 닦고 쓰지 아니하면 쓸 수 없다 하였음이니라.
4 그리고 내가 너에게 뭐라 말하였느냐?
5 아무리 능력 있는 자에게 조각할 수 있는 도구를 다 주었어도 그가 육으로써 행함을 게을리하며 그를 하지 아니하면 그 작품은 만들어질 수 없다 하였음이니라.
6 어찌하여 네가 한 권의 법전을 뗄 때마다, 다시 시작하는 그때마다 네가 고통스러운 길이요, 이 길이 어렵다 그리 생각하는가?
7 오늘에 이 법전을 받아 기록하는 것이 네가 영광이요, 축복이라 생각하지 못하며, 그 육의 고통 때문에 네가 한숨쉬고 눈물을 흘리고 다시 돌아앉아 나의 법전을 만들며 나의 성령을 받는 그와 같은 네 생활이 반복되고 있음이니,
8 육으로 노력을 하여 하나의 작품을 만드는 데 게을리하는 백성처럼 너 또한 마음이 그리도 안정되지 못하며 이 방을 뛰쳐나가고 싶어 하는 그 마음이 언제 너에게서 완전히 지워지겠는가?
9 어찌하여 한 권의 법전을 만들어 내며 또 한 권을 시작할 때마다 너는 그리도 힘들게 생각하며 고통스럽게 생각하는가?
10 네가 이 길을 가는 것을 중단할 수 없으며, 너는 이 길을 기지 아니할 수 없다 하였음이니라.
11 너 스스로 즐거운 마음으로 한 권의 법전을 세상에 냈으니 만백성을 구하며, 또 만백성을 구하기 위하여 다음

에 한 권의 법전을 만들기 시작함이
영광이요, 축복이라는 그 마음으로 네
가 돌아서야 하거늘,
12 너 자신이 한 권의 법전을 만들고 다
시 시작할 때마다 그리 몸부림을 침이
니,
13 나의 피조물 만백성 어떤 백성이 그
어렵고 힘든 길을 갈 수 있겠는가?
14 "전지전능하신 창조주 아버님! 저의
죄를 용서하여 주옵소서.
15 말로써는 제가 모든 기쁨이요, 영광이
라 생각하고 있사오나,
16 오늘에 한 권의 법전을 떼고 또 시작
하며, 또 그 법전을 떼고 또 한 권을
시작하는 끝이 없는 이 길은,
17 잠시도 쉴 수 없으며, 잠시도 멈출 수
없으며 잠시도 다른 생각을 할 수 없
는 이 길을 가는 것은 정녕 너무도 어
렵고 힘이 드옵나이다."
18 육의 노력이 없이 무엇이 이루어질 수
있다 생각하느냐, 나의 아들아!
19 나 여호와가 그를 모른다 생각하는가?
20 알고 있음이니라.
21 기쁜 마음으로 다시 시작하라.
22 단 한 번이라도 네가 고통이요, 괴로
운 마음으로 생각한다면,
23 내가 조각가에게 모두를 다 주었으나
그를 깎고 깎는 것이 힘이 들며, 먼지
를 뒤집어쓰며 손이 부르트는 것이 네
가 힘들어 그를 팽개치고 돌아서 도망
간다면,
24 그 만들다가 만 작품은 어떠한 꼴이
되겠는가?
25 흉물스러운 것으로 보일 것이며, 그것
은 아무것도 아니요, 남들의 인상을
찌푸리는 흉물스런 모습으로 세상에
남을 것이니,
26 네가 그리 어렵고 힘들어하여 이를 중
단한다면, 160권의 법전이 세상에 나
오지 못한다면 이는 정녕 역사를 이룰
수 없음이니라.
27 나의 아들 예수가 죽어 그 모든 뜻을
이루지 못했듯이, 그 역사를 이루지
못함이니라.
28 나의 아들 예수가 죽어 가면서 나로부
터 그 잔을 받지 아니하면 아니 되겠
느냐 기도했던 그 마음과, 오늘의 네
가 이 고통을 이기지 못하여 몸부림치
는 그것은 같은 마음이니,
29 그는 그를 받아 수행했음이니라.
30 너 또한 나의 아들로서 이를 수행하고
이루어야 함을 잊지 말라.
31 "전지전능하신 아버님! 저는 너무 힘
이 들어 더러는 울고 더러는 몸부림을
치고 있사옵나이다.
32 천 가지, 만 가지 부닥치는 것을 아름
답게만 생각해야 하며, 정도로만 지켜
가야 하며,
33 모든 말 한마디 하는 것은 영원히 세
상에 존재하여 있다 하시며 시들어지
지 아니한다 하옵시니,
34 이 길을 가기가 너무나도 어렵고 힘든
것은 사실이옵나이다.
35 저의 제자들 또한 착하고 아름답게만
살라 강요하는 제 마음이 너무나도 저
리고 아프옵나이다.
36 한두 가지가 아니요, 수천수만 가지
살아가며 부닥치는 속에서 오로지 정
의로움이요, 아름다운 생각이요, 아름
다운 마음을 갖고 살아야 하며,

37 또한 아버님께 기도하고 경배하며 그
내리시는 성령의 말씀을 받아 또 기록
하고 또 기록하여야 하오니,
38 너무나 가슴이 두근거리며 힘이 들고
어려워 눈물을 흘리는 것은,
39 저 자신이 아직도 죄인이라는 것을 깨
닫지 못하고 있음이며, 죄인으로서 구
원을 받은 영광이, 그리고 죄인의 길
이 아니요, 축복의 길을 갈 수 있는 것
이 얼마나 영광인가를 모르기 때문이
니,
40 아버님께 지은 죄를 눈물로써 용서를
비옵나이다.
41 용서하여 주옵소서, 아버님!
42 눈물을 거두며, 눈물을 흘리지 아니하
며, 오로지 영광과 축복이라는 그 길
만을 생각하며, 오늘에 이 마음을 다
스려 가겠사옵나이다.
43 은혜를 모르는 이 죄인을 용서하여 주
옵소서."

4,911 번째 하나님 말씀

2003년 2월 10일 08시 17분

1 사랑하는 나의 아들아!
2 "네, 아버님! 말씀하옵소서."
3 네가 한 권의 법전을 세상에 만들어
내고 네가 일어나 뛰쳐나가 쉬고 싶어
하는 그 마음,
4 그리고 네가 살아가면서 모두를 아름
답게 생각하며 네 마음을 순간순간에
바꿔 네가 천사와 같은 마음으로 살아
가야 하겠다는 그 마음,
5 지치고 힘든 네 마음을 네가 그래도
가야 하며, 이 길을 가는 것만이 나에
게 네가 영광을 드리는 길이며,
6 너는 '가겠습니다, 가야 하겠습니다.'
그리하여 또 앉아 나에게 기도하고 경
배하는 그 애절하고 애틋한 마음의 시
련을 나는 알고 있느니라.
7 천 가지, 만 가지 부닥치는 것을 아름
답게만 생각해야 하는 그 마음과 그
어렵고 힘든 길도 나 여호와는 알고
있음이니라.
8 그것이 진정한 선지자요, 진정한 나의
아들이요, 만백성을 구하는 지도자가
가야 하는 길이거늘,
9 그리하여 네가 참고 인내함을 내가 기
특하게 생각하며, 너를 사랑함이니라.
10 지치고 힘들고 어려워도 너는 이 길을
가야 한다 하며 또 네가 나에게 십계
명을 암송하며 기도하고 경배하는 마
음으로써 나의 뜻을 받아 기록하는 그
마음을 나는 알고 있음이니라.
11 그것이 나의 아들로서 가는 길이니라.
12 나의 성서에 기록하여 예수를 통하여
뭐라 전하였는가?
13 '거짓 선지자를 삼가며 그들을 주의하
라' 하였으며,
14 '거짓 선지자는 양의 옷을 입고 와 너
희들에게 나타남이니', 양 속에 있는
자가 하는 짓이 무엇이더냐?
15 '그는 노략질하며 그 생명을 죽임이
니, 노략질하는 자가 거짓 선지자라'
내가 그리 말하였음이니라.
16 이제 사랑하는 나의 피조물 만백성 너
희들은 누가 거짓 선지자요, 진정한
선지자며,
17 나로부터 선택된 백성이 누구며, 진정
한 종교 지도자가 누구인가를 구분하

고 알 때가 되지 아니하였던가?
18 나의 성령을 받으려고 힘들고 고통스
러운 길을 인내하며,
19 만 가지를 다 정의로우며 질서를 파괴
하지 아니하며 모두를 사랑하는 쪽으
로 살아가고자 몸부림치고 가며, 나의
법전을 기록하는 나의 아들이 가짜 선
지자던가?
20 그저 하늘에 오르는 길에 재물을 바치
며 너희들이 가지고 있는 것을 많이
바치라 하며,
21 그리고 그것도 모자라 하늘에다 많이
쌓아 놓는 것이 구원의 길이요,
22 그 쌓아 놓은 것만큼 축복을 받아, 창
고 앞에 갔을 때 그 영광을 너희들이
누린다 함이니,
23 그것이 양의 옷을 입은 거짓 선지자
요, 노략질하는 자가 아니던가?
24 너희들은 이제 이를 알아야 할 것이니
라.
25 모든 방법과 수단을 동원하여 이름을
붙일 수 있는 대로 붙여, 그 앞에는 나
에게 축복의 헌금이요, 영광의 축복이
라 하여 재물을 거둬들이며,
26 너희들이 지금 호화롭게 지어 놓은 성
전이요, 궁전과 같은 것을 유지하고
관리하기 위하여 도적질하는 자, 사기
치는 자, 살인하는 자 할 것 없이
27 그저 바치고 죄를 용서 빌면 너희들이
면죄부를 주는 것처럼, 용서를 받는
것처럼 나의 피조물 만백성을 그리 우
롱하여 그들을 속이고 거둬들이는 자
들이 거짓 탈을 쓴 양이 아니고 누구
이던가?
28 그들이 바로 양의 옷을 입은 거짓 선
지자요, 거짓 지도자요, 거짓 집단임
을 알라.
29 모든 동식물을 해치는 사악한 나무에
서 너희들이 먹고살 수 있는 아름다운
과일이 열릴 수 있다 생각하는가?
30 그리고 썩어서 병든 나무에서 아름다
운 과일이 열려 만백성이 취하고 살아
갈 수 있다고 생각하는가?
31 어찌하여 나의 피조물 만백성 너희들
은 그 길 하나도 보지 못하는가?
32 가시나무에서 먹을 수 있는 아름다운
과일이 열릴 수 없으며, 썩어 가는 나
무에서 과일이 열릴 수 없음이니라.
33 그저 재물을 거둬들이는 데만 눈이 어
두운 장사꾼으로 전락하였으니,
34 장사꾼은 그래도 물건을 주고 그 재물
을 받아 속여서 파는 자가 있는가 하
면 양심적으로 파는 자가 또한 있음이
니라.
35 그리하여 주고받는 것이 정확한 거래
를 하는 것이 장사꾼이나,
36 너희들은 주는 것 없이 거둬들이며 거
짓을 파는 사기꾼이니,
37 너희들보다 사악한 협잡꾼이요, 사악
한 사기꾼이 없음이니,
38 그리하여 그 사기꾼들이 저의 죄가 두
려워 저희들이 용서해 주는 자이며,
저희들이 모두를 다 베푸는 자라 그리
말하며,
39 나의 사랑하는 백성 너희들까지도 죄
를 짓고 제가 제 죄를 용서해 주는 그
와 같은 형국으로 그들을 가르치고 있
음이니,
40 재물에만 눈이 어두운 그들이 어찌하
여 참진리를 가르쳐 너희들이 맛있는

과일을 먹도록 하여 너희들이 힘을 얻
어 하늘에 오르는 길을 달려올 수 있
다 가르치겠는가?
41 지금 그들은 썩은 열매를 열리세 하겠
다 하며, 썩은 나무에서 과일을 따겠
다 하며, 너희들에게 그를 먹여 하늘
에 오르게 한다 그리 거짓 하고, 사기
요, 협잡꾼의 행위를 하고 있음이니,
42 여기에 속지 말며, 이제 구분하고 이
를 평가할 수 있는 나의 백성이 아니
던가?
43 이와 같이 하늘의 뜻이요, 내가 세상
을 보고 있는 것을 창조주 나 여호와
가 직접 가르쳐 기록하여 너희들에게
하나하나를 손에 쥐여 줌이니,
44 이를 보고도 깨우치지 못하는 자, 이
를 보고도 행하지 못하는 백성 너희들
은 이제 영원히 구원의 길을 갈 수 없
다는 것을 알라.
45 나의 피조물 만백성들로부터 재물을
거둬들이는 자가 노략질하는 자던가,
그를 거둬들이지 아니하며 그를 받지
아니하는 자가 노략질하는 자던가?
46 그러면 누가 양의 탈을 쓴 자이며, 양
의 옷을 입고 지금 노략질을 하는 백
성이며, 거짓된 행위를 하는 자인가를
너희들이 일아 깨우쳐 그리하도록 하
라, 사랑하는 나의 아들딸들아!

4,912 번째 하나님 말씀

2003년 2월 10일 17시 49분

1 사랑하는 나의 아들아!
2 "네, 아버님! 말씀하옵소서."
3 너희들이 이 세상 인간 세속에 살아가
는 스승이요, 선생이라는 그와 같은
직분을 가지고 가는 사람도,
4 그들이 그 자리를 지키며 그 길을 가
고자 남들보다 수많은 노력과 인내가
필요하며,
5 참고 견디는 그 속에서 자신을 다스려
나가 스승이요, 또는 너희들이 성인이
라 하여 그 자리를 지키고 가는 것이
아니던가?
6 너는 나의 아들이요, 나의 만백성을
구하는 나의 성령을 받아 세상에 전하
는 선지자요, 또한 만백성을 구하는
목자라 하였음이니라.
7 그 대단한 역사를 이루는 자가 이 세
상에 누가 있다 하는가?
8 네가 나의 명을 따라 이루는 그 역사
보다 더 위대하고 큰 역사를 이루는
자가 없음이니,
9 네가 얼마만큼 힘들고 어려운 길을 인
내하고 가야 하는 것인가를 너 스스로
알아야 할 것이거늘, 너의 제자들 또
한 마찬가지이니라.
10 인간의 종교 지도자는 학식을 가르치
는 것이 아니요, 윤리 도덕을 가르치
는 것이 아니요, 생명을 구하는 것이
며 영원히 살고 죽는 영혼을 구하는
그 역사를 이루는 자이니,
11 그와 같은 선생으로서 다시 태어난다
는 것이 너희들이 얼마나 힘들고 어려
운 길인지 아는가?
12 지금의 모든 종교 집단 그들이 힘들고
어려워 그 길을 가지 못하며, 종교 지
도자들이 제대로 서지 못하니,
13 나의 성경의 내 뜻을 몰라서가 아니니
라.

14 그들은 너무나 잘 알고 너무나 그 뜻
을 잘 이해하고 있느니라.
15 그러나 그들이 그것을 지키고 행하고
살기가 너무 힘들고 어렵기에,
16 그들은 쉬운 대로 해석하며 쉬운 대로
저희들이 깨우쳐 그 길로 살아가며 생
활의 방편으로 쓰고 있는 것이 지금의
종교 지도자들이 가고 있는 길이니,
17 그리하여 그것이 만연되어 있으며 그
길을 알기에 그들은 고치려 하지 아니
하며 돌아서려 하지 않음이니라.
18 그리하여 그들은 그 추한 것을 남들이
알까 봐 두려워서,
19 이 세상에 참진리요, 나의 새로운 성
경이 나가 너희들을 바로 깨우쳐 주
고, 믿음이 무엇인가, 살아가는 길이
무엇이며, 하늘에 오르는 길이 무엇인
가, 참진리를 가르치는 것을,
20 그들은 저희들이 가고 있는 것이 잘못
가고 있으며 잘못 가르치는 것을 알기
에 어떠한 것도 용납하려 하지 아니하
며, 어떠한 것도 받아들이려 하지 않
는 것이 너희들 인간의 마음이니라.
21 그러니 너희들이 아무리 그리 부르짖
어도 그들이 귀를 열지 아니하며 눈을
열지 않아 나의 법전을 읽지 아니하려
는 것이니라.
22 그들은 이게 참진리요, 옳은 가르침이
라는 것을 알고 있느니라.
23 그러나 그들이 육의 삶에서 저희들이
벗어나지 못하며, 인내하며 고통스러
운 길을 갈 수 없기에 그들은 그 모두
를 다 포기하며,
24 인간의 향락과 인간의 즐거움 속에 젖
어 그대로 아는 듯 모르는 듯 세월을
보내며 살아가고자 하는 것이 그들의
생각이니,
25 그들이야말로 죽어 와 나에게 심판이
있다고 매일 가르치면서,
26 저희 스스로 심판이 있는 것인지 없는
것인지, '설마 심판이 있을까?' 하는
그와 같은 생각을 가지고 있는 것이
지금의 종교 지도자요, 종교 집단들이
가고 있는 자세이니라.
27 그들이 얼마나 힘들고 어려우면 스스
로 인내하지 못하겠는가?
28 그러나 너는 그 길을 가야 하며, 너의
제자들은 그 길을 넘고 인내하고 가야
함을 잊어서는 아니 됨이니라.
29 한 치도 용서함이 없으며 한 치도 어
긋남이 없이 바르게 가야 하며, 바르
게 가는 길밖에 없음을 너희들은 알아
야 할 것이니,
30 여기서 너희들이 주저하지 말며, 너희
들이 변화되는 마음이요, 너희들 자신
이 인간이 사는 세속에 빠져들어 가
오늘의 고통스러운 그 시험의 길을 가
는 것을 주저하며 버리지 말라.
31 그를 버림이 너희들이 지옥으로 가는
것이요, 너희들이 영원히 사는 모든
인생을 다 버림이며 저버림을 잊지 말
라.

4,913 번째 하나님 말씀

2003년 2월 10일 17시 55분

1 사랑하는 나의 아들아!
2 "네, 아버님! 말씀하옵소서."
3 내가 성경에 나의 아들 예수를 통하여
기록하여 너희들에게 그가 전한 내용

이, 내가 나의 아들을 통하여 전하는
바른 삶을 사는 것은 예수와 같은 형
제라 말하였음이니라.
4 내가 너희들에게 형제라 그리 말하였
거늘, 너희들이 나의 아들 예수를 나
보다도 더 높은 것처럼, 신처럼 받들
어 그와 같이 가고 있는 것이 잘못된
것이라 내가 깨우치도록 기록하였으
나,
5 너희들은 이를 보고 깨우치며 깨달음
이 아니라, 잘못된 그것을 알면서 그
대로 행하고 부르짖고 가는 것이 너희
들의 지금 삶의 길이니,
6 오늘 사랑하는 나의 아들을 통하여 내
가 너희들에게 전함이니, '나 여호와
는 보낸 자요, 나의 아들은 보냄을 받
은 자'라는 그 차이를 나의 아들 예수
가 엄연히 기록하였음이니,
7 나의 아들로서 그는 그것을 말했으며,
그의 아버지가 존재하며 창조주가 존
재한다는 것을 너희들에게 깨우치고
자 하는 그 대목 하나를 내가 또 나의
법전에 기록하여 너희들에게 전함이
니,
8 이를 읽고도 너희들이 이와 같이 구분
된 것을 모르고, '삼위일체'며 나의 아
들의 이름만을 부르짖으며 구원을 받
는다 하는 자, 너희들이 얼마나 사악
한 자들인가를 알 수 있도록 내가 깨
우쳐 주고자 함이니라.
9 나의 아들이 그리 전하였느니라.
10 '너희들이 나더러 주여, 주여 하는 자
마다 천국에 다 들어갈 것이 아니요,
너희들이 천국에 들어가고자 하면 하
늘에 계신 내 아버지의 뜻대로 행하는
자라야만 들어갈 것이라' 그리 성서에
기록하여 전했음이니,
11 너희들은 과연 이 대목의 성경 한 줄
을 읽으면서 무엇을 느끼고 무엇을 깨
닫는가?
12 모든 역사는 창조주 나 여호와의 명에
의하여 행하여졌으며 모두가 역사하
고자 했음을 그는 여기에 기록하여 너
희들을 깨우치고자 성경에 전했거늘,
어찌하여 한 자도 고쳐서 안 되며 획
도 고쳐서는 안 된다 하며 그 내용을
그대로 듣고 배우려 하지 아니하고 그
내용을 흘려들으면 무엇하는가?
13 너희들이 글자를 고치지 아니하고 내
용을 바꾸어 쓰지 아니한다 하여 그것
이 무슨 상관인가?
14 너희들이 그 가르침의 뜻을 배우려 하
지 아니하며 그 뜻대로 행하지 아니하
면, 너희들은 한 획도 고치지 아니하
며 문구를 고치지 아니한 자보다 더
사악한 자들이니라.
15 원천적인 것을 너희들이 지키지 아니
하며 던져 버리며 잊어버리고 사는 것
은 너희들이 아무리 성서를 바로 기록
한들 무엇하며, 너희들이 한 자를 빼
지 아니하면 무엇하며, 하나의 획을
고치지 아니하면 무엇하는가?
16 너희들이 아무리 그리 부르짖어도 내
가 성경에 기록하여 행하라 하는 것을
그대로 실천하고 행하지 아니하고 사
는 것이 너희들이 수없이 성경을 고친
죄보다도 더 사악한 것이 아니던가?
17 그와 같은 우를 범하며 그와 같은 죄
를 범하고 사는 것이 너희들이니라.
18 그러니 너희들이 한 획을 고쳐도 안

되며 한 자를 빼도 더해도 안 된다는
그와 같은 소리로써 나의 피조물 만백
성을 겁주지 말며 위협하지 말라.
19 너희들이 나의 성경에 기록된 그 내용
을 제대로 이해하지 아니하며 그대로
살지 않는 것이 너희들이 고치고 뜯어
고친 것보다도 더 큰 죄이며,
20 그것은 뜯어고치고 안 고친 것이 관계
가 없느니라.
21 아무리 뜯어고치지 않은들 무엇하는
가?
22 너희들이 지키지 아니하고 행하지 아
니하며 그 뜻대로 행하지 아니하고 너
희 마음대로 이해하고 너희 마음대로
깨우쳐 살아간다면 과연 무엇하는가?
23 너희들은 그와 같은 우를 범하며 웃지
못할 생활을 하고 있으며,
24 웃지 못할 소리로써 나의 피조물 만백
성에게 겁만 주고 위협하여 그들로부
터 재물을 거둬들이는 사악한 짓을 하
고 있음을 알아야 할 것이니라.
25 나의 아들이 나의 명에 의하여 너희들
에게 기적을 이루었으며, 모두를 다
보였던 것, 그 모두는 다 나의 뜻이었
으며,
26 나 여호와가 내린 그 명에 따라 나의
아들이 행했음을 너희들은 어찌하여
그리도 모르는가?
27 나의 아들이 여기에 기록하였느니라.
28 '주여, 주여! 나를 부르지 말라.
29 너희들이 나를 부르는 것으로 천국에
오르려 하지 말라.
30 너희들이 정녕 하늘나라에 오르고자
하면 하늘나라에 계신 내 아버지요,
창조주의 뜻에 의하여 행하고 살라.
31 그것만이 너희들이 하늘에 오르는 길
이라' 하였음이니,
32 너희들이 이 뜻을 가슴 깊이 깨우쳐
이를 먼저 깨달을 것이며,
33 나의 피조물 만백성 불쌍한 그들에게
너희들이 이 뜻을 전하여 주도록 그리
하라.
34 그리하여 '예수, 예수!' '주여, 주여!'
찾으며 그 피로써 구원을 받았으며 예
수를 찾으며 나의 아들 이름만 부르짖
으며,
35 저희들이 손으로 지은 성전에 가 그저
눈물의 기도를 하면 구원을 받는다는
그와 같은 추한 생각을 버리도록,
36 그 꿈에서 깨어나도록 그들에게 너희
들이 단잠을 깨워 정신을 차리도록 그
리해야 할 것이니라.
37 그들은 지금 생각을 못 하며, 저희들
이 어떤 길에 헤매는지 모르며,
38 깜깜한 그 길에서 지금 저희들이 헤매
고 있다는 것을 모르고 있음이니라.
39 그 불쌍한 백성을 구원하도록 그리하
라.

4,914 번째 하나님 말씀

2003년 2월 10일 18시 01분

1 사랑하는 나의 아들아!
2 "네, 아버님! 말씀하옵소서."
3 네가 160권의 대장정의 내 법전을 만
들며 그 길이 어렵고 힘들다 하며 고
통스러워 그 길을 갈 수 없다 하여 네
가 두 다리 뻗고 눈물 흘리지 말라.
4 단 한 권의 책도 만들 수 없으며 역사
할 수 없는 네가 16권을 만들어 '하늘

에 오르는 길'이요, '하나님! 말씀하옵
소서'라는 이 책을 네가 세상에 냈으
니,
5 그 공이 얼마나 대견하며 네가 이룬
그 역사가 얼마나 위대하던가?
6 네가 이제 60권이 넘는 나의 법전을
써 가고 있으며 기록하여 가고 있지
않은가?
7 조금만 하면 반을 넘을 것이며, 조금
만 더하면 네가 160권을 이룰 것이거
늘, 어찌하여 네가 어렵고 힘들다 그
리 말하는가?
8 너를 따르는 제자들이요, 나의 책을
읽고 깨우친 백성, 그들 앞에 네가 힘
들고 어렵다는 말을 하지 말라.
9 그리고 고통스럽다는 말을 하지 말라.
10 너는 나의 성령을 직접 들으며 나를
보며 나의 메시지를 직접 들으며,
11 힘든 만백성 모두를 깨우쳐 주며, 그
들의 과거와 미래와 현재를 너는 다
알고 있지 아니하는가?
12 그리고 나의 음성을 들어 네가 기록하
지 아니하더냐?
13 그러니 선지자, 나의 아들 너는 눈을
뜨고 믿음의 길을 가는 것이요, 너는
앞을 보면서 달려가는 것이 네가 지금
가는 길이 아니더냐?
14 그러나 너의 제자들은 무엇을 아는가?
15 그들은 아무것도 모르느니라.
16 다만, 나의 뜻이요, 하늘에 오르는 길
이라 하여 그들이 모두를 바치고 너를
따라 달려가고 있음이니,
17 그들은 바로 어떠한 백성이더냐?
18 너는 눈을 뜨고 지금 달려가고 걸어가
고 있으나,
19 너의 제자들은 눈을 감은 어둠 속을
헤쳐 가며, 그 어두운 길을 찾아가고
있는 형국이 아니던가?
20 어찌하여 보이지 않는 어둠의 길을 가
고 있는 너의 제자들 앞에 네가 눈을
뜨고 달려가면서 어렵고 힘들다 한탄
하며,
21 정녕 네가 160권의 역사를 이룰 수 없
다 하여 두 다리 뻗고 한숨지으며 눈
물 흘릴 수 있는가?
22 너는 그와 같은 말을 하지 말라.
23 그와 같은 말을 해서는 네가 아니 됨
을 알라.
24 어찌하여 네가 사랑하는 제자들은 눈
을 감고 어두운 밤길에서 헤매며 어둠
속에서 그리 가며,
25 오로지 네가 비추고 가는 그 불빛만을
따라서 그것이 하늘에 오르는 길이라
달려가거늘,
26 나를 알며 나의 음성을 들으며 나의
모두를 다 아는 네가 어찌하여 그들보
다 열배 백배 천배 만배 더 위대하며,
네가 역사하고 있는 것이 얼마나 영광
된 길이며 편안한 길인지 모르는가?
27 너는 어찌하여 그리 생각하지 못하는
가?
28 너의 제자들이 어두운 길을 헤매면서
찾아가는 그 제자들을 생각할 때, 이
후부터 너는 어렵고 힘들며 160권의
법전의 역사를 이루고 못 이룬다는 그
와 같은 말을 네 입에 담지 말라.
29 욥이 그와 같은 시련을 거쳤을 때 그
욥에게 상을 내렸듯이,
30 너희들이 그와 같은 시련과 고통 속에
서 이루어진다 하며, 너의 제자들이

욥의 시련을 겪는다면,
31 너는 욥보다 백배 천배 더한 고통스럽
고 어렵고 힘든 그 길도 갈 수 있어야
하지 않은가?
32 욥은 나에게 선택되지 아니한 것이요,
33 그저 다만 내가 그를 훈련하였으며,
그를 내가 사탄의 뜻에서 나의 백성이
어떠한 자인가를 보여 준 것뿐이니,
34 너보다 그가 더 어렵고 힘든 마음에서
결정했음이니라.
35 많은 세월 동안 나를 접했으며 나의
뜻을 따른 네가 욥보다도 더 마음이
굳어졌기에, 네가 욥보다도 더 나를
잘 알며 다져져 있기에,
36 욥보다 열배 백배 더 고통스러운 길도
마다하지 않고 가야 할 네가,
37 어두운 길을 달려가는 너의 제자들 앞
에서 밝은 빛을 따라 밝은 눈을 뜨고
달려가는 네가 어찌하여 힘들다 어렵
다 하는가?
38 너는 넘어지지도 아니하며 쓰러지지
도 아니하며 그 길을 보고 가나, 너의
제자들은 보지 못하는 그 캄캄한 속에
서 달려감이니,
39 돌부리에 넘어지며, 나무뿌리에 넘어
지며, 쓰러질 듯 쓰러질 듯 또 일어서
서 가며, 마음과 육신이 만신창이가
되어 가는 그들의 그 고통을 너는 어
찌 보지 못하는가?
40 그들부터 먼저 살피는 그 마음을 갖는
다면, 감히 네가 오늘에 고통이요, 시
련이라는 소리를 할 수 없음을 알라.

4,915 번째 하나님 말씀

2003년 2월 10일 18시 14분

1 사랑하는 나의 아들아!
2 "네, 아버님! 말씀하옵소서."
3 수십억 인구 너희들이 살아가는 생명
의 삶이요, 육의 존재함은 무엇이던가?
4 너희들이 세상에 나가는 것은 나로부
터 생명을 받고 영혼을 받아 나감이
니, 그리하여 너희들은 육의 삶을 사
는 것이니라.
5 너희들이 태어난 그 자체는 너희들이
임의대로 하는 것이 아니며, 나 여호
와의 뜻에 따라 내 명에 의하여 하나
의 생명이 태어남이니,
6 그리하여 새로운 생명이 세상에 나가
너희들이 성장하면서 육의 삶이 시작
되며,
7 인간 세속에 더불어 사는 그 세상 속
에서 너희들은 얽히고설켜 그와 같이
살아가느니라.
8 그리고 너희들은 나 여호와에게 구원
을 받는 그 자체도 너희들이 하늘에
오르는 길이요, 그리 몸부림치며 나에
게 구원을 받고자 하는 그 삶은 또한
어떠한 삶이던가?
9 너희들이 나로부터 생명을 받아 세상
에 나가 육의 삶을 사는 것도 그때부
터는 책임이니라.
10 세상에 너희들이 나간 것은 나 여호와
의 명에 의하여 생명을 갖고 육을 갖
고 세상에 나갔으나,
11 그 육이 성장하여 죽을 때까지 사는
그 책임은 바로 너희들에게 있느니라.
12 그리하여 너희들의 육의 삶도 너희들

에게 책임이 있으며,
13 너희들이 그리 갈구하는 그 영혼의 구
원도, 나에게 오르는 영혼의 새 생명
이 태어나는 그 역사를 이루는 것도
너희들이 살아가는 그 뜻에서 이루어
지는 것이며,
14 그 모두는 너희들의 책임이니라.
15 그리하여 너희들이 육의 삶을 다 살아
나에게 오르는 것이니,
16 너희들의 삶의 형태를 한번 돌아다보
도록 그리하라.
17 너희들은 나로부터 육과 영혼이요, 생
명을 받아 세상에 나가 육의 세상에
살다 나에게 구원을 받으니, 그 중간
에 사는 삶이 과연 어떠한 삶이던가?
18 너희들의 그 중간의 삶은 모두가 결정
되어 있으며, 정해져 있는 그와 같은
틀 속에서 너희들이 살아가는 것이니
라.
19 그것은 무엇이더냐?
20 너희들은 육으로써 살다 죽으며, 그리
죽으면 그 육은 썩어 한 줌의 흙으로
돌아감이니, 너희들은 흙으로 묻히는
것이니라.
21 그와 같은 너희들의 삶은 결정된 것이
아니던가?
22 그것을 벗어날 수도 없으며 이룰 수도
없음이니,
23 너희들의 육의 삶이라는 것은 결정을
다 해 놓고, 결과를 만들어 놓고 살아
가는 것이 육의 삶이니라.
24 모든 것은 다 정해져 있지 아니하던가?
25 거기를 벗어날 수 없음이니라.
26 그리하여 너희들은 정해져 있고 틀을
벗어날 수 없는 육의 그 정해진 삶을
위하여 치장하고 가꾸며 아름답게 살
며,
27 그 속에서 권력을 누리며 부귀와 영화
를 누리고자 함이요,
28 그리 남보다 많은 재물을 갖고자 하
며, 많은 것을 지니고자 하며,
29 그리고 너희들이 육의 편안하고 호화
로운 삶을 살기 위하여 욕심이요, 또
과욕을 버리지 못하며,
30 그리하여 남보다 더 갖고 더 이루기
위하여 너희들은 갖은 수단과 방법을
가리지 아니하고 살아야 하며,
31 남이 앞에 가는 것을 시기하고 질투하
며 그와 같이 너희들이 살아가는 것이
니라.
32 거기에서 벗어난 자가 하나도 없음이
니, 그것이 너희들의 삶이니라.
33 육의 세상의 너희들의 중간의 삶은 정
해져 있거늘, 죽음을 향하여 가는 그
세상을 가면서 어찌하여 그리 욕심과
질투와 시기를 버리지 못하고 살아가
는가?
34 그다음에 너희들에게 영원한 세상의
삶이 있다는 것을 생각하지 못하며 그
를 바라보지 못하며 돌아다보지 못하
는 너희들의 삶을 살아가는 그 모습을
보는 나 여호와가 얼마나 답답하고 가
슴이 아픈지 아는가?
35 이제 너희들은 중간의 삶에서 너무 연
연하며 그리 매달려 거기에 광분하지
말라.
36 다음 세상의 삶을 위하여 너희들이 아
름다운 삶을 살며, 육의 삶의 질서를
파괴하지 아니하며 부끄럽고 추한 삶
이 아닌 아름다운 삶을 살고 너희들의

육이 죽어 정해진 삶을 마쳤을 때,
37 너희들의 영혼은 나로부터 구원받는
그와 같은 새 생명으로 태어날 수 있
는 그 길을 위하여 너희들이 살아가는
자들이 되어야 할 것이니라.
38 영원한 삶을 살아가기 위하여 가야 할
것이거늘,
39 어찌하여 그 정해진 중간의 삶에 너희
들이 허덕이며 욕심을 버리지 못하며,
거기에 매달려 모두를 다 바치고 살아
가는 어리석은 삶을 사는가?
40 너희들의 그 중간의 삶이란 무엇이더
냐?
41 너희들이 그리 욕심부리며 그리 갖고
자 하며 이루고자 했던 그 모두를 하
나도 가져가지 못하는 것이 너희들 중
간의 삶인 것이니라.
42 너희들이 가지고 소유했던 그 모두를
다 가지고 갈 것같이, 그리고 영원히
너희들 것같이 그리 생각하고 사는 그
모든 부귀영화요, 너희들의 육신을 위
하여 썼던 그 모두는 하나도 가져가지
못하는 것이 중간 삶의 형태이니라.
43 그를 과연 부정할 자 있으며 벗어날
수 있는가?
44 그러니 너희들은 중간의 정해져 있고
답이 나와 있는 그 삶을 위해 너희들
의 모두를 다 바치는 어리석은 그 길
을 가지 말라.
45 너희들이 정해진 그 삶을 얼마나 아름
답고 곱게 살아야 하는가?
46 너희들은 하나도 가져갈 수 없으며 정
해진 중간의 육의 삶을 위하여 욕심을
버리지 못하고 사는 그 어리석음을 두
번 다시 행해서는 안 될 것이며,
47 나의 법전을 읽고 난 다음부터 그러한
자가 있으면 그는 영원히 나로부터 구
원받지 못함을 알라.
48 너희들은 이제는 영혼의 구원의 삶을
살며 그 길을 보고 살아야 할 것이니
라.
49 지금 하늘에 오르는 길이라 하여 너희
들을 끌고 가는 모든 종교 집단과 종
교 지도자 그들이 다 잘못되어 있음이
니라.
50 너희들은 썩은 곳에서 더 썩어 가는
곳에 너희들 자신을 던지는 그와 같은
어리석은 우를 범하지 말라.
51 너희들은 도저히 일어설 수 없는 그
하나의 기업이요, 하나의 영업 장소에
그 모든 재산을 다 부어 넣고 거기서
그것이 재생할 것이라 바라는,
52 도저히 불가능한 그곳에 투자하는 어
리석은 결과에 사는 백성보다도 천배
만배 너희들이 더 어리석고 불쌍한 자
들이니라.
53 너희들의 영혼을 구할 수 없으며 너희
들을 구제할 수 없는 그곳에, 새로운
생명으로 태어날 수 없고 지금 썩을
대로 썩고 무너질 대로 무너져 가는
그 종교 집단에 모두를 다 바치며 모
두를 투자함이니,
54 이는 보물을 캐기 위한 배가 난파된
것과 같으니라.
55 보물을 캐고자 했던 그 배가 암초에
부닥쳐 난파된 거기에 너희들은 또 붓
고 부으며 투자하며 그것에 기대를 거
는 것보다도 더 어리석은 짓을 하고
있음을 알아야 할 것이니라.
56 지금 보물을 캐고자 나가서 일하던 배

가 난파선이 되어 물속에 빠져들어 가
는 그와 같은 형국보다도 더 정확한
것이 지금 잘못 가는 믿음이요, 그 형
태 속에서 너희들이 모두를 다 바치며
거기에 목매다는 그와 같은 형국이니,
57 보물을 캘 것 같은 그 배가 난파되어
물속에 가라앉고 있거늘, 너희들은 거
기에 계속 투자하고자 하는 백성보다
도 더 어리석음이니 그를 알라.
58 내가 너희들에게 말하였느니라.
59 침몰하는 그 배보다도 더 정확하게 무
너져 가며 지옥으로 가는 것이 지금
너희들이 가는 믿음의 길이요,
60 너희들을 깨우친다며 가르치는 아무
것도 모르는 그 종교 지도자, 재물의
노예가 되어 그저 앵무새처럼 부르짖
는 그들에게 너희들은 투자하지 말며
너희들을 던지지 말라.
61 그와 같이 어리석은 행위를 하는 자,
어찌 나에게 오를 수 있으며 하늘에
오르는 길을 볼 수 있겠는가?
62 그와 같은 행위에서 너희들이 벗어나
라.
63 그것이 내가 너희들을 사랑함이요, 내
가 마지막으로 너희들에게 직접 나의
음성으로써 전하고 깨우침을 알라.
64 이제 나 여호와도 힘이 들며 나 여호
와도 지쳐 있음이니라.
65 이를 보고 깨우쳐 바로 서는 백성이
수없이 늘어날 때, 나 여호와가 너희
들에게 더 깨우칠 수 있음이요,
66 나 여호와가 즐거운 마음으로 너희들
에게 모든 것을 전해 줄 수 있음이니,
67 지금은 내가 너희들이 살아가는 그 모
습의 형태를 더 이상 볼 수 없어, 내가
지금 마지막으로 모든 것을 태워 나의
아들을 통하여 너희들에게 전함이니,
68 이를 명심하여 듣고 변하는 백성으로
살도록 그리하라.
69 지금 너희들이 가고 있는 것이 난파하
여 가라앉는 그 배에 투자하는 꼴이
니, 그보다도 더 명확한 것이 너희들
이니라.
70 그 길은 바로 지옥 불로 달려가는 것
이며 지옥으로 가고 있음이니라.
71 지옥 불에 가 너희들이 무서운 벌을
받는 그 길을 가지 말며,
72 발을 멈추고 나의 법전이요, 새로운
성경을 보고 깨우쳐 너희들이 천사가
되라 하거늘, 이를 보지 못하는 자 변
할 수 없음이니, 이를 어찌하여야 하
겠는가?
73 이는 사랑하는 나의 아들을 따르는 제
자 너희들의 대명이니라.
74 그 불쌍한 나의 백성을 구원하며 그들
을 구제하며 그들을 살리도록 그리하
라, 사랑하는 나의 아들아!

4,916 번째 하나님 말씀

2003년 2월 10일 18시 24분

1 사랑하는 나의 아들아!
2 "네, 아버님! 말씀하옵소서."
3 지금의 나의 성경을 가지고 가르치는
백성, 그 믿음의 길을 간다는 백성이
뭐라 말하느냐?
4 성서는 한 자요, 한 획도 고쳐서는 안
되며 변화될 수 없으며, 변화될 수 없
는 것이 그 믿음의 길이라 그리 말하
느니라.

5 그러나 너는 나의 백성에게 전하라.
6 나 여호와가 주관하며 나 여호와를 따
라 하늘에 오르고자 하는 너희들이 역
사하는 길은 바뀌어야 하며, 또 변화
하며 변화되는 것이 당연한 것을 너희
들은 알아야 할 것이니라.
7 변화되지 아니하는 것은 썩은 물이며,
변화되지 않는 것은 죽어 있는 믿음이
니라.
8 그리하여 세월이 흐르는 속에 변화되
고 또 변화되는 그와 같은 역사의 소
용돌이 속에서 너희들이 바로 서야 함
을 알아야 할 것이니라.
9 다만, 너희들이 변화되는 그 변화가
어떠한 쪽으로 변화되느냐가 중요한
것이니라.
10 너희들은 어찌하여 성서는 변화될 수
없으며 그 가르침은 변화될 수 없다
말하는가?
11 나의 성경을 내가 뭐라 했느냐?
12 과거와 현재와 미래가 기록되어 있다
는 것은 무엇을 의미하는가?
13 과거는 지난 것이요, 현재는 현재에
존재하며, 미래라는 것은 무엇이더냐?
14 그 미래를 너희들이 안다면 그는 변화
되는 것을 의미하는 것이니라.
15 그러니 종교 지도자들이 나의 뜻을 얼
마나 거역하며 너희들이 얼마나 어리
석게 가고 가르치는 백성인가?
16 성서는 너희들이 그 뜻을 알 수 없으
며 그 오묘함을 알 수 없으며 그 깊이
를 알 수 없기 때문이니라.
17 내가 나의 아들을 통하여 만백성 너희
들에게 전하였으니, 너희들이 종교 지
도자에게 물어보라 그리 전하라.
18 너희들이 예수의 시대에 썼던 그 신약
이 지금의 시대에 너희들에게 맞는 것
인가 맞지 아니한 것인가?
19 너희들은 과연 이를 가지고 공부할 것
은 없는가?
20 너희들이 지금 공부하기 위하여 또 깨
우치려면 그 답이 거기에 다 있음이니,
21 너희들이 죽고 난 다음에 변화되는 세
월 속에서 또 이것으로 공부했을 때,
너희들은 미래의 변화에 대해서 내가
가르치며 깨우침을 거기에 다 기록하
였으니,
22 그걸 깨우치는 백성은 또 변화를 이룰
것이니라.
23 성서는 과거와 현재와 미래가 있다고
내가 너희들에게 말한 그 뜻은 무엇이
던가?
24 세월이 흘러가듯이 성서는 변화되고
또 변화되면서 새로운 역사를 이루며
새 창조의 역사를 이루며,
25 그리고 새로운 깨달음이요, 새로운 깨
우침의 바람을 이루게 되어 있는 것이
성경의 가르침이니라.
26 그리하여 성경은 변화하게 되어 있는
것을,
27 너희들은 변해서는 아니 된다 하며,
절대로 한 글자요, 한 획도 고쳐서는
안 된다는 것이 지금 굳어진 너희들의
머리니,
28 너희들이 얼마나 어리석고 불쌍한 백
성이더냐?
29 다만, 그 변화되는 것이 어느 쪽으로
어느 방향으로 변화되는 것이냐가 중
요한 것임을 모르는가?
30 너희들이 아름다운 쪽으로 변화되며,

나 여호와가 원하는 쪽으로 너희들이 천사와 같은 마음으로 변하고 또 변하는 것은 그게 변화의 상징이며 그리 변해야만 하는 것이니라.
31 너희들이 악한 쪽으로, 사탄 쪽으로 변하는 것은 있을 수 없으며, 그리 변해서는 아니 된다는 것을 말한 것뿐이지,
32 너희들이 천사의 마음이요, 나의 아들 예수의 삶이요, 나 여호와의 뜻과 같은 마음으로 살아가야 하는 그 자체가 무엇이너냐?
33 너희들이 무한한 변화를 이루어야 하며, 고통과 시련 속에 너희들이 변화를 이루지 아니하면 아니 됨이니라.
34 너희들이 평생을 살아가면서도 악습 하나를 버리지 못하며 나쁜 짓 하나를 지우지 못하고 그리 살아가는 것이거늘,
35 아름다운 모습으로 천사와 같이 나 여호와의 뜻과 같이 살아간다면 너희들의 마음이 변화되며 생활이 변화됨이니,
36 나의 성서는 곧 변화를 요구하며 변화되는 역사 속에서 모든 것이 이루어지는 것이니라.
37 그러나 너희들은 어찌하여 우물 안 개구리처럼 변화되면 안 되며 변화되는 것은 사탄이요, 이단이라 그리 말하는가?
38 그러니 너희들이 바로 죽은 자라 함이니라.
39 너희들이 지금 변화되어 깨우치는 것이 사탄이요, 악마의 짓을 하고 있다면, 너희들은 계속 악마요, 사탄의 짓을 하도록 강요하는 것이며,
40 사탄이요, 악마의 짓 외에는 너희들은 아무것도 해서는 안 된다 그리 가르침이니, 너희들이 나의 피조물 만백성을 지옥으로 이끌어 가네 그들을 죽이고 있음이니라.
41 너희들이 지금 가고 있는 것이 사탄이요, 마귀의 행위이기 때문에, 더욱이 변화가 필요하며 개혁이 필요하며 혁신이 필요한 것이 지금의 너희들이니,
42 그리하여 성서는 계속 변화되며 나의 법전 또한 세월이 흐르면서 변화의 역사와 그 소용돌이를 만들어 가는 것이 나의 법전이요, 내가 새로 내려보내는 성경이니라.
43 그러니 너희들은 변화됨을 잊지 말라.
44 다만, 너희들이 어느 쪽으로 변화되느냐 하는 것이 중요함이니라.
45 창조주 나의 뜻에 따라 내가 원하는 그 뜻에 따라 변화되는 것은 나로부터 선택된 백성이요,
46 너희들이 선한 쪽으로 그 길을 달려가는 것은 너희들이 깨달으며 스스로 변화와 변화 속에 나를 볼 수 있으며 하늘에 오를 수 있는 것이니라.
47 너희들이 지금 변할 수가 없다 하며 변화되어서는 아니 된다 하는 것은, 너희들 스스로 완벽하다 생각하며 하나도 고칠 것이 없으며 손댈 것이 없는 완벽한 신과 같은 자라 착각하고 있음이니라.
48 너희들이 신이 아닌 다음에야 어찌 변할 수가 없으며 깨달음이 없겠는가?
49 새로운 역사를 바라보지 아니하고 그대로 살아갈 수는 없을 것이니라.

50 나의 아들 예수가 말했듯이, 선한 자
는 나 창조주 하나뿐이라 하였으니,
51 지금 종교 지도자 너희들이 선한 자
요, 선함을 행하는 자는 나와 똑같은
자라 하느니라.
52 변할 수 없으며, 변할 수 없고 변해서
는 아니 된다 말하는 자, 너희들은 그
성서를 그대로 지키고 살아가는 것이
아니라 너희들이 완벽해진 자라는 그
착각 속에 산다는 것임을 알아야 하느
니라.
53 너희들은 완벽하지 아니하기 때문에
변화되며, 새로운 역사를 이루어야 하
며, 개혁을 해야 하는 것이 나의 백성
이 가야 할 길이니라.
54 너희들은 완벽하지 못함이니, 1,000이
라는 숫자에서 10도 변하지 못한 자
들이 완벽한 자인 것처럼, 변화되어서
도 안 되며 개혁해서도 안 되며 그대
로 달려가야 한다 함이니,
55 너희들은 990의 그 많은 숫자도 변하
지 못하며, 10개라는 숫자만 가지고
너희가 변화된 것처럼, 그리고 완벽한
것처럼 울부짖는 자들이니,
56 얼마나 어리석고 불쌍한 백성인가, 너
희들의 형제인가 알아야 할 것이니라.
57 수천 년 동안 변해 온 너희들의 그 변
화의 역사가 선을 행하며 천사와 같은
마음으로 변한 것이 아니라 악한 자
요, 악마요, 사탄의 자식으로서 변화
되었으니,
58 지금은 대개혁의 바람이 불어야 하기
에 내가 심판의 역사를 이루는 것이
그게 바로 무엇인 줄 아느냐?
59 변화이니라.
60 변화되는 것만이 너희들이 살 길임을
잊지 말라.
61 그리고 이 뜻을 너의 제자들과 이 법
전을 읽고 깨우친 만백성 너희들은 많
은 백성에게 가르쳐 주라.
62 성서라는 것을 들고 한 획도 고쳐서는
안 되며 한 줄도 고쳐서는 안 된다며
벌벌 떨고 있는 그들에게,
63 성서는 변화되는 것이며, 변하는 역사
가 성경이요, 성서라는 것을 어리석고
불쌍한 그들에게 깨우쳐 주도록 그리
하라, 사랑하는 나의 아들아!

4,917 번째 하나님 말씀

2003년 2월 10일 18시 33분

1 사랑하는 나의 아들아!
2 "네, 아버님! 말씀하옵소서."
3 사랑하는 너의 제자들과 나의 법전을
읽고 깨우친 백성 너희들은 알아야 할
것이니라.
4 이제 너희들은 스스로 남들이 너희들
을 보고 믿을 수 있는 그와 같은 완벽
한 나의 백성으로 변화되어야 하는 것
이 지금 너희들의 과제이며, 너희들이
해야 할 길이니라.
5 나는 160권의 법전을 세상에 내보낸
다 했음이니,
6 나의 아들을 통하여 160권의 법전이
세상에 나오고 못 나오는 것은 나 여
호와의 책임이며, 그를 역사하는 것은
나의 책임이라 하였느니라.
7 나의 아들이 나의 아들로서, 선지자로
서 그를 만백성이 존경하며 따르고 안
따르는 것은 그의 책임이며 그의 몫이

라 하였음이니라.
8 그는 스스로 어찌했든 그 길을 갈 것
이니라.
9 이제 모든 것은 너희들만이 남아 있음
을 알아야 할 것이니라.
10 많은 나의 피조물 만백성이 나의 아들
을 따르는 제자 너희들을, 그리고 나
의 법전을 읽고 깨우치고 변화된 백성
너희들을 보는 시선이 달라져, 너희들
을 보고 믿도록 하는 것이 가장 중요
한 지금의 지상의 과제이며,
11 가장 위대한 마지막 과제를 지고 있는
것이 너희들임을 잊어서는 아니 될 것
이니라.
12 160권의 법전은 세상에 나올 것이며,
나의 아들은 내가 뜻하는 대로 그를
다스려 내가 바로 세울 것이며,
13 다만, 너희들만이 만백성이 존경하는
나의 백성으로 변하여 그들이 변화된
모습을 볼 수 있도록 너희들이 변하는
것만이 남았으니,
14 각자 자기 몫이 남아 있기 때문이니라.
15 이제 그 역사만 이루면 되느니라.
16 나의 아들은 나의 아들대로 내가 만들
어 그를 다스릴 것이니,
17 너희들의 몫만 남아 있음을 알아야 할
것이니라.
18 그 길을 너희들은 어렵고 힘들다 그리
생각하지 말라.
19 내가 뭐라 말하였더냐?
20 내가 내린 계명이요, 내가 내려보내는
새로운 성경의 그 모두를 너희들이 지
키고 가면 된다 그리 말하였음이니라.
21 너희들은 오염될 대로 오염되어 있는
그 종파 속에서 지금까지 살아왔으며
구원을 받고자 했던 자들이 아니던가?
22 그 속에서 뛰쳐나온 그 자체가 너희들
의 영광이니 너희들이 바로 서야 할
것이며,
23 내가 내린 새로운 성경대로 너희들이
살지 못해서는 아니 됨이니라.
24 너희들은 십일조를 바치며 헌금을 바
치며 재물을 많이 바치며, 그저 종교
지도자 앞에 맹신하고 모두를 다 바치
는 그와 같은 맹종하는 백성만이 구원
을 받는다 하여 그것을 위하여 지금까
지 믿음의 길을 왔음이니라.
25 너희들은 나 여호와를 바라보며 내가
원하는 그 믿음이 아니요,
26 너희들의 종교 집단에 충성하며 너희
들을 이끌어 가는 잘못된 종교 지도자
들에게 모든 것을 다 바치는 그와 같
은 믿음 속에서 왔던 너희들이 이제
하늘에 오르는 길이요, 진정한 나의
뜻을 알아 지금 그 길을 가고 있음이
니,
27 그 모든 은혜를 너희들이 생각한다 해
도, 너희들이 완벽한 백성으로 변화되
어야 함을 알아야 할 것이니라.
28 나의 피조물 만백성이요, 종교 집단들
은 내가 너희들에게 세상을 통제하며
동식물을 관리하며 살라 하여 높이 내
려 준 그 지혜를 악행을 하며 나의 뜻
을 거역하는 그곳에 모두를 다 썼으며,
29 그것을 위해 아낌없이 투자하고 지금
까지 살아온 것이 종교 집단에 속해
있는 지도자요, 신도라는 백성이니라.
30 이제는 내가 내려 준 그 모든 지혜를
너희들이 만백성을 깨우치며, 선함을
행하며, 너희들이 바로 선 그 모습을

보고 그들이 깨우치고 느낄 수 있도록 그곳에 너희들의 모든 지혜와 능력을 다 부어야 함을 잊어서는 아니 될 것이니 그리 알라.

4,918 번째 하나님 말씀

2003년 2월 10일 18시 44분

1 사랑하는 나의 아들아!

2 "네, 아버님! 말씀하옵소서."

3 성경이요, 성서에 믿음이 변화되지 않는다는 것을 강요하며 그를 부르짖는 자는 나 여호와의 뜻을 모르는 자며, 종교 지도자의 자격이 없다 내가 그리 말하였음이니라.

4 나의 성경 자체가 과거와 현재와 미래 그 모두를 담고 있음이니, 그 뜻에 따라 너희들이 변화되고 역사하는 것은 당연하다 하였음이니라.

5 너희들 인간 세상에 살아가면서 너희들이 잠시도 숨을 쉬지 아니하면 살 수 없는 산소요, 공기도 어찌 흘러가는가?

6 한 번 너희들이 접했던 산소요, 한 번 숨을 쉬었던 산소는 영원히 너희들이 그를 접할 수 없으며, 그를 다시 만날 수 없는 것이 흘러가는 이치이니라.

7 자연 모두는 다 흘러감이니라.

8 너희들 또한 이 세상에 나고 죽어 가며 또 나고 죽어 가는 그 모두가 무엇이던가?

9 그것이 변화며, 흐르는 물과 같이 흘러가는 것이니라.

10 너희들이 한 번 흘러간 그 물은 다시 접할 수 없으며 그것을 볼 수 없듯이, 영원히 너희들은 그를 접할 수 없는 것이니라.

11 그와 같이 생명이 살아가는 것도 또한 나고 죽음이니,

12 그것이 물이 흐르며 산소요, 공기가 흘러 바람 부는 것과 같은 이치 속에서 살아감이니, 그 모두는 변화 속에서 이루어지는 것이며,

13 새로운 것 속에서 깨달음을 얻으며, 새로운 것을 접하며 새로운 속에서 몸부림치며 부닥치면서 그 속에서 너희들이 참진리의 길을 알며 하늘에 오르는 그와 같은 길을 알게 되어 있음이니라.

14 그리하여 내가 너희들에게 전하기를, 변하지 아니하며 변할 수 없다 말하는 것은 너희들은 썩어 있는 그 구덩이에 숙달되어 있으며 거기에 젖어 있으며 거기에 만연되어 있기에,

15 거기에서 썩은 것이 너무나 행복한 것이라 그리 생각하는 것밖에 모르기 때문에, 싱싱한 것이요, 자연의 아름다움이 무엇인지를 모르기 때문에,

16 너희들의 지금의 믿음 자체도 사악한 자의 가르침이요, 사악한 뜻에 만연되어 있기에, 나 여호와의 참진리 쪽으로 너희들이 깨우쳐 주는 것이 얼마나 변화되고 아름다운 마음인지 그를 모름이니라.

17 저만 생각하며 저 자신만을 생각하는 이기적인 마음으로 나의 피조물 만백성을 길들여 놓아, 그들이 이기주의 속에서만 제가 행복한 줄 알며, 거기에 축복이 있으며, 행복이 있는 줄로 아나,

18 그러나 양보하는 그 미덕 속에, 그리
고 남을 위하여 사는 그 삶 속에서, 이
웃을 먼저 생각하고 사는 그 삶 속에
서 너희들이 얻어지는 기쁨과 행복을
알지 못함이니,
19 이를 알지 못하는 자, 사탄이요, 사악
한 자요, 그것이 바로 악마의 자식이
니라.
20 남을 위하여 살아가는 기쁨을 알며 선
을 베풀며 살아갈 때, 자기 스스로 행
복을 알며,
21 자기가 변하여졌을 때 변함을 아는 그
자신이 얼마나 행복한 것인가를 아는
백성이 바로 변화되는 백성이요,
22 나로부터 선택된 백성이 살아가는 길
임을 알라.
23 지금 수천 년 동안 흘러오는 종교의
집단이요, 그 믿음이 첫 단추를 잘못
끼워 그 낀 대로 계속 흘러내려 왔으
니,
24 그가 엉망이 되었으며 제자리를 잡지
못하고 있는 것이 지금의 종교 집단들
의 형태임을 너희들은 알아야 할 것이
니라.
25 그저 잘못 끼워진 그 단추를 계속 맞
다, 옳다 그리 강조하고 살아가는 것
이며,
26 그 길만을 바라보고 살아가는 것이 너
희들이 얼마나 어리석고 불쌍한 백성
인가?
27 이를 잡으려 하지 아니하며 이를 바로
세우려 하지 아니함이니라.
28 그대로 사는 것이 행복하며 그대로 사
는 것이 편하다는 것이 너희들의 지금
의 삶이 아니더냐?
29 변화를 이루지 아니하며 그 역사를 이
루려 하지 않는 것이 너희들이니라.
30 지금 나의 백성이 잘못 가고 있기에,
내가 그를 바로잡아 깨우쳐 너희들을
하늘에 오르는 백성으로 인도하기 위
하여
31 내가 160권의 대장서의 법전을 나의
아들에게 그리 명하여 어렵고 힘든 그
길을 가며, 제3의 마지막 시대를 열어
너희들을 구원하고자 함이니,
32 너희들은 이를 알아야 할 것이니라.
33 너희들 앞에 유유히 흐르는 그 물이
한번 너희들의 눈을 벗어나 흘러가면
그 물은 다시 돌아올 수 없듯이,
34 계속 흐르는 것이 나의 믿음이요, 깨
우침이니라.
35 그리하여 깨우침도 그와 같이 변화되
는 것이니라.
36 새로운 것이 도래할 때 너희들이 깨달
음이 있고, 거기에서 역사함이 있으
며, 참진리를 바라볼 수 있음이니라.
37 너희들은 그저 고여 있는 것만이 위대
한 물이라 생각하고 썩은 것을 위대하
다 함이니,
38 너희는 불어 가는 새로운 산소요, 너
희들이 한 번 들이마신 공기요, 산소
는 영원히 다시 마실 수 없으며 그저
흘러 지나가는 그 이치를, 이를 알아
야 할 것이니라.
39 세상의 모든 동식물이요, 인간 세상이
요, 내가 만든 이 아름다운 성전의 세
상은 그와 같이 흘러가는 속에서 변화
하며 역사하며 깨우쳐 가게 되어 있음
이니라.
40 너희들이 흘러가는 물이 새로운 물을

안고 오듯이,
41 너희들이 변화되고 변화되는 속에서
너희들이 참진리요, 깨달음이요, 나
여호와의 뜻을 음미하고 알 수 있는
그와 같은 것이거늘,
42 너희들은 그저 고쳐서도 안 되며, 다
른 말을 해서도 안 되며, 다른 것을 봐
서도 안 되며, 남의 가르침을 들어서
도 안 되며,
43 그저 제가 가르치는 자, 무식한 자, 아
무것도 모르며 하늘의 뜻인 진리도 모
르는 자가 말하는, 그저 개구리처럼
개골개골 대는 그 소리만이 구원의 길
이라 생각하니,
44 그 듣고 들은 소리가 질리지도 아니하
며, 너희들은 귀가 따갑지도 아니한가?
45 너희들이 그저 구원을 받는다는 것,
죄를 많이 짓고 사는 백성이 그 죄가
무서워, 나에게 심판받는 것이 두려워
그 길만이 구원의 길이라 그저 말 못
하고 목매달려 가는 너희들을 내가 바
로잡고자 함이니,
46 나의 새로 내리는 성경을 읽고 깨우
쳐, 너희들이 정녕 혼자 기도하며 다
락방에서 기도하며 그 역사함에 눈을
뜨도록 그리하라.

4,919 번째 하나님 말씀

2003년 2월 10일 18시 55분

1 사랑하는 나의 아들아!
2 "네, 아버님! 말씀하옵소서."
3 나의 피조물 만백성 너희들이 살아가
면서 남에게 큰 은혜를 주었으며 베풂
이 큰 것을 주고도 '저는 남을 위하여
베푼 것이 없으며 당신을 위해 해 준
것이 없습니다.' 그리 겸손한 마음으
로 그와 같이 아름다운 마음을 가지고
살아가는 사람이 있는가 하면,
4 남을 위해 한 것도 없으며, 작은 것을
좀 했다 하여 그를 자랑하며, 말로써
그나마 그 공을 다 까먹는 그와 같은
사람이 있음이니라.
5 그러니 이와 같은 두 종류의 사람이
이 세상을 살아감이니,
6 나의 아들을 따르는 선택된 백성이요,
제자 너희들은 어찌 살아가야 하는가?
7 너희들은 남을 위하여 베풀고 살아가
는 것을 자랑하지 말라.
8 그 모두는 다 너희들이 나의 것을 가
지고 행하는 것이니,
9 이 세상 살아가는 것이 나 여호와로부
터 너희들이 재물을 나누어 주며 금화
와 은화를 나눠 주는 것만이 베푸는
것이라 그리 생각하지 말라.
10 너희들의 모든 생명은 다 나 여호와가
주관함이니,
11 너희들이 아름다운 말을 하는 것, 남
의 상처를 어루만져 주는 것, 그 모든
행동이 바로 베푸는 것이며, 너희들이
나를 대신해서 하는 행위임을 알아야
할 것이니라.
12 이는 곧 너희들이 하나 더 깨우쳐 나
간다면, 그 모두가 나 여호와의 것이
니라.
13 너희들이 아픈 상처를 만져 주는 것,
그리고 남에게 아름다운 말로써 깨우
쳐 주는 것, 그 모두는 다 나 여호와가
너희들에게 내려 주는 것을 나눠 주는
것이며, 너희들이 그를 베풀어 줌이니

라.
14 너희들이 재물이요, 황금이요, 그와
같은 것만을 나눠 주는 것이 나의 재
물이요, 나의 것을 나눠 주는 것이 아
니니라.
15 모든 선한 것을 너희들이 남을 위하여
행하는 것은 나누어 주며 그들을 위해
살아가는 것이니,
16 너희들은 이제 어떠한 것을 가지고서
라도 너희들이 어떠한 행위라도 남을
위해 베풀었으며 남을 위해 아름다운
행동을 한 것을 너희들은 말로써 그리
하지 아니하며
17 '저는 아무것도 이룬 것이 없으며 남
을 위해 한 것이 없습니다.' 하여 겸손
히 대답하는 그와 같은 백성이 되라.
18 해 놓은 것도 없이 말로써 다 깨부수
는 그와 같은 사람이 되어서는 아니
될 것이니라.
19 너희들이 하나밖에 없는 남의 생명을
구원해 주었으며 구제해 주었다 해도,
너희들은 그것을 자랑하지 말며, 그것
으로써 너희들이 남을 위하여 했다 말
하지 말라.
20 '저는 남을 위해서 아무것도 한 것이
없으며 수고한 것이 없으며 남에게 베
풀어 준 것이 없습니다.' 그리 겸손히
말할 수 있는 나의 백성으로서 변화되
는 그것이 가야 할 길이며,
21 나의 법전을 읽고 깨우친 나의 아들딸
들이 살아가는 방법임을 너희들은 알
아야 할 것이니라.
22 너희들이 아무리 선하고 착한 일을 해
도, 나로부터 생명을 받아 가지고 나
간 그 은혜보다 못함이니라.
23 내가 지금 새로운 성경을 세상에 내려
보내 나의 법전을 내려보냄이니,
24 너희들이 이를 읽고 깨우쳐 너희들 것
으로 만들며, 너희들이 변하고자 몸부
림치는 그와 같은 삶을 살아갈 수 있
으며, 그 깨달음을 얻을 수 있는 그것
보다도
25 어떠한 것을 베풀든, 아무리 선한 것
을 하든, 너희들이 가지고 있는 그리
도 아끼는 재물을 다 주었다 해도 너
희들은 나 여호와의 은혜에 보답하는
것이 아님이니라.
26 내가 너희들에게 내려 준 것을 너희들
이 남에게 나누어 주는 것이거늘,
27 어찌하여 그리도 인색하며 그리도 인
정 없이 살아가는가?
28 모두는 다 내가 너희들에게 내려 준
것이 아니던가?
29 내가 너희들에게 베풀어 준 은혜를 갖
고 너희들이 더불어 살아가는 이웃에
게 조금 돌려주며 나눠 주며 살라 하
는 것이거늘,
30 이것이 사랑이며, 하늘에 오르는 길이
라 그리 말하였거늘,
31 어찌하여 너희들은 내가 내린 명령이
요, 나의 뜻이요, 내가 원하는 그를 행
하지 아니하며 그를 거역하며 사는가?
32 그를 거역하며 사는 자, 제가 약은 자
며, 제가 똑똑한 자며, 제가 현명한 자
같이 그리 생각하고 사느니,
33 그들은 그와 같은 죄가 나에게 와서
받을 때 얼마나 무섭고 두려운 것인가
를 모를 것이니라.
34 너희들이 선한 일을 하면 손해 보는
듯하며 너희들이 피해를 보는 것 같으

나,
35 너희들이 나에게 와서 아무도 통할 수
없으며 아무도 대신해 줄 수 없는 그
심판대에 서서 그것이 얼마나 위대한
힘이며 얼마나 큰 영광인가를 알게 될
것이니라.
36 이 세상에 아름다운 말로써 전하며 남
의 어려움을 보살펴 주며 너희들이 그
와 같이 살아가는 것, 그 모두는 다 내
가 너희들에게 내려 준 아름다운 심성
이니라.
37 그 심성에서 너희가 남들에게 떼어 주
며 남들에게 보여 주며 나누며 살라
하는 것이거늘, 어찌하여 너희들은 그
리 살지 못하느냐?
38 그것을 이웃에 나눠 주며 살라는 것이
나의 뜻이니라.
39 그러니 그와 같은 은혜 속에 사는 나
의 선택된 백성 너희들은 무엇을 베풀
고 무엇을 남을 위해 봉사했다 하여
그를 했다 말하지 말라.
40 그저 너희들은 '저는 남을 위해 한 것
이 아무것도 없는 사람입니다.' 하며
겸손한 마음으로 항상 살아가라, 사랑
하는 나의 아들딸들아!
41 그 아름다운 말 한마디가 나 여호와에
게 기쁨이요,
42 내가 그 말을 들을 때 내가 너희들을
보는 마음이 얼마나 기쁜지 알겠는가?
43 나 여호와를 기쁘게 하는 것이며 나
여호와에게 올 수 있는 것이 그와 같
은 마음이요, 그와 같은 행동으로 살
아가는 것이니라.
44 너희들이 어렵게 벌어 마음 아파하며
바치는 재물, 너희들이 계산을 두며
바치는 그 추하고 더러운 재물로써 나
여호와의 마음을 살 수 있다 생각하지
말며, 내가 너희들을 기억할 수 있는
백성이라 생각하지 말라.
45 그는 나를 능멸하며, 나의 아들 예수
를 욕하며, 지금 내가 새로 내리는 성
경을 태우는 자보다도 더 사악한 자
며, 나의 아들을 죽이는 자보다도 더
모진 자임을 너희들은 알 때가 있을
것이니라.

4,920 번째 하나님 말씀

2003년 2월 10일 19시 04분

1 "너는 나 외에 다른 신을 네게 있게
하지 말지니라.
2 너를 위하여 새긴 우상을 만들지 말
고, 또 위로 하늘에 있는 것이나, 아래
로 땅에 있는 것이나, 땅 아래 물속에
있는 것의 아무 형상이든지 만들지 말
며, 그것들에게 절하지 말며, 그것들
을 섬기지 말라.
3 너는 너의 하나님 여호와의 이름을 망
령되이 일컫지 말라.
4 안식일을 기억하여 거룩히 지키라.
5 네 부모를 공경하라.
6 살인하지 말지니라.
7 간음하지 말지니라.
8 도적질하지 말지니라.
9 네 이웃에 대하여 거짓 증거하지 말지
니라.
10 네 이웃의 집을 탐내지 말지니라.
11 나 여호와가 존재함을 믿는 그 자체가
구원의 길에 들어서는 기본이요, 근본
이며, 나의 법전을 가슴에 안고 정독

하는 자 반석 위에 서서 하늘에 오르
는 찬란한 빛을 보게 되는 영광을 얻
게 됨이니라."
12 사랑하는 나의 아들아!
13 "네, 아버님! 말씀하옵소서."
14 네가 나의 새로운 성경이요, 법전에
십계명을 암송하는 것을 이리 기록하
며 전함이 무슨 뜻인지 알겠는가?
15 나의 법전의 한 구절에 나의 십계명을
기록하여 놓는다면 너희들은 이를 읽
지 아니하고 이를 정독하지 아니하기
에,
16 영혼의 구원의 생명인 나의 십계명을
나의 법전이요, 새로운 성경에 중간중
간에 너로 하여금 기록하게 하여,
17 나의 피조물 만백성이 이를 암송하며
깨우쳐 십계명의 중요함과 너희들이
이를 지켜야 하는 것과 그를 깨우치고
자 내가 너를 통하여 이리 기록함이니,
18 이를 반드시 기록하여 만백성이 읽고
또 깨우쳐, 나의 160권의 법전을 읽을
때 그들은 모두 나의 십계명을 암송하
며 수시로 십계명을 부르짖으며 그 뜻
에 따라 살아가고자 노력하는 백성으
로 바로 세울 수 있는 그 역사를 이루
고자 함이니, 이를 너희들은 알아야
할 것이니라.
19 사랑하는 나의 아들아!
20 "네, 아버님! 말씀하옵소서."
21 내가 너에게 얼마나 겸손하게 살라 하
였느냐?
22 사람이 한 사람의 백성을 구해 주었다
해도, 그는 겸손한 말로써 '저는 아무
것도 한 일이 없습니다.' 그리 말하라
하였음이니라.
23 너희들이 살아가면서 아무리 높은 산
을 정복하며 그 산이 높다 해도 그 산
은 어디에 있느냐?
24 하늘 아래 그것이 존재함이니라.
25 하늘 위에 존재할 수 없는 것이 산이
며, 그 산이 또한 어디에 존재하는가?
26 내가 만든 이 지상의 땅 위에서 그는
존재하며 그 위에 버티고 있음이니,
27 그를 벗어나지 못하며 하늘을 찔러 넘
지 못하는 것이 그 산의 한계요, 너희
들이 정복하기 위해 애를 쓰는 높은
산의 존재이니라.
28 너희들은 과연 어찌 살아야 하는가?
29 너희들은 이 세상에 지금 존재하면서
너희들이 무엇인가를 다 이룰 수 있으
며, 너희들로서 무엇이든 이루지 못할
것이 없다 그리 생각하고 사는 백성,
30 그리하여 너희들은 겸손을 모르며 겸
손의 미덕을 모르고 살아가는 나의 백
성이 되어 있음을 알아야 할 것이니라.
31 아무리 뛰어난 재주를 가진 자, 그리
고 과학 문명의 첨단을 달리는 그 역
사를 이룬다 하는 백성, 너희들이 아
무리 그리한다 해도,
32 내가 너희들에게 내려 준 이 자연의
산소요, 공기를 마시지 아니하면 너희
들은 존재할 수 없으며 살 수 없음이
니라.
33 그리고 내가 너희들에게 관리하고 취
하고 먹고살라 한 동식물을 내려 주지
아니하였을 때, 너희들은 그 몸을 지
탱할 수 없으며 살아갈 수 없는 것이
아니던가?
34 그러한 너희들이 정녕 자신을 돌아다
보며, 너희 자신이 어떠한 위치에 있

으며 너희들이 과연 어떠한 존재이며
어떠한 능력이 있는가 너희 스스로 깨
우쳐 보며 겸손한 자세로 살아갈 수는
없는가?
35 지금 모든 종교 집단들이 얼마나 사악
해졌으며 잘못 가고 있는지 아는가?
36 너희들은 나로부터 받은 은혜요, 영광
이요, 그 겸손함을 생각하지 아니하며,
37 전지전능한 창조주 나 여호와요, 아버
지라 하면서,
38 전지전능한 나 여호와 앞에 어떠한 백
성인가를, 너희들의 위치가 무엇인가
를 그리 깨닫지 못하고 살아감이니라.
39 저 자신이 나 여호와로부터 어떠한 벌
을 받는 죄를 짓고 있으며, 저희들이
짓고 있는 죄목이 몇 가지가 되며, 그
죄의 무게가 얼마나 되는지 그것도 알
지 못하는 종교 지도자들이 천국 문의
열쇠를 저희 손에 쥐고 있어 마음대로
열어 주고 닫아 주며,
40 저희들에게 재물을 많이 바치는 자 천
국의 문을 들여보낼 수 있으며, 재물
을 바치지 아니하고 저희들을 단죄하
는 자는 지옥으로 내려보내는 그와 같
은 심판의 권한을 가지고 있는 것처럼
행세하는 것이 지금 사악한 자요, 나
의 뜻을 거역하는 종교 집단이요, 지
도자들이니,
41 그들이 사탄이요, 사악한 자며 거짓
양의 탈을 쓴 자들이니라.
42 내가 너희들에게 뭐라 말하였느냐?
43 양의 탈을 쓴 이리의 형국은 뭐라 말
하였느냐?
44 그들은 바로 노략질하는 자라 하였음
이니라.
45 도적질하는 자라 하였음이니라.
46 지금 나의 피조물 만백성에게 주는 것
없이 거둬들이며, 주는 것 없이 그저
긁어 들이는 그와 같은 짓을 하고 있
는 자들이 누구던가?
47 그러면서 그것이 소중한 줄도 모르며,
그것이 값진 줄도 모르며,
48 바치는 사람이 어떠한 마음으로 바치
는지도 모르면서 그저 적은 것을 바치
는 자, 성의를 보기 전에 팽개치며,
49 그저 많이 바치는 자, 그저 다발로 바
치는 자만이 저희들이 세 치 혓바닥으
로써 그를 위해 기도하고 경배하며,
50 열배 백배 축복을 내려 주었으니 더
갖다 바치라는 그와 같은 사악한 행동
을 하고 있음이니,
51 이것이 얼마나 너희들이 사악한 자들
인가?
52 너희들에게 갖다 바친 자를 위하여 열
배 백배 더 주라는 기도의 의미는 무
엇인가?
53 그들이 나 여호와의 뜻에 의하여 재물
을 바쳤기 때문에 그들에게 축복을 주
라는 것이 아니니라.
54 열배 백배를 더 줄 것이니 있는 것 없
는 것 더 갖다 바치라며 그들에게 바
치도록 자극하려고 열배 백배 더 준다
며 너희들이 만들어 낸 그 기도문으로
써 나의 순박하고 착한 백성을 지옥으
로 이끌어 가며,
55 그들이 노력해서 번, 내가 그들에게
쓰고 먹을 수 있도록 준 그 재산을 갈
취하는 것이 지금 종교 집단이니,
56 너희들이 제 분수를 모르고 살아가는
것이 어떠한 형국이며, 그 죄가 얼마

나 무서운가를 너희들은 알아야 할 것
이니라.
57 너희들이 아무리 그리 발버둥치고 모
두를 다 통제하는 것처럼, 너희들이
작은 신처럼 행동해도,
58 너희들은 바로 내 손에서 벗어날 수
없으며, 내가 벌하는 그 심판을 벗어
날 수 없는 자들임을 알라.
59 너희들이 아무리 무엇을 정복했다 해
도, 무엇인가 이루었다 해도 내가 몇
시간만 너희들에게 산소를 내리지 아
니하면 너희들은 살 수 없는 것처럼,
너희들 자신이 그리 나약함을 알라.
60 그를 모르고 지금 설치는 자, 그리고
하늘의 천국에 오르는 그 열쇠까지도
가지고 있는 것처럼 설치는 그 백성,
61 잘못 가르치는 종교 지도자, 어리석고
불쌍한 자,
62 그 죄가 얼마나 무서운가 너희들은 오
늘날 나의 백성을 속여 누린 것보다도
천배 만배 뼈저린 고통이 너희들을 기
다리고 있음을 알라.

부 록

【하나님께서 가르쳐 주신 운동】

천재지변이 일어날 때, 동물이나 미물들은 미리 알고 대피하지만, 인간은 알지 못하고 큰 화를 당합니다. 하나님께서 인간에게 가장 높은 지혜를 주시고 완벽하게 창조해 주셨기에 동물들보다 더 잘 알 수 있지만, 욕심으로 마음이 혼탁해져서 한 치 앞을 보지 못하는 것입니다.

마찬가지로, 인간은 누구나 스스로 필요한 운동을 해서 건강을 지킬 수 있도록 하나님께서 만들어 주셨습니다. 우리의 머리에서 우리 몸에 필요한 동작을 해 달라고 끊임없이 신호를 보내지만, 인간이 혼탁하게 살아서 그 신호를 알아채지 못합니다. 그러니 자연스럽게 자기 몸이 원하는 그 신호를 따라서 운동하는 것이 하나님께서 가르쳐 주신 운동 방법입니다. 바로, 우리의 영이 육을 이끄는 운동입니다.

▶ 하나님 운동법

1. 눈을 감고, 발을 어깨너비로 벌리고 바르게 선다.
2. 몸에 힘을 풀고, 허리를 숙이면서 손과 머리를 아래로 내린다.
3. 허리를 펴고 싶을 때, 천천히 펴면서 하고 싶은 동작을 하면 운동이 시작된다. (사람마다 다르다.)
4. 멈추지 말고, 어떤 동작이든지 자기 몸의 느낌대로 계속 이어서 한다.

▶ 참고 사항

① 눈을 감은 상태로 아무 생각 하지 않고, 자기 몸의 느낌대로 움직입니다.

② 마음을 비우고, 욕심을 버리고, 지난날의 잘못을 반성하면서 몇 차례 시도하다 보면, 자기도 모르게 하고 싶은 동작이 끊임없이 생깁니다.

③ 운동 장소는 방 안이든 운동장이든 관계없으며, 걷거나 달리고 싶을 때는 눈을 떠도 됩니다.

④ 매일 40분 이상, 주 4회 이상, 3개월 이상 하면 음식 조절에 들어갑니다.
- 음식으로 생긴 병은 음식으로 치료하게 되며, 어떤 음식을 먹어야 하는지 스스로 알게 됩니다.
(자기 몸에 필요한 음식만 먹고 싶어집니다.)

⑤ 사랑하는 사람과 함께 운동하면 서로 치료해 주기도 합니다.

⑥ 운동을 하다가 몸의 어느 한 부분을 계속 손으로 자극한다면 그쪽에 이상이 있는 것이니, 의사에게 상담을 받고 적절한 치료를 받으면 됩니다.

⑦ 다이어트 및 기타 건강관리에 효과적입니다.

⑧ 꾸준히 운동하여 영이 맑아지면, 자신의 과거와 미래를 스스로 보게 됩니다.

누구나 스스로 하실 수 있습니다.

간행사

《새로운 성경》은:

· 새로운 성경은, 하나님께서 선량하고 선한 자를 선택하여 십계명을 암송하도록 하시고, 십계명을 암송한 다음에 음성으로써 들려주시는 말씀을 듣고 그대로 카세트테이프에 녹음해서 받아쓴 책입니다.

· 90분짜리 녹음테이프 700여 개에 달하는 말씀으로, 1999년 8월부터 2004년 7월까지 총 160권(권당 288쪽)을 완성하였으며, 그 이후에도 현재까지 계속 말씀을 내려 주고 계십니다.

· 새로운 성경은 "하늘을 두루마리 삼고 바닷물을 먹물 삼아 쓰고 써도 다 못 쓴다"는, 끝없이 방대한 하나님의 말씀이 두루마리로 직접 내려오는 것입니다. 이러한 새로운 성경은 구약과 신약을 폐하려는 것이 아니라 "인봉된 성서의 비유의 뜻"을 상세히 설명하여 완성하고자 하나님께서 직접 내려 주신 말씀입니다.

《새로운 성경》의 구성:

· 제 목: 2013년, 160권 모음집을 발간하면서, 본 도서의 제목을 "하나님! 말씀하옵소서"에서 《새로운 성경》으로 명해 주셨습니다.

· 단행본: 각 권당 288쪽(신국판) 책이 160권까지 시리즈로 출판됩니다.
(모음집은 단행본을 16권씩 묶어서, 총 10부로 구성됩니다.)

《새로운 성경》의 성경적 근거:

· 신약 성경 [요한복음] 16장 13절에 "진리의 성령이 오시면 그가 너희를 모든 진리 가운데로 인도하시리니 그가 자의로 말하지 않고, 오직 듣는 것만을 말하며" 하신 말씀처럼 하나님의 음성을 들은 것만 기록하였으며,

· "장래 일을 너희에게 알리시리라" 하신 말씀과 같이 개인, 나라, 인류의 "장래"일을 하나님께서 알려 주시는 것만 기록하여 책으로 만들었습니다.

《새로운 성경》의 기록 방법:

· 1999년 8월부터 하나님께서 저에게 들려주시는 음성을 기록하였습니다. 처음에는 제가 들은 말씀을 불러 주면 저의 아내가 기록하여, 2000년 1월 29일에 1권 초판이 세상에 나왔습니다. 2000년 4월부터는 주시는 말씀을 받아 녹음기에 기록하여 시리즈로 출간하기 시작하였습니다.

· 녹음을 시작하면서 하나님의 말씀을 받는 데 가속도가 붙었고, 2001년 5월 3일에 1부(1~16권까지)를 인쇄하여 출판하였으며, 2004년 7월까지 총160권 분량의 말씀을 받아 기록하였습니다.

하나님께서 저에게 주신 것은:

· 첫째, 만백성을 상대로 내려 주시는 "기도", 둘째, 수시로 내려 주시는 "묵상", 셋째, 개인의 과거, 현재, 미래를 알려 주시는 "개인 기도", 넷째, 개인의 건강을 위해서 내려 주시는 "음식 처방", 다섯째, 하나님께서 가르쳐 주신 "운동"등이 있습니다. 이 중에 첫 번째, "기도"를 책으로 편찬하였습니다. 사람의 생사, 개인의 미래에 관한 천기는 수록하지 말라 하셨습니다.

강론 안내:

· 하나님께서는 지금도 매일 저에게 새로운 하늘의 비밀의 말씀을 내려 주고 계십니다. 수시로 내려 주시는 말씀을 정리해서 제자를 육성하라는 말씀에 따라 매주 강론을 하고 있습니다. 누구나 무료로 들으실 수 있습니다. (book160.com)

《새로운 성경》을 읽는 분들에게 드리는 선물:

· 개인 기도: 개인의 과거, 현재, 미래에 관하여 말씀을 내려 주십니다.

· 음식 처방: 사람은 음식을 먹고살다가 건강을 잃으니, 음식과 운동으로 건강을 되찾는 방법을 알려 드립니다. 단, 하나님이 계심을 믿고, 십계명을 지키겠다고 진실로 서약하는 분들께 알려드립니다.

《새로운 성경》의 은혜와 기적:

· 새로운 성경 전160권은 16권씩 묶어서 총 10부의 모음집으로 구성됩니다. 모음집 한 부를 읽고 깨우치는 자에게 하나님께서 다음과 같은 기적이 있다고 하셨습니다.

· "첫째, 그가 죽어 하늘에 갔을 때 그의 죄를 묻지 아니하며, 구원을 받는 위대한 은혜가 있으며, 둘째, 그의 소원과 소망이 이루어지고, 셋째, 죽은 자(부모, 형제, 자식, 사랑하고 은혜 입은 분)의 이름으로 구입한 책을 읽고 누군가 한 사람이 깨우칠 때, 그 죽은 자가 지옥에서 천국으로 구원을 받게 되며, 넷째, 유산, 중절 수술 등으로 태어나지 못한 아이를 위하여 구입한 책을 보고 한 명이 깨우쳤을 때, 그 아이가 사람으로 다시 한 번 태어나는 은혜를 받는다."

· "새로운 성경"을 3회 이상 정성을 다해 정독하는 자, 성서의 비밀을 알게 되고, 세상의 이치를 알게 되며, 세상을 지배하고 통제할 수 있는 지혜를 다 얻게 된다고 하셨습니다. 이 책은 만백성이 정독하고 이웃에게 전하여, 평생 가슴에 묻은 슬픔과 고통의 짐을 벗고 미래를 위한 힘찬 삶을 살아가도록 하는 책입니다.

끝으로

· 하나님께서는 흰 눈이 세상을 덮듯이 새로운 성경을 온 세상에 전하라고 하셨습니다. 《새로운 성경》을 각국어로 번역해서 온 인류에게 구원의 길을 깨우쳐 주고, 그 수익으로 가난하고 어려운 백성을 구제하여, 만백성의 영과 육을 함께 구원하는 선지자의 임무를 수행하라고 저에게 명하셨습니다.

· 하늘에서 내려 주신 말씀의 보화를 만백성에게 나누어 주는 것이 선지자의 임무라고 하셨습니다. 새로운 성경을 통해서 얻는 재물을 사용할 곳도 하나님께서 일일이 명해 주십니다. 모든 재물은 저의 자의로 쓸 수 없고, 하나님께서 명하시는 대로만 쓰여집니다.

· 어떤 명분으로든 십일조나 각종 헌금을 거두어들이지 말라 하셨으며, 국내뿐 아니라 각국에 성전과 단독 서점을 운영하며, 한국의 많은 젊은이들을 전 세계에 지도자로 내보내라고 하셨습니다.

· 우리는 세계적으로 새로운 성경을 보급하며 어려운 이들을 돕는 역사를 해 나갈 것입니다. 지금까지 비록 몇 명 안 되는 제자들과 함께 이러한 일을 역사했지만, 앞으로도 계속 하나님께서 기뻐하시는 일들을 해 나갈 것입니다. 부족한 저희에게 여러분들의 지혜와 성원을 보내 주시기를 바랍니다. 많은 분들의 참여와 도움을 간절히 기다립니다. 감사합니다.

한국어로 내려온 《새로운 성경》 단행본을 출간하며
2016년 4월 10일

발행인 **김 용 철**

한국어로 내려온

새로운 **성 경** · 5부 · 제65권

지은이 하나님 말씀
대역자 김용철

초판인쇄 1쇄 2017년 4월 3일

펴낸 곳 도서출판 하얀마음
등록번호 제 10-2107호 (2001년 2월 14일)
주소 서울시 노원구 덕릉로86길5, 2층
전화번호 02) 313-1114
팩스 02) 393-5554
전자우편 book160@hanmail.net
편집위원 조나영 김미향 이석교
제작지원 김창현 김지영

도서상담 1600-7527
ISBN 978-89-5875-165-3 (04230)
978-89-5875-100-7 (세 트)

값 10,000원
잘못된 책은 구입하신 곳에서 바꾸어 드립니다.

※이 책은 10부로 제작되며, 각 부 16권씩 총160권으로 구성됩니다.※

1부	2부	3부	4부	**5부**	6부	7부	8부	9부	10부
1권	17권	33권	49권	65권	81권	97권	113권	129권	145권
2권	18권	34권	50권	66권	82권	98권	114권	130권	146권
3권	19권	35권	51권	67권	83권	99권	115권	131권	147권
4권	20권	36권	52권	68권	84권	100권	116권	132권	148권
5권	21권	37권	53권	69권	85권	101권	117권	133권	149권
6권	22권	38권	54권	70권	86권	102권	118권	134권	150권
7권	23권	39권	55권	71권	87권	103권	119권	135권	151권
8권	24권	40권	56권	72권	88권	104권	120권	136권	152권
9권	25권	41권	57권	73권	89권	105권	121권	137권	153권
10권	26권	42권	58권	74권	90권	106권	122권	138권	154권
11권	27권	43권	59권	75권	91권	107권	123권	139권	155권
12권	28권	44권	60권	76권	92권	108권	124권	140권	156권
13권	29권	45권	61권	77권	93권	109권	125권	141권	157권
14권	30권	46권	62권	78권	94권	110권	126권	142권	158권
15권	31권	47권	63권	79권	95권	111권	127권	143권	159권
16권	32권	48권	64권	80권	96권	112권	128권	144권	160권